# Storia contemporanea

## ...in tasca

- **Dal Congresso di Vienna ai giorni nostri**
- **Eventi e protagonisti della storia contemporanea**
- **Con tavole cronologiche e carte storiche**

III EDIZIONE

D1735384

**EDIZIONI SIMONE**®

Gruppo Editoriale **Simone**

Copyright © 2014 Esselibri S.p.A.
Via F. Russo 33/D
80123 Napoli

Prima edizione: aprile 2004
Seconda edizione: gennaio 2010
Terza edizione: settembre 2014
PK6/3 Storia contemporanea
ISBN 978-88-914-0393-3

Ristampe
8   7   6   5   4   3   2   1            2014   2015   2016   2017

Questo volume è stato stampato presso
Officina Grafica Iride
Via Prov.le Arzano-Casandrino, VII Trav., 24 - Arzano (NA)

*Per informazioni, suggerimenti, proposte: info@simone.it*

| | |
|---|---|
| Coordinamento redazionale: | *Nunzio Silvestro* |
| Grafica e copertina: | *Gianfranco De Angelis* |
| Impaginazione | *Lucia Molino* |

# Presentazione

Il volume offre un quadro aggiornato e completo del periodo che va **dal Congresso di Vienna ai giorni nostri**, utile per chi deve affrontare esami e concorsi o per un rapido ripasso prima di un'interrogazione.

Il linguaggio è semplice ma preciso e i termini di più difficile comprensione sono corredati di **glosse esplicative**.

Il testo è arricchito da **carte storiche** relative alle vicende e alle guerre più significative della storia contemporanea e da rubriche che introducono nell'esposizione **spunti di interdisciplinarità**, mettendo in relazione ciascun periodo storico con gli avvenimenti che lo hanno caratterizzato dal punto di vista culturale, artistico e scientifico.

Ogni capitolo si conclude con un **test di verifica** con soluzioni commentate, che consente di autovalutare il livello di preparazione acquisito.

# 1. L'età della Restaurazione

## Di cosa parleremo

 Sconfitto Napoleone a Waterloo, inizia l'età della Restaurazione e un nuovo assetto d'Europa e d'Italia è sancito dal Congresso di Vienna. Cambiano gli equilibri tra le potenze: Russia, Prussia e Austria danno vita alla Santa Alleanza. In quasi tutti i paesi europei l'opposizione alle monarchie restaurate si svolge in forme clandestine, attraverso le società segrete.

### TAVOLA CRONOLOGICA

**1814** Inaugurazione del Congresso di Vienna.
**1815** Cento giorni di Napoleone. Battaglia di Waterloo. Nascita della Santa Alleanza. Fucilazione di Gioacchino Murat.
**1816** Sospensione dell'*Habeas Corpus Act* in Inghilterra.
**1821** Morte di Napoleone.

## 1) Il ripristino dell'*ancien régime*

Il periodo storico che va dal *Congresso di Vienna* (1814-15) alla *rivoluzione di luglio* in Francia (1830) è detto comunemente *età della Restaurazione*.

Dopo l'abdicazione di Napoleone, quasi tutti i sovrani europei che erano stati spodestati dalle armate francesi ritornano sui loro troni. I re, le vecchie aristocrazie e le alte gerarchie ecclesiastiche esercitano nuovamente il loro tradizionale potere.

La rinnovata alleanza fra trono e altare conduce all'abolizione delle leggi anticlericali emanate nel Settecento nello spirito del **giurisdizionalismo**.

> **Giurisdizionalismo:** dottrina politica che afferma la necessità di subordinare la vita della Chiesa a quella dello Stato.

## 2) Il Congresso di Vienna

Lo scopo di tutte le potenze che si erano opposte vittoriosamente a Napoleone è quello di ritornare alla situazione precedente alle sue conquiste, aspirazione della quale si fa portavoce il principe di Metternich, ministro dell'imperatore d'Austria.

Metternich propone alle quattro potenze – Austria, Prussia, Russia e Inghilterra – di convocare a Vienna un congresso al quale avrebbero partecipato tutti gli Stati europei, al fine di determinare un nuovo e più duraturo equilibrio in Europa, tale da impedire che in futuro potessero sorgere nuovi conflitti.

**I *Cento giorni* di Napoleone.** Il *Congresso di Vienna* si apre il 4 ottobre del 1814 e viene temporaneamente sospeso durante i *Cento giorni* del ritorno di Napoleone. Infatti, nel febbraio del 1815 Bonaparte riesce a fuggire dall'isola d'Elba e in marzo approda in Francia impadronendosi della capitale. Organizza un esercito, ma viene definitivamente sconfitto da inglesi e prussiani a *Waterloo* (18 giugno 1815), dopodiché è esiliato nell'isoletta atlantica di *S. Elena*, dove muore il *5 maggio del 1821*.

**L'abilità di Talleyrand.** Le decisioni più importanti del Congresso di Vienna vengono prese dalle maggiori potenze vincitrici del conflitto contro Napoleone: Inghilterra, Russia, Austria, Prussia. Un ruolo notevole è svolto anche dalla Francia, grazie all'abilità del rappresentante di Luigi XVIII, il visconte di Talleyrand, che riesce a limitare al minimo le perdite territoriali del proprio paese e a far ritornare i Borbone sul trono di Francia.

**I principi del Congresso.** Dai lavori congressuali scaturiscono quattro principi fondamentali:

— il *principio di legittimità*, sostenuto da Talleyrand, in base al quale si deve tenere conto dei diritti dei sovrani legittimi, che erano stati spodestati dai loro troni durante la rivoluzione;

— il *principio dei compensi*, per garantire un adeguato compenso territoriale agli Stati defraudati di parte del loro territorio;

— il *principio dell'equilibrio politico*, mirato a creare, attorno alla Francia, una serie di Stati-cuscinetto che devono frenare nuove velleità espansionistiche;
— il *principio di solidarietà* tra le grandi dinastie, che si impegnano a prestarsi reciproco soccorso nel caso di sconvolgimenti dell'assetto europeo concordato a Vienna. Quest'ultimo principio costituisce il motivo ispiratore del patto della *Santa alleanza* (1815).

### 3) La Santa Alleanza

La Santa Alleanza nasce nel settembre del 1815 per iniziativa dello zar Alessandro I e vi aderiscono le maggiori potenze europee (Austria, Prussia e Russia). Alla Santa Alleanza non partecipano l'Inghilterra (sospettosa nei confronti di quello che considera uno strumento per accrescere l'influenza russa in Europa) né tantomeno il papa, che non vede di buon occhio lo strano legame tra un sovrano cattolico (l'imperatore austriaco), uno protestante (il re di Prussia) e uno ortodosso (lo zar).

Secondo la formulazione dello zar, «i sovrani devono solidarizzare per conservare i loro troni e per proteggere, come *divini pastori*, il gregge dei loro sudditi».

Ma le motivazioni dello zar non sono esclusivamente di ordine religioso, partono da considerazioni di ordine politico più spicciole.

L'alleanza, che sostanzialmente stabilisce un accordo di solidarietà tra Russia, Prussia e Austria, verrà utilizzata soprattutto da Metternich come strumento repressivo contro i tentativi di sovvertire l'assetto interno dell'impero austriaco privo di fondamento nazionale, essendo costituito da una pluralità di popolazioni diverse (tedeschi, ungheresi, cechi, slovacchi, slavi del sud, rumeni e italiani). Con la Santa alleanza viene allora stabilito il **principio dell'intervento**.

> **Principio dell'intervento:** principio in base al quale gli Stati aderenti si impegnano a prestarsi vicendevolmente aiuto e ad intervenire concretamente, nel caso in cui l'assetto politico e territoriale stabilito al congresso viennese fosse stato minacciato.

1. L'età della Restaurazione

## 4) Il nuovo assetto dell'Europa e dell'Italia

Ecco come si presenta l'Europa uscente dal *Congresso di Vienna*:

— l'*Austria* riacquista tutti gli antichi possedimenti e il territorio del Lombardo-Veneto. L'imperatore d'Austria assume la presidenza della Confederazione germanica;

— l'*Inghilterra* ha Malta, le isole ionie, il Sud Africa e il Ceylon, ex colonie olandesi;

— la *Prussia* ottiene la Sassonia e qualche altro territorio sulle rive del Reno;

— la *Russia* ha gran parte della Polonia, la Finlandia e la Bessarabia;

— la *Francia*, con Luigi XVIII, ritorna ai confini precedenti al 1789;

— l'*Olanda* insieme agli ex Paesi Bassi austriaci diviene il *regno dei Paesi Bassi* sotto la corona di Guglielmo d'Orange;

— la *Svezia*, sotto Bernadotte ha la Norvegia (ex danese);

— la *Danimarca* riceve il Lauenburg (o Pomerania svedese);

— la *Svizzera* diviene una confederazione neutrale.

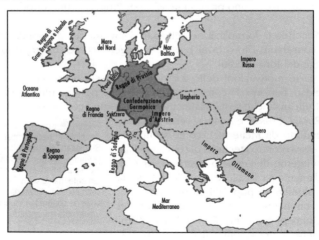

**L'Europa nel 1815**

**L'assetto dell'Italia.** L'Italia, dopo il 1815, ritorna sotto le vecchie dinastie:

- il *Lombardo-Veneto* (con Venezia) torna all'Austria e viene amministrato da un viceré;
- il *regno di Sardegna*, assegnato a Vittorio Emanuele I di Savoia, viene ingrandito con i territori dell'ex repubblica di Genova;
- il *granducato di Toscana* è assegnato a Ferdinando III d'Asburgo-Lorena;
- il *ducato di Parma, Piacenza e Guastalla* è attribuito alla moglie di Napoleone, Maria Luisa d'Austria;
- il *ducato di Modena e Reggio* è assegnato a Francesco IV d'Este;
- la *repubblica di San Marino* vede riconosciuta la sua secolare indipendenza;
- lo *Stato Pontificio* rimane sotto il controllo del papato (con Pio VII);
- il *regno delle due Sicilie* (ex regno di Napoli) continua a essere retto da un Borbone, Ferdinando I (già Ferdinando IV).

**Gioacchino Murat.** A proposito della storia di quest'ultimo regno, va ricordato che nel 1808 Napoleone affida a suo cognato *Gioacchino Murat* il regno di Napoli. Comandante della cavalleria napoleonica nella campagna di Russia del 1812, Murat una volta tornato a Napoli, nel 1813, tradisce Napoleone stringendo un accordo con l'Austria per conservare il regno. Questa situazione causa un comprensibile imbarazzo nelle potenze riunite a Vienna dal momento che Murat, nonostante sia rimasto al potere grazie al tradimento nei confronti dell'imperatore, è pur sempre un usurpatore sul trono del sovrano legittimo, Ferdinando IV, e la sua presenza è in contraddizione con il principio di legittimità che era stato tra i criteri ispiratori del congresso. Ci pensa lo stesso Murat a togliere le potenze dall'imbarazzo quando, nel 1815, durante i *Cento giorni* del Bonaparte, cambia di nuovo bandiera per riaccostarsi a Napoleone. La sconfitta dell'imperatore segna la fine politica anche di Murat che, catturato dai Borbone in quello stesso anno, viene fucilato.

**L'Italia nel 1815**

## 5) Le nazioni europee nei primi anni della Restaurazione

**Francia.** Luigi XVIII svolge un'azione moderatrice: non revoca le confische rivoluzionarie ai danni della nobiltà e del clero né abroga il Codice napoleonico.

Il re rimane sovrano assoluto e la Carta costituzionale, in quanto «concessa» da lui stesso, potrebbe presumibilmente essere abolita; in pratica, però, vengono stabilite delle istituzioni rappresentative. Non si può parlare, tuttavia, di struttura democratica, e anche il corpo elettorale è molto ristretto. Contro il regime di Luigi XVIII, considerato blando, cominciano a tramare i sostenitori più oltranzisti della monarchia (*più realisti del re*) e i più fanatici tra loro scatenano il cosiddetto *terrore bianco*, perseguitando e uccidendo coloro che hanno partecipato alla rivoluzione o appoggiato Napoleone.

**Austria Germania e Prussia.** In Austria la Restaurazione assume le forme della repressione più aspra. Metternich si serve dell'apparato burocratico e poliziesco per ripristinare l'autorità assoluta dell'imperatore e schiacciare ogni velleità autonomistica delle diverse etnie dell'impero.

Nella Confederazione germanica e in Prussia vengono aboliti tutti gli ordinamenti costituzionali introdotti precedentemente dai francesi.

**Russia.** Nello Stato zarista il misticismo di Alessandro I ha alimentato diverse speranze in una politica di riforme, soprattutto dopo che lo zar ha concesso una modesta autonomia alla Polonia. In realtà, anch'egli governa con metodi dispotici e figura tra i principali sostenitori della politica di intervento contro i rivoluzionari europei.

## Spunti di **interdisciplinarità**

**Il Romanticismo**

Tra il 1815 e il 1830 si diffonde in tutta Europa la cultura romantica. Come corrente letteraria, artistica e filosofica, il Romanticismo era nato in Germania attorno al 1780 ed ebbe il suo nucleo originario in quel gruppo di poeti e drammaturghi (Herder, Goethe, Schiller) che diedero vita al movimento detto *Sturm und Drang* (tempesta e impeto). In Italia il romanticismo trovò sostenitori entusiasti negli intellettuali lombardi del gruppo del «Conciliatore» che intervennero in difesa dell'articolo di Madame de Staël pubblicato nel 1816 (*Sulla maniera ed utilità delle traduzioni*) in opposizione all'attaccamento dei classicisti alla tradizione.

Ma il Romanticismo fu anche un modo di atteggiarsi ispirato ad una serie di modelli reali o immaginari, come il *giovane Werther*, protagonista del celebre romanzo di Goethe, oppure l'eroico e malinconico *Lord Byron,* morto nel 1824 a Missolungi, nel combattere per l'indipendenza greca.

**Inghilterra.** Nel regno britannico il potere è inizialmente detenuto dai *tories* (conservatori), guidati da Castlereagh. Anche questo Stato è percorso da una ventata repressiva, che si manifesta con la sospensione, nel 1816, dell'*Habeas Corpus Act*, la legge anglosassone di antichissima origine in base alla quale la polizia è tenuta, entro breve tempo, a portare dinanzi all'autorità giudiziaria gli arrestati, comunicando i motivi dell'arresto. Tuttavia, con l'avvento al potere dei *tories* più liberali, l'*Habeas Corpus* viene ripristinato e l'Inghilterra prende le distanze dalle politiche repressive degli Stati della Santa alleanza.

**Italia.** In territorio italiano, soprattutto dopo i moti del 1820-21, la Restaurazione è condotta con particolare severità, non soltanto nei domini austriaci diretti, ma anche nel resto della penisola, nella quale alcuni Stati sono governati da dinastie legate strettamente all'Austria (il ducato di Modena e Reggio e il più liberale granducato di Toscana).

Nel regno di Sardegna vengono cancellate le innovazioni introdotte nel periodo napoleonico ed è ristabilito il potere ecclesiastico.

Lo Stato Pontificio, dopo i vani tentativi riformistici del cardinale Consalvi, continua ad essere dominato dai principi romani, grandi proprietari di terre, i quali gestiscono i loro possedimenti in maniera ancora feudale.

Nel regno delle due Sicilie, a una feroce persecuzione poliziesca scatenata da Ferdinando I attraverso il primo ministro, principe di Canosa, segue, dopo qualche anno, una politica più moderata condotta da un nuovo ministro, Luigi de' Medici.

## 6) Le sette segrete

Il sistema repressivo e conservatore della Santa alleanza costringe gli oppositori del regime politico a riunirsi in *società segrete*. Alle società segrete (o *sette*) si affiliano elementi sia **democratici** che **liberal-democratici** e per molto tempo i termini «democrazia», «liberalismo» e «nazionalismo» finiscono quasi per identificarsi.

Gli affiliati delle sette sono soprattutto giovani borghesi e militari, ma anche alcuni nobili.

La più antica e importante società segreta è la **Massoneria** (da *free-masons,* «liberi muratori»).

In questo periodo nascono anche altre sette minori, tra le quali i *Comuneros* in Spagna, la *Società patriottica nazionale* in Polonia, l'*Eteria* in Grecia, il *Burschenschaft* («Società dei giovani») in Germania, la *Società del Nord* e la *Società del Sud* in Russia.

La più importante società segreta italiana è la *Carboneria*, così denominata perché deriva i propri rituali dal mestiere dei carbonari. I nuovi iscritti vengono chiamati *apprendisti*, mentre il grado successivo è quello di *maestri*. Per garantire la sicurezza dei membri, chi aderisce alla setta non conosce i nomi dei capi, né quelli degli altri membri, ma neppure la loro linea di condotta politica. Le sette segrete svolgono un ruolo predominante nello scoppio dei moti del 1820-21 e del 1830-31.

**Democratici:** i democratici erano fautori di uno Stato sul modello di quello nato dalla rivoluzione francese.
**Liberal-democratici:** erano i sostenitori della monarchia costituzionale sul modello britannico.

**Massoneria:** da associazione corporativa, i cui membri erano tenuti alla conservazione dei segreti del mestiere, nel '700 in Inghilterra fa propri gli ideali illuministi, professando tolleranza religiosa e filantropia tra i suoi associati. Nel XIX secolo la massoneria accentua la sua ispirazione anticlericale e si lega, direttamente o indirettamente, a molte società segrete (come la carboneria) impegnate nelle agitazioni nazionali e costituzionali dell'età della Restaurazione.

## Test di verifica

1. **Quale dei seguenti principi non è tra quelli affermati nel *Congresso di Vienna*?**

   - ☑ **a)** Il principio di legittimità.
   - ❑ **b)** Il principio di solidarietà.
   - ❑ **c)** Il principio di discendenza.
   - ❑ **d)** Il principio dell'equilibrio politico.
   - ❑ **e)** Il principio dei compensi.

2. **Cos'è l'*Eteria*?**

   - ❑ **a)** Un partito politico greco di estrema destra.
   - ☒ **b)** Una società segreta attiva in Grecia.
   - ❑ **c)** Un movimento letterario di ideali democratici, attivo in Grecia nel periodo successivo alla Restaurazione.
   - ❑ **d)** Una enciclica del papa che ristabilisce in Europa lo *status quo ante* l'impero di Napoleone.
   - ❑ **e)** L'assemblea costituente greca nel periodo post-rivoluzionario.

3. **Tra chi viene stretta la *Santa Alleanza*?**

   - ❑ **a)** Tra il papa, l'Austria e la Prussia.
   - ❑ **b)** Tra Inghilterra, Russia e Prussia.
   - ❑ **c)** Tra Italia, Austria e Francia.
   - ❑ **d)** Tra Italia e papato.
   - ☒ **e)** Tra Austria, Russia e Prussia.

4. **Contro quale regime si scatena il cosiddetto *terrore bianco*?**

   - ❑ **a)** Quello austriaco di Metternich.
   - ❑ **b)** Quello britannico dei tories più conservatori, guidati da Castlereagh.
   - ❑ **c)** Quello francese di Luigi XVIII, considerato troppo blando.

- ❏ **d)** Quello dello zar Alessandro I.
- ❏ **e)** Quello ecclesiastico.

## 5. Cos'è l'*Habeas Corpus Act?*

- ❏ **a)** Una legge anglosassone in base alla quale gli arrestati non possono far valere i propri diritti.
- ❏ **b)** Un atto emanato dal ministro inglese Castlereagh con cui viene abolita la proprietà privata.
- ❏ **c)** Una disposizione che vieta a chi non è di religione anglicana di esercitare i propri diritti.
- ☒ **d)** Una legge anglosassone di antichissima origine in base alla quale la polizia è tenuta a portare gli arrestati dinanzi all'autorità giudiziaria, comunicando i motivi dell'arresto.
- ❏ **e)** Una carica elettiva del parlamento inglese.

## Soluzioni e commenti

1. Risposta: **c)**. Il principio della **discendenza**. Il principio di legittimità consiste nel possesso patrimoniale degli Stati da parte dei sovrani legittimi, mentre i principi di equilibrio e solidarietà prevedono che le nazioni si bilancino a vicenda, anche attraverso alleanze, onde evitare il pericolo di nuove guerre.
2. Risposta: **b)**. L'Eteria è una **società segreta** diffusa in Grecia.
3. Risposta: **e)**. La **Santa Alleanza** viene stretta tra Austria, Russia e Prussia. Il papa è contrario ad un'alleanza con un protestante (il re di Prussia) ed un ortodosso (lo zar); l'Inghilterra teme una crescita della potenza russa; la Francia è la potenza sconfitta e ridimensionata nei territori.
4. Risposta: **c)**. Il **terrore bianco** si scatena contro il regime moderato di Luigi XVIII, ma miete vittime anche tra coloro che hanno appoggiato Napoleone e gli ex-rivoluzionari.
5. Risposta: **d)**. È un'antica legge anglosassone che garantisce agli arrestati il diritto ad avere un **giusto processo**.

1. L'età della Restaurazione

# 2. I moti del 1820-21 e del 1830-31

## Di cosa parleremo

L'ondata rivoluzionaria, che parte dalla Spagna (1820) e si propaga in Italia (prima nel Napoletano, poi nel Piemonte), viene soffocata nel sangue. Negli stessi anni le rivolte indipendentiste riprendono in Argentina e si diffondono in tutta l'America latina con esito vittorioso. Se in Russia il moto decabrista viene represso, la guerra d'indipendenza greca contro la dominazione turca porta alla nascita del regno di Grecia.

### TAVOLA CRONOLOGICA

**1820** Ribellione delle truppe spagnole a Cadice. Scoppio dei moti nel Napoletano. Promulgazione della Costituzione del Regno delle Due Sicilie.

**1821** Scoppio dei moti in Piemonte. Repressione dei moti carbonari nel Lombardo-Veneto. Repressione dei moti nel Napoletano e in Piemonte. Scoppio dei moti indipendentisti in Grecia.

**1822** Indipendenza della Grecia.

**1830** Rivoluzione di luglio in Francia. Insurrezione nei Paesi Bassi e nascita del regno del Belgio. Scoppio dei moti in Polonia.

**1831** Arresto di Ciro Menotti. Rivolte a Modena, nel Ducato di Parma e nello Stato Pontificio. Repressione dei moti polacchi.

**1837** Ascesa al trono della regina Vittoria.

## 1) Le insurrezioni del 1820-21 in Europa

**L'Europa alla vigilia dei moti.** Dopo il Congresso di Vienna, quasi tutti gli Stati europei conoscono un periodo di gravi difficoltà economiche, cui si accompagnano forti oscillazioni dei prezzi e una spaventosa carestia (1816-1818).

Le società segrete, in particolare la Carboneria, svolgono un'intensa attività cospirativa soprattutto nei paesi del Mediterraneo, preparando in tal modo lo scoppio dei moti del 1820-21 e facendosi interpreti del malcontento delle classi borghesi, dei militari e degli intellettuali, questi ultimi influenzati dagli ideali del romanticismo.

Tuttavia, non esistono dappertutto le condizioni necessarie tali da promuovere concrete iniziative rivoluzionarie.

In **Germania**, l'azione preventiva dei sovrani e la vigilanza di Metternich stroncano ogni minaccia rivoluzionaria già alla vigilia del 1820.

In **Francia**, Luigi XVIII è costretto a sciogliere la Camera e a indire nuove elezioni per fronteggiare il terrore bianco della maggioranza conservatrice (ultrarealisti). La **Costituzione** «concessa» dal sovrano francese consente una moderata opposizione liberale, mentre bonapartisti e repubblicani vengono messi al bando e costretti alla clandestinità.

> **Costituzione**: legge suprema che determina gli organi fondamentali dello Stato, definisce i poteri e garantisce i diritti dei cittadini. La Costituzione prevede che i cittadini eleggano delle assemblee rappresentative (parlamenti) con il compito di elaborare ed approvare leggi delle Stato.

Il clima di relativa distensione sociale è turbato dall'assassinio dell'erede al trono di Francia, duca di Berry, nel febbraio del 1820. La possibilità che gli ultrarealisti possano approfittare di questo episodio induce una parte dei liberali ad allearsi con le forze rivoluzionarie. Il fallimento dei tentativi rivoluzionari porta poi alla formazione di un governo conservatore che riprende i programmi degli ultrarealisti.

In **Inghilterra** il sistema elettorale basato sul censo attribuiva una forte influenza politica ai maggiori proprietari terrieri, suscitando lo scontento delle classi borghesi. La lotta per le riforme viene però stroncata con violente misure repressive, tra le quali la soppressione dell'*Habeas corpus* e l'emanazione dei *Six Acts* (1819), le sei leggi che limitano fortemente le tradizionali libertà britanniche, mentre i sindacati sono costretti alla clandestinità.

**La rivoluzione in Spagna.** Anche in Spagna la Restaurazione provoca un diffuso malcontento. Spodestato da Napoleone (che mette sul trono di Spagna suo fratello Giuseppe Bonaparte), il re spagnolo in esilio, Ferdinando VII, nel 1812 emana una Costituzione di stampo democratico molto simile alla Costituzione francese del 1791. Caduto

Napoleone e restaurati i Borbone in Spagna, anche la Costituzione del 1812 viene revocata ed è reintrodotto l'assolutismo.

A ciò si accompagna una notevole crisi finanziaria a causa della perdita delle entrate delle colonie d'America. La profonda penetrazione delle società segrete nell'esercito incoraggia anche le altre forze liberali ad agire con maggiore determinazione.

Per riportare le colonie d'America sotto la sovranità spagnola, si decide di inviare una spedizione militare e vengono concentrate delle truppe a Cadice in attesa dell'imbarco. I soldati mobilitati per la partenza, però, sotto la guida di alcuni ufficiali affiliati a sette segrete (tra i quali Riego e Quiroga), si ribellano il 1° gennaio 1820, dando il via a una serie di insurrezioni che coinvolgono anche altre guarnigioni, cui si uniscono le forze liberali che chiedono il ripristino della Costituzione del 1812. Tale Costituzione, che afferma il diritto della sovranità popolare e sancisce la fine del sistema dei privilegi di cui beneficiano nobili e clero, risulta particolarmente avanzata. Il potere legislativo, infatti, viene affidato a un'unica Camera eletta a suffragio universale, a differenza delle altre Costituzioni «concesse» dal sovrano, che prevedono invece Camere legislative di nomina regia. L'agitazione si estende con tale rapidità che Ferdinando VII è costretto a ripristinare la Costituzione del 1812 e a convocare le *Cortes* (il parlamento). Il sistema nato dalla rivoluzione, però, è ben presto indebolito dall'instabilità del parlamento, dai complotti della nobiltà e del clero e, soprattutto, dai conflitti sorti tra moderati e radicali (*moderatos* e *comuneros)*. Mentre i moderati intendono dar luogo a caute riforme, i *comuneros*, di tendenze più democratiche, chiedono una riforma agraria che distribuisca ai contadini la terra dei latifondi.

## 2) Le rivolte del 1820-21 in America latina

Della instabilità politica derivante dai moti in Spagna beneficiano le colonie dell'America latina, le quali approfittano delle difficoltà della madrepatria per conquistare la propria indipendenza.

Il potere economico nelle colonie è nelle mani dei **creoli** (i bianchi nati in America, discendenti dei primi colonizzatori europei) che possiedono miniere e piantagioni e controllano i commerci. Gli **indios** (gli abitanti originari della regione) e i **meticci** (nati dall'incrocio tra bianchi e indios) figurano in posizione subordinata.

Il potere politico è affidato, invece, ai funzionari inviati dalla Spagna che difendono gli interessi della madrepatria a scapito di quelli dei creoli. La Spagna, infatti, è interessata anzitutto a mantenere il monopolio commerciale con le colonie, ma si preoccupa anche di tutelare almeno i diritti elementari di indios e meticci contro lo sfruttamento indiscriminato degli avidi coloni creoli. I coloni, invece, oltre a sfruttare il più possibile la manodopera e ad opporsi al monopolio, richiedono garanzie politiche più concrete per il mantenimento del proprio predominio economico e sociale. La caduta della monarchia spagnola nel 1808, all'epoca delle guerre napoleoniche, provoca ben presto una serie di rivolte che, scoppiate in opposizione al regime bonapartista, fanno proprie le aspirazioni indipendentiste contro la madrepatria.

**Il movimento indipendentista.** Sotto la guida di capi rivoluzionari come *Francisco Miranda* (1756-1816), *Simón Bolívar* (1783-1830) e *José de San Martin* (1778-1850), viene creato un forte esercito che rappresenta l'elemento decisivo nella guerra di liberazione, mentre la regione è sconvolta da una drammatica guerra civile tra lealisti e indipendentisti.

Ben presto le rivolte riprendono in Argentina e si diffondono in tutta l'America latina con esito vittorioso. Tra il 1816 e il 1825 raggiungono l'indipendenza l'Argentina (nel 1816), il Cile (1818), la Repubblica colombiana (1819), che comprende gli odierni Venezuela, Colombia ed Ecuador; il Perù (1821) e la Bolivia (1825). In America centrale, Guatemala, Salvador, Honduras, Nicaragua e Costarica si proclamano indipendenti dalla Spagna (1821) riunendosi in una confederazione, mentre, più a nord, si proclama indipendente anche il Messico (1821). Il Brasile, invece, si distacca pacificamente dal Portogallo, dove don Pedro (figlio del re portoghese Giovanni IV e reggente del paese), viene proclamato imperatore costituzionale nel 1822.

**Il processo di indipendenza in America Latina.
In colore più scuro è indicata la Federazione della
Grande Colombia, costituita nel 1822 e sciolta nel 1830**

Il successo delle rivoluzioni indipendentiste è favorito dall'atteggiamento di Gran Bretagna e Stati Uniti che si oppongono ai progetti di restaurazione in America (incoraggiati, invece, da Spagna, Francia e Russia).

**Gli interessi di Gran Bretagna e Stati Uniti.** La Gran Bretagna è interessata soprattutto a rompere il monopolio ispano-portoghese per poter commerciare liberamente con i paesi dell'America latina. Gli Stati Uniti, invece, oltre alla simpatia per le nuove repubbliche, manifestano anche l'intenzione di sfruttare le possibilità politico-economiche che la crisi del sistema coloniale spagnolo può offrire, acquistando la Florida dalla Spagna nel 1819 e impadronendosi di vari territori messicani (Texas, Nuovo Messico, Arizona e California).

Al 1823 risale poi l'enunciazione della cosiddetta *Dottrina Monroe* da parte del presidente statunitense James Monroe nella quale si afferma il principio secondo cui gli Stati Uniti, come non sarebbero mai intervenuti militarmente in Europa in una guerra che avesse interessato unicamente gli Stati europei, così non avrebbero tollerato alcun intervento europeo sul territorio americano. Al contrario, però, Gran Bretagna e Stati Uniti si adoperano per contrastare la nascita di una confederazione tra i paesi che hanno ottenuto l'indipendenza, ritenendo più conveniente avere a che fare con Stati piccoli e divisi, piuttosto che con la grande entità politica che i rivoluzionari avrebbero voluto creare, proprio sul modello degli Stati Uniti.

Uno dei principali fautori del progetto confederativo è *Simón Bolívar* detto *il Liberatore*, che durante il Congresso di Panamá (1826) tenta di realizzare l'unione degli Stati sudamericani. Tuttavia, il progetto confederativo fallisce e si scatenano forti rivalità all'interno degli stessi gruppi dirigenti degli Stati latino-americani. L'America latina sarebbe stata poi caratterizzata da una costante instabilità politica e da un drammatico squilibrio tra la classe dei ricchi proprietari e la massa dei lavoratori della terra (*campesinos*) che vivono ai limiti della sopravvivenza.

## 3) I moti del 1820-21 in Italia

**Il Regno delle due Sicilie.** Gli avvenimenti spagnoli destano profonda impressione in Italia, dove le prime rivolte scoppiano nel regno delle due Sicilie.

A Nola, cittadina del Napoletano, due squadroni dell'esercito borbonico insorgono per iniziativa di due ufficiali, Michele Morelli e Giuseppe Silvati, e del sacerdote Luigi Minichini, tutti affiliati alla Carboneria, i quali, inneggiando alla Costituzione spagnola del 1820, si muovono alla volta di Napoli. Ben presto aderiscono alla sommossa anche altri reparti dell'esercito, sotto la guida di del generale Guglielmo Pepe, che il 6 luglio si mette a capo degli insorti.

Il re Ferdinando I è costretto a promettere la concessione di una Costituzione sul modello di quella spagnola, la quale viene effettivamente promulgata il 13 luglio 1820 dal figlio Francesco, che sostituisce temporaneamente il re nelle sue funzioni.

Anche in Sicilia, a Palermo, verso la metà di luglio scoppia una rivoluzione che assume, però, una connotazione separatista. Ostile sia alle tendenze separatiste che alle richieste di una limitata autonomia per la Sicilia, l'esecutivo partenopeo invia nell'isola prima il fratello di Guglielmo Pepe, il generale Florestano Pepe e, successivamente, il generale Pietro Colletta, che riesce a stroncare la rivolta. I moti che scoppiano nel regno delle due Sicilie sono caratterizzati da una serie di elementi di conflittualità che ne minano sin dall'inizio le possibilità di successo. Il **movimento separatista siciliano** può essere considerato uno di tali elementi. La differenza di vedute tra moderati (murattiani) e liberal-democratici (carbonari) contribuisce ad aggravare la situazione. I primi (tra i quali figurano numerosi alti ufficiali e funzionari), infatti, auspicano un governo moderatamente costituzionale o una sorta di assolutismo illuminato, mentre i secondi chiedono riforme più incisive e immediate. Si viene affermando anche la borghesia agraria quale rappresentante di un ceto economicamente agiato che trae la propria ricchezza dalle campagne. E proprio nelle campagne il governo napoletano si dimostra particolarmente cauto e assume un atteggiamento non repressivo quando alcune terre sono occupate dai braccianti. Ciò contribuisce a evitare il pericolo di violente rivolte contadine, come si erano verificate nel periodo dell'occupazione francese.

Nonostante il programma dei rivoluzionari non abbia un indirizzo nazionale unitario, gli avvenimenti di Napoli avranno notevoli ripercussioni anche nell'Italia settentrionale, dove le proteste assumeranno connotazioni antiaustriache.

**Lombardia.** Le rivoluzioni in Spagna e a Napoli danno coraggio anche ai liberali lombardi che cercano di organizzare un movimento di opposizione all'Austria e di ottenere una Costituzione. Il musicista Pietro Maroncelli cerca di istituire una **vendita carbonara** a Milano, ma viene scoperto nel 1821, arrestato insieme allo scrittore Silvio Pellico.

> **Vendita carbonara:** nel linguaggio in codice della carboneria, una vendita è una setta, un gruppo; il luogo in cui i carbonari si riuniscono è detto baracca e chi è a capo di una vendita viene detto Gran maestro.

Fallisce anche la cospirazione dei *Federati*, che si propongono di unire Lombardo-Veneto e Piemonte sotto la monarchia sabauda (da trasformare in monarchia costituzionale). Il loro principale ispiratore, il conte Federico Confalonieri, viene arrestato con gli altri cospiratori e condannato ad una lunga pena detentiva allo Spielberg.

**Regno di Sardegna.** In Piemonte i liberali, riuniti anch'essi nella setta dei Federati, organizzano un piano che si propone come obiettivo una Costituzione liberale nel regno e, contemporaneamente, l'intervento dell'esercito piemontese in Lombardia a sostegno di una progettata rivoluzione antiaustriaca. Il 10 marzo 1821 la guarnigione di Alessandria insorge e le agitazioni si estendono ben presto alle altre province piemontesi. A causa del rapido diffondersi dei moti, il re Vittorio Emanuele I preferisce abdicare in favore del fratello Carlo Felice piuttosto che concedere la Costituzione. Poiché Carlo Felice è temporaneamente assente, si decide di affidare la reggenza al giovane erede al trono, Carlo Alberto, principe di Carignano.

Alcuni tra i più importanti liberali piemontesi, il conte Santorre di Santarosa e il conte Cesare Balbo, già in precedenza hanno preso contatto con Carlo Alberto, che sembra nutrire simpatie per le idee liberali e che assume precisi impegni con i liberali piemontesi. Quando gli viene affidata la reggenza, Carlo Alberto deve concedere una Costituzione (del tipo di quella spagnola), subordinandone la concessione all'approvazione del re. Carlo Felice, però, sconfessa l'operato del nipote e ingiunge al giovane principe di recarsi a Novara, dove sono le truppe rimaste fedeli alla monarchia, sotto il comando del generale La Tour.

2. I moti del 1820–21 e del 1830–31

Carlo Alberto sembra allora schierarsi a fianco dei rivoluzionari per organizzare la resistenza e Santorre di Santarosa è nominato ministro della Guerra. Contemporaneamente, però, Carlo Alberto si adopera per la controrivoluzione, tant'è vero che improvvisamente fugge a Novara, con un reggimento fedele, per raggiungere lo zio Carlo Felice.

## 4) La repressione delle insurrezioni

Già nel novembre del 1820, Metternich convoca le grandi potenze al *Congresso di Troppau*, nel corso del quale cerca di imporre un principio che autorizzi le potenze a intervenire negli Stati dove siano state introdotte delle riforme rivoluzionarie, ma Francia e Inghilterra rifiutano di aderirvi.

**Il Congresso di Lubiana.** Nel gennaio del 1821, Metternich convoca allora il *Congresso di Lubiana*, al quale viene invitato anche il re delle due Sicilie. Nonostante Ferdinando I avesse giurato ai napoletani di difendere la Costituzione, appena giunto a Lubiana chiede l'intervento degli austriaci per ristabilire l'ordine a Napoli. Alla fine di marzo del 1821, gli austriaci entrano nel capoluogo partenopeo e viene restaurato l'assolutismo borbonico.

Anche Carlo Felice chiede l'aiuto austriaco per ristabilire l'ordine nel regno di Sardegna e il re sabaudo, rientrato nella capitale, dà vita a una violenta reazione. Molti dei rivoluzionari devono riparare in esilio per scampare al patibolo.

**Il Congresso di Verona.** Alla fine del 1822, le maggiori potenze europee tengono il *Congresso di Verona*, nel quale hanno modo di esprimersi le tendenze reazionarie che avevano ormai preso il sopravvento e le armate francesi si assumono il compito di abbattere il regime costituzionale spagnolo.

Il 23 agosto 1823 cade la fortezza del *Trocadero*, dove gli ultimi ribelli spagnoli erano asserragliati da tre mesi. Il re di Spagna, Ferdinando VII, nonostante abbia promesso ai rivoltosi un'amnistia, scatena una sanguinosa reazione e numerose sono le impiccagioni.

In definitiva, va detto che il fallimento dei moti del 1820-21 è dovuto, in parte, alla mancanza di organizzazione e alla loro matrice regionale.

In Italia si rafforza ancora di più il predominio austriaco, sia direttamente che indirettamente. Anche in Francia si affermano le forze più reazionarie e Austria, Prussia e Russia, che assumono il ruolo di «gendarmi d'Europa», si incaricano di garantire il mantenimento dell'assetto europeo stabilito al Congresso di Vienna.

## 5) Il moto decabrista in Russia e la lotta per l'indipendenza della Grecia

Anche nell'arretrata Russia si fanno sentire gli effetti degli ideali costituzionali e libertari.

L'esperienza rivoluzionaria francese fa proseliti pure all'interno dell'esercito russo, dove il colonnello Pavel Ivanovic Pestel organizza una società segreta, la *Società del Sud*, che auspica l'abbattimento dell'autocrazia zarista, la concessione di una Costituzione, la distribuzione delle terre e la liberazione dei contadini (ancora servi della gleba).

Alla morte dello zar Alessandro I, la Società del Sud (insieme alla *Società del Nord*, più moderata) tenta di provocare una rivolta dell'esercito nel dicembre del 1825 (da cui il nome di *decabristi* dato ai congiurati). Il nuovo zar, Nicola I, reprime facilmente la ribellione e condanna a morte Pestel e altri quattro cospiratori.

Parallelamente agli avvenimenti russi, si svolge la lotta per l'indipendenza della Grecia.

Lo Stato ellenico è dominato dall'impero ottomano e, in nome dell'illustre passato della Grecia classica, i patrioti, già nel 1814, fondano una società segreta, l'*Eteria*, con l'appoggio dei commercianti greci di Costantinopoli e della Chiesa ortodossa.

I ribelli formano un governo provvisorio e il 1° gennaio del 1822 proclamano l'indipendenza della Grecia, dando il via a un'impari lotta con l'impero ottomano. Contemporaneamente, rivolgono un appello all'Europa per ricevere aiuto, incontrando la solidarietà dei patrioti europei e di molti uomini di cultura (tra i quali Santorre di Santarosa che poi morirà a Sfacteria e Lord Byron ucciso a Missolungi), che fanno propri i sentimenti del *filoellenismo* e combattono per l'indipendenza greca.

L'intervento anglo-franco-russo a sostegno della Grecia porta poi a una vera e propria guerra con la Turchia, la cui flotta viene distrutta in uno scontro navale nella baia di *Navarino* (1827).

Alla **Conferenza di Londra** del 1830 viene sancita la nascita del regno indipendente di Grecia (sottoposto a una sorta di tutela anglo-russa), la cui corona viene affidata a un principe di Baviera, Ottone I. Il sultano deve inoltre riconoscere l'autonomia dei principati di Serbia, Moldavia e Valacchia.

## 6) I moti del 1830-31 in Europa

La repressione dei moti del 1820-21 apre la strada a una nuova ondata rivoluzionaria.

**Francia.** Nel 1824, alla morte di Luigi XVIII, sale al trono di Francia uno dei più convinti sostenitori della Restaurazione, Carlo X, il quale tenta di ridimensionare le libertà costituzionali ristabilendo l'ordine sociale del periodo precedente alla rivoluzione e scontentando, così, anche quell'esigua schiera di possidenti che hanno diritto al voto.

L'opposizione borghese, (in cui si collocano alcuni intellettuali come Guizot e Thiers, nonché uomini d'affari, come i banchieri Laffitte e Perire) si organizza in numerose sette segrete, alcune delle quali, di ispirazione bonapartista, raccolgono anche lo scontento dei funzionari e dei sostenitori di Napoleone epurati dalla restaurata monarchia.

Le elezioni del 1827 danno la maggioranza al gruppo dei moderati, ciò nonostante Carlo X affida il governo a un rappresentante della Restaurazione, il principe di Polignac, e, per distogliere la popolazione dai problemi interni, inaugura una campagna di conquista coloniale in Algeria, sperando di ottenere il consenso del paese con una brillante vittoria militare.

Anche le elezioni del 1830 danno una maggioranza moderata, ma ancora una volta Carlo X cerca di sconfiggere le opposizioni continuando nella politica repressiva. Il 25 luglio promulga quattro ordinanze con le quali viene sospesa la Costituzione e soppressa la libertà di stampa, mentre, contemporaneamente, si provvede a sciogliere la Camera e vengono indette nuove elezioni. Due giorni dopo, il 27 luglio 1830, la popolazione parigina insorge. Borghesi, studenti e operai innalzano delle barricate e, dopo tre giornate di lotta (le *trois glorieuses*), costringono il re e il ministro Polignac a fuggire.

Il parlamento dichiara decaduta la dinastia borbonica e viene proclamato re Luigi Filippo d'Orléans (cugino di Luigi XVIII e di Carlo X e figlio di quel duca d'Orléans che, durante la rivoluzione francese, aveva già cercato di spodestare Luigi XVI).

Il nuovo re non si richiama più al diritto divino ma, al contrario, si appella al consenso della nazione. Comincia così ad affermarsi il concetto di *sovranità popolare* in quanto, il potere del governo non è più basato sul concetto di supremazia dinastica, bensì sulla volontà dei cittadini.

Luigi Filippo adotta, significativamente, il titolo di *re dei francesi* (invece che di *re della Francia*) e alla bandiera bianco-gigliata dei Borbone sostituisce il tricolore della rivoluzione del 1789. Viene inoltre promulgata una nuova Costituzione, più liberale, e si allarga pure la base elettorale.

## Spunti di **interdisciplinarità**

**LA LIBERTÀ GUIDA IL POPOLO**
È del 1830 una delle opere più celebri di Eugène Delacroix: *La libertà guida il popolo.* Delacroix (1798-1863) fu uno dei più tipici rappresentanti della pittura romantica francese ed europea e predilesse, nelle sue opere, i soggetti di argomento patriottico. Questo dipinto divenne ben presto un'immagine emblematica degli ideali di libertà che negli anni '30 del secolo si affacciavano in tutta Europa. Da notare, l'identificazione della libertà con la Francia, nelle vesti di una giovane donna col tricolore e il «berretto frigio».

**Belgio.** Alle porte della Francia, nel regno dei Paesi Bassi, insorgono anche le popolazioni belghe (25 agosto) rivendicando inizialmente una maggiore autonomia dall'Olanda e, successivamente (4 ottobre), la completa indipendenza.

> **Valloni:** popolazione di origine celtica e di lingua francese che abita la zona meridionale del Belgio. Rappresenta una minoranza rispetto alla maggioranza fiamminga.
> **Fiamminghi:** popolazione germanica che abita la zona meridionale del Belgio e parla olandese. Costituisce oggi la maggioranza della popolazione belga.

Il regno dei Paesi Bassi è costituito sostanzialmente da due nazioni, il Belgio e l'Olanda, tra le quali esistono diversi motivi di contrasto. Per quanto concerne l'economia, il Belgio è una delle nazioni più industrializzate d'Europa e vuole proteggere le sue industrie con alte tariffe doganali atte a limitare la concorrenza dei prodotti di altri paesi (protezionismo). Al contrario l'Olanda, la cui economia è basata sul commercio, necessita di un sistema di libero scambio, con tariffe doganali basse. Inoltre, nonostante la popolazione belga sia quasi il doppio di quella olandese, il potere politico è di fatto nelle mani di quest'ultima. Lo stesso re, Guglielmo d'Orange-Nassau, è di origine olandese. Infine, i belgi sono in maggioranza **valloni** e professano la religione cattolica, mentre gli olandesi, in maggioranza **fiamminghi**, sono invece protestanti.

Allo scoppio dei moti rivoluzionari, Luigi Filippo non ritiene opportuno conformarsi ai dettami sanciti dalla Santa alleanza ed enuncia il *principio del non-intervento,* secondo cui ogni popolo ha il diritto di darsi gli ordinamenti che ritenga migliori. Anche l'Inghilterra è spinta dagli avvenimenti, e dal largo seguito che le idee liberali trovano nel paese, a sostenere la rivoluzione belga. Nel novembre del 1830, una conferenza internazionale proclama la nascita del nuovo *regno del Belgio* cui vengono garantite l'indipendenza e la neutralità perpetua. L'Olanda, dopo aver inutilmente tentato di riappropriarsi dei territori perduti, ne deve riconoscere l'indipendenza, cosa che farà solo nel 1839.

**Spagna e Portogallo.** La convergenza degli obiettivi franco-inglesi si manifesta anche nel corso delle vicende dinastiche che interessano la penisola iberica. In Spagna e in Portogallo, infatti, le lotte per la successione al trono si sovrappongono a quella tra **assolutismo** e **liberalismo**. La mediazione franco-inglese permette l'ascesa al trono di Spagna di Maria Cristina (figlia del defunto re Ferdinando VIII), mentre in Portogallo viene incoronata la regina Maria II. In entrambi i paesi vengono instaurati dei regimi costituzionali moderati.

> **Assolutismo:** il termine è usato per indicare un potere politico non limitato o controllato da nessun altro organismo e che trova in se stesso, e non nel consenso popolare, la propria giustificazione.
> **Liberalismo:** il liberalismo è una teoria politica che limita i poteri dello Stato e privilegia la salvaguardia delle libertà degli individui in tutti gli ambiti.

**Svizzera.** Lo scoppio dei moti nella Confederazione elvetica assume i caratteri propri della lotta religiosa e si accompagna alla rivolta contro le oligarchie reazionarie che detengono il potere. A partire dal 1830, quasi tutti i *cantoni* (le unità politico-amministrative in cui è tradizionalmente divisa la Svizzera) si dotano di un ordinamento costituzionale di tipo liberale.

Tra il novembre del 1847 e il 1848 i cantoni liberali riescono a sconfiggere la lega dei cantoni cattolici (*Sonderbund*) più conservatori, trasformando la confederazione in **Stato federale**.

> **Stato federale:** per federalismo (dal latino *foedus*, patto) si intende quella teoria politica che propugna l'associazione fra diversi Stati e la creazione di entità sopranazionali capaci di assicurare la convivenza e la cooperazione fra le diverse realtà salvaguardandone, al tempo stesso, la reciproca autonomia. Il federalismo trova le sue prime applicazioni in Svizzera e negli stati Uniti d'America.

**Inghilterra.** Nel regno britannico non si hanno veri e propri episodi insurrezionali, anche perché il ministero guidato dall'esponente *whig*, Lord Grey, riesce a far approvare dal parlamento una riforma elettorale (1832) che diminuisce il potere dell'aristocrazia a vantaggio delle nuove classi borghesi. Con il *Great Reform Bill,* infatti, anche i nuovi centri industriali vengono legittimati ad eleggere propri rappresentanti al parlamento. Diminuisce in tal modo il peso politico dei cosiddetti *borghi putridi*, collegi elettorali rurali quasi disabitati e dominati dai possidenti agrari. Il numero degli elettori passa, così, da 500.000 a

800.000, che rappresenta in Europa la cifra più alta, anche se equivale, in pratica, solo al 3% della popolazione.

> **Whigs:** nel parlamento inglese del XVIII secolo, i whigs erano i liberali, sostenitori dei diritti del parlamento.
> **Tories:** in opposizione ai whigs, i tories erano i conservatori, che sostenevano gli interessi dei proprietari terrieri.

La conseguenza di questa riforma elettorale è la scomparsa della tradizionale distinzione tra **whigs** e **tories** (i due gruppi legati all'aristocrazia fondiaria) ora sostituta dal delinearsi di due schieramenti politici: il **Partito conservatore** (che raduna i ceti legati alla ricchezza terriera) e il **Partito liberale** (espressione della nuova borghesia).

Ad essi si affianca anche un Partito radicale che difende gli interessi della borghesia e degli operai.

**Polonia.** Dopo il Congresso di Vienna, la Polonia risulta quasi completamente assegnata alla Russia, anche se lo zar Alessandro I la costituisce in regno autonomo a capo del quale si pone come re costituzionale. L'autonomia della Polonia viene ridimensionata con l'avvento al trono, nel 1825, del più autoritario Nicola II, il quale frustra le aspirazioni dei nazionalisti polacchi.

I moti polacchi scoppiano nel novembre del 1830, quando si sparge la voce che la Russia vorrebbe servirsi di truppe polacche per intervenire a sedare la rivoluzione belga. Varsavia insorge il 29 novembre e i ribelli, invocando l'indipendenza, riescono inizialmente ad avere la meglio sui russi. La rivoluzione coinvolge, però, solo i ceti più alti ai quali manca sia l'appoggio esterno (Francia e Inghilterra non ritengono opportuno intervenire) che il coraggio di coinvolgere nella rivoluzione anche i ceti più bassi (i contadini), temendo un'eccessiva democratizzazione del movimento insurrezionale. Ben presto, sopraffatti dalla potenza russa, gli insorti devono arrendersi (settembre 1831).

**Germania.** Nello Stato tedesco si assiste essenzialmente a una serie di esplosioni isolate di scontento, la più importante delle quali è la manifestazione di Hambach. Alle acclamazioni popolari dei principi liberali e alle richieste di unificazione della Germania, la dieta federale (convocata da Metternich nel 1832) risponde con la Dichiarazione dei 6 articoli. Tale dichiarazione condanna le dottrine liberali e gli Stati della Confederazione germanica si impegnano a limitare le libertà costituzionali e i diritti di riunione e di stampa. Né i governi né i liberali guardano con sufficiente attenzione alla costituzione dell'Unione doganale, lo *Zollverein*, nel 1834, che, sostenuto dalla Prussia, ben presto si sarebbe esteso a tutti gli Stati tedeschi.

## 7) Le insurrezioni nell'Italia centrale

Anche in Italia la mancanza di libertà politica e la dominazione straniera diventano gli obiettivi da sconfiggere da parte delle forze liberali. Gli avvenimenti francesi del 1830 costituiscono una forte spinta ad opporsi all'assolutismo e alla dominazione straniera. Disorganizzati e ancora legati al sistema delle società segrete, i cospiratori sono, però, votati alla sconfitta.

Nel ducato di Modena, i carbonari prendono contatto con il duca Francesco IV, il quale, spinto dall'ambizione di ingrandire il suo ducato (o, addirittura, di diventare il re di un'Italia settentrionale unita), asseconda inizialmente i loro piani di rivolta per creare un'Italia libera e unificata.

Francesco IV è anche convinto che la Francia sarebbe intervenuta in suo aiuto, ma quando si rende conto che Luigi Filippo di Francia non avrebbe appoggiato la rivolta, temendo l'intervento dell'Austria, nella notte tra il 3 e il 4 febbraio 1831 fa arrestare i capi della cospirazione che si trovano riuniti nella casa di Ciro Menotti, un ricco commerciante che guida i patrioti modenesi. Questi arresti non impediscono che la rivolta scoppi ugualmente il 4 febbraio, oltre che a Modena, anche nel ducato di Parma e nello Stato Pontificio.

Francesco IV e la moglie, Maria Luisa di Parma, fuggono e si rifugiano sotto la protezione austriaca a Mantova, trascinando con loro anche Ciro Menotti. La Francia, non ritenendo opportuno rischiare una guerra con l'Austria per i territori italiani, non interviene a sostegno degli insorti. Le truppe rivoluzionarie, comandate dall'ex generale napoleonico Carlo Zucchi, affrontano le truppe imperiali austriache e vengono sconfitte a Rimini (25 marzo 1831). Gli austriaci rientrano in possesso dei loro territori dopodiché scatenano una dura reazione.

Ciro Menotti e il notaio Vincenzo Borrelli vengono impiccati. Il generale Zucchi è arrestato insieme ad altri ufficiali.

## 8) Il panorama internazionale dopo il 1831

**Stati conservatori e Stati liberali.** Al termine dei moti, in Europa si contrappongono due gruppi di Stati che incarnano il contrasto tra liberalismo e assolutismo:

— **Austria, Prussia e Russia** costituiscono il blocco delle potenze conservatrici. In un congresso tenuto a Münchengratz (1833), i tre Stati riconfermano pure i principi della Santa alleanza;

— **Francia** e **Inghilterra** sono gli Stati più rappresentativi tra quelli che sviluppano i propri sistemi politici in senso liberale.

L'intesa anglo-francese si incrina però negli anni a cavallo del 1840 a causa della politica aggressiva della Francia contro l'Egitto. Ma la rottura definitiva avviene a causa dei tentativi di Luigi Filippo di accentuare l'influenza francese sulla Spagna tramite legami dinastici, e per le mire espansionistiche verso Algeria e Marocco vanificate dall'intervento inglese. La Francia si avvicina alla politica reazionaria di Metternich, perdendo prestigio nei confronti dell'opinione pubblica liberale europea.

Nello stesso tempo, l'avvento al trono inglese della regina Vittoria (1837) coincide con la ripresa del colonialismo britannico, soprattutto nell'Asia orientale. In seguito alla *guerra dell'oppio* con la Cina (1840-42), causata dalla decisione dell'imperatore cinese di proibire l'immorale commercio di oppio che gli inglesi portano in Cina dall'India, l'Inghilterra ottiene la base di Hong Kong e consolida la propria presenza commerciale nell'area.

L'impero britannico assume anche il controllo coloniale diretto dell'India, sottraendolo alla Compagnia delle Indie (1833), una compagnia privata che fino ad allora aveva curato lo sfruttamento del mercato indiano. La colonializzazione britannica si dirige con notevole energia anche verso l'Australia, la Nuova Zelanda e l'Africa del Sud.

**Gli Stati Uniti.** Pur non essendo stata influenzata direttamente dagli avvenimenti europei del 1830-31, la giovane confederazione degli Stati dell'America del Nord conosce, sotto la presidenza Jackson (1829-1836), una fase di maggiore democratizzazione.

I grandi problemi che gli Stati Uniti si trovano ad affrontare nel corso del loro rapido sviluppo sono legati all'espansione ad ovest che avrebbe spostato sempre più la frontiera, fino ad arrivare sulle coste del Pacifico (a spese degli *indiani pellerossa*, destinati ad essere brutalmente scacciati, emarginati e massacrati). L'espansione verso ovest porta con sé, però, anche una serie di antagonismi tra l'Est (più autoritario) e l'Ovest (di tendenza democratica) e tra il Nord-Est (industriale) e il Sud (prevalentemente agricolo).

Proprio il contrasto tra Nord-Est e Sud, incentrato prevalentemente sul problema della **schiavitù** (che gli Stati sudisti applicano, per il bassissimo costo della manodopera di colore), avrebbe successivamente portato alla *guerra di secessione*. Il dissenso però è anche politico, a causa dell'ordinamento protezionistico degli Stati industriali del Nord-Est (decisi a proteggere la loro giovane industria). Gli Stati del Sud, invece, a causa del fatto che le esportazioni di cotone devono avvenire in un clima economico di libero scambio, sono di orientamento più liberale. La convergenza di interessi degli Stati del Sud e dell'Ovest permette, durante la presidenza Jackson, di rompere il monopolio economico del Nord-Est e di imprimere una svolta democratica nella vita del paese (gran parte della popolazione bianca otterrà il diritto di scegliere i propri rappresentanti), lasciando impregiudicata la questione della schiavitù, ma rendendo sempre più reale il pericolo di una spaccatura dell'Unione. Altra tappa fondamentale nella politica del paese sarebbe stata la guerra col Messico (1846-48) per il possesso del Texas.

## Test di verifica

1. **In quale congresso il re Ferdinando I chiede l'*intervento austriaco* nel regno delle due Sicilie per placare i moti insurrezionali del 1820-21?**

   ❑ **a)** Congresso di Berlino.
   ❑ **b)** Congresso di Lubiana.
   ❑ **c)** Congresso di Vienna.
   ❑ **d)** Congresso di Troppau.
   ❑ **e)** Congresso di Parigi.

2. **Cosa succede in Francia in seguito ai *moti del 1830-31*?**

   ❑ **a)** La monarchia viene conservata anche se il nuovo re si appella al principio di «sovranità popolare» e non più al «diritto divino».
   ❑ **b)** La monarchia assoluta torna al potere attuando una campagna fortemente repressiva.
   ❑ **c)** Viene proclamata la repubblica in Francia.
   ❑ **d)** Viene proclamata la Comune di Parigi.
   ❑ **e)** Viene instaurata una monarchia costituzionale.

3. **Cos'è il *moto decabrista*?**

   ❑ **a)** La rivolta dei contadini in Argentina.
   ❑ **b)** La lotta per l'indipendenza capeggiata da Simón Bolívar in America latina.
   ❑ **c)** L'insurrezione dei militari russi nel dicembre del 1825.
   ❑ **d)** L'insurrezione della popolazione parigina nel luglio 1830.
   ❑ **e)** Una società segreta sorta in Grecia nel 1820.

4. **Tra quali Paesi viene combattuta la *guerra dell'oppio*?**

   ❑ **a)** Francia e Repubblica Colombiana.
   ❑ **b)** Inghilterra e India.
   ❑ **c)** Francia e Cina.

- ❑ **d)** Inghilterra e Cina.
- ❑ **e)** India e Cina.

**5. Cosa succede il 27 luglio 1830 durante le *trois glorieuses*?**

- ❑ **a)** Bonapartisti e repubblicani vengono messi al bando.
- ❑ **b)** La popolazione parigina insorge contro Carlo X.
- ❑ **c)** I rivoluzionari francesi prendono la Bastiglia.
- ❑ **d)** Viene assassinato il duca di Berry.
- ❑ **e)** Viene proclamato re Luigi Filippo d'Orléans.

## Soluzioni e commenti

1. Risposta: **b)**. A **Lubiana**, dove, «tradendo» il proposito di difendere la Costituzione, Ferdinando I chiede l'intervento repressivo degli austriaci.
2. Risposta: **a)**. La monarchia è basata sul consenso dei cittadini e viene promulgata una nuova **Costituzione**.
3. Risposta: **c)**. Il moto prende nome dalla rivolta dell'**esercito russo** nel dicembre del 1825.
4. Risposta: **d)**. Tra **Inghilterra** e **Cina**, in quanto l'imperatore cinese tenta di proibire il commercio di oppio che gli inglesi portano nel paese.
5. Risposta: **b)**. Il **popolo parigino** si ribella alle ordinanze repressive di Carlo X.

# 3. Società e politica alla vigilia del 1848

## Di cosa parleremo

 Nell'Europa continentale il processo di industrializzazione determina la nascita di una nuova classe sociale: il proletariato. Le condizioni di vita degli operai, molto pesanti, favoriscono la spinta a raccogliersi in associazioni. Si impone sempre più la «questione operaia», che trova appoggio nelle correnti di pensiero del socialismo e, in Inghilterra, nelle *Trade Unions*. Alla rivoluzione industriale si collega l'introduzione di nuove tecnologie, lo sviluppo dei mezzi di comunicazione e del sistema bancario. In Italia si diffondono diverse correnti di pensiero politico: quello mazziniano incentrato su tre obiettivi nazionali (indipendenza, unità, repubblica), il neoguelfismo propugnato da Gioberti, il federalismo repubblicano di Cattaneo.

### TAVOLA CRONOLOGICA

**1807** Varo del primo battello a vapore.
**1814** Prima locomotiva a vapore.
**1824** Nascita delle *Trade Unions* in Inghilterra.
**1831** Nascita della Giovine Italia.
**1833** Fallimento dei moti mazziniani in Liguria e in Piemonte.
**1834** Nascita della Giovine Europa.
**1838** Pubblicazione della Carta del popolo e diffusione del cartismo in Inghilterra.
**1844** Spedizione dei fratelli Bandiera.
**1872** Morte di Mazzini.

## 1) La struttura sociale della civiltà industriale

**Il socialismo utopistico.** I decenni precedenti al '48 sono caratterizzati da un notevole sviluppo economico che determina trasformazioni sociali. La borghesia capitalistica, detentrice del potere economico, reclama infatti anche una partecipazione attiva alla vita politica contrapponendosi ai privilegi e al parassitismo dei ceti nobiliari. Nel 1819, lo studioso e uomo politico francese Claude-Henri de Saint-Simon esprime con una *Parabola*, le rivendicazioni e le aspirazioni di una classe borghese sempre più inquieta. Saint-Simon, con Charles Fourier e Robert Owen, è uno dei maggiori rappresentanti del socialismo utopistico, una corrente di pensiero secondo cui i benefici dello sviluppo economico devono essere più equamente distribuiti.

E ciò proprio in un momento in cui le condizioni di vita dei ceti più bassi (contadini scacciati dalle terre, artigiani rovinati dalla industrie, operai sfruttati nelle fabbriche ecc.) risultano addirittura peggiorate. Comincia già a delinearsi nel mondo il divario tra paesi ricchi e industrializzati e paesi poveri e tecnologicamente arretrati.

**Il liberalismo economico.** Tra i maggiori esponenti del liberalismo c'è l'economista francese Jean-Baptiste Say. I liberalisti sostengono che l'economia si debba autoregolare attraverso il meccanismo della domanda e dell'offerta, che avrebbe dovuto determinare spontaneamente, attraverso il libero gioco delle leggi di mercato, i salari e i prezzi. Ciò significa che, essendo l'offerta di lavoro inferiore alla domanda, i lavoratori devono ricevere un basso compenso salariale.

Le condizioni di vita degli operai sono ulteriormente aggravate dal dover adattarsi ai cicli di produzione e al ritmo della macchina.

**La questione sociale.** La rapida crescita economica e industriale produce l'incremento della popolazione operaia nelle grandi città con tutta una serie di esigenze abitative e igienico-sanitarie. L'economia industriale, inoltre, è segnata da periodi di crisi che provocano un rallentamento della produzione e, quindi, licenziamenti in massa, disoccupazione e disordine. Si viene delineando, così, una *questione sociale* che trova scarso interesse all'interno dei governi e diventa motivo di dibattito soprattutto tra gli intellettuali.

**Il nazionalismo.** Tra il 1830 e il 1848 il nazionalismo è la corrente di pensiero più influente, che trova sostenitori soprattutto nell'ambito delle forze economiche dominanti in ogni paese, ed in particolare, tra intellettuali e studenti. I nazionalisti chiedono non solo la liberazione da ogni dominio straniero e l'unità nazionale, ma anche un sistema politico più democratico.

## 2) Legislazione sociale e liberismo economico in Gran Bretagna

La Gran Bretagna è il paese all'avanguardia in Europa nella legislazione di stampo umanitario e liberale. Già prima della riforma elettorale (1832), nel 1824, il ministro Robert Peel abolisce la legge che vietava agli operai di associarsi; ciò permette la nascita delle *Trade Unions* (organizzazioni operaie). Sempre il ministro Peel fa abolire, nel 1822, il *Test Act*, l'«Atto di prova», che impediva di assumere un impiego pubblico a chi non fosse di religione anglicana. Nel 1833 viene abolita la schiavitù in tutto l'impero (la tratta degli schiavi era stata già vietata dal Congresso di Vienna) e in quello stesso anno una legge sul lavoro nelle fabbriche vieta l'impiego di ragazzi al di sotto dei nove anni.

**Le idee di Robert Owen.** L'industriale inglese Robert Owen è il promotore di principi filantropici dell'armonia sociale, che applica in un'industria tessile di cui è comproprietario (quella di New Lanark in Scozia) realizzando condizioni di lavoro all'avanguardia: giornata lavorativa di 10 ore e mezza, assicurazione contro la malattia e la vecchiaia. Successo incontra un'altra iniziativa di Owen, le *cooperative di consumo*, che praticano bassi prezzi eliminando l'intermediazione commerciale (i produttori vendono, cioè, direttamente agli acquirenti). Esse possono essere considerate le precorritrici del movimento cooperativistico.

**Suffragio universale:** diritto di voto per l'elezione della rappresentanza parlamentare attribuito a tutti i cittadini adulti, senza alcuna distinzione di censo e di sesso. In realtà fino al secondo dopoguerra per suffragio universale si è inteso spesso indicare il solo diritto di voto esteso a tutti i cittadini maschi, poiché solo con grandi difficoltà tale diritto è stato esteso anche alle donne.

**Il cartismo.** Sempre in Inghilterra, a Londra, nasce il primo movimento operaio a carattere politico. Nel 1838, due artigiani, Lowett e Place, redigono una Carta del popolo (*Peoples Charter*) nella quale si invoca un sistema elettorale più democratico con **suffragio universale**.

Il movimento prende il nome di cartismo e si diffonde assai velocemente. La Peoples Charter viene sottoscritta da più di un milione di lavoratori e nel 1839 è presentata anche alla Camera dei comuni, dove però non la si prende neanche in considerazione.

**Le *Corn Laws*.** Nonostante le politiche liberiste, in Gran Bretagna viene applicata una legislazione protezionista sul commercio del grano (*Corn Laws*), con imposizione di alti dazi sui cereali importati da altri paesi.

La questione sfocia in un vero e proprio scontro tra **protezionisti** e **liberisti**. I primi, che sono soprattutto proprietari agrari, chiedono leggi che limitino la concorrenza dei prodotti stranieri, mentre i secondi, commercianti e industriali, lottano invece per l'abolizione delle barriere doganali in modo da avere via libera per i loro affari. Dopo una grave carestia, nel 1845 le *Corn Laws* vengono infine abolite.

## 3) Le correnti di pensiero politico in Italia

Anche se l'Italia partecipa al generale processo di rinnovamento economico e sociale che interessa l'Europa, rimane, comunque, un paese ancora prevalentemente agricolo. Le città sono popolate per lo più da artigiani, negozianti e professionisti, mentre gli operai costituiscono soltanto una minoranza.

### Spunti di **interdisciplinarità**

**I PROMESSI SPOSI**

Nel 1840 Alessandro Manzoni pubblica la terza edizione, quella definitiva, del primo romanzo storico italiano: *I promessi sposi*.

3. Società e politica alla vigilia del 1848

Nonostante il suo romanzo sia ambientato nella Lombardia del Seicento, sotto la dominazione spagnola, emergono chiari i riferimenti al presente. La società che Manzoni vagheggia, agli albori delle lotte risorgimentali, dovrà ispirarsi sia al liberalismo borghese sia ai principi religiosi del cattolicesimo. La sua attenzione, poi, verso le masse ignorate dalla storia (come Renzo e Lucia, due umili popolani) proviene dalla sua concezione cristiana, ma anche dalla visione borghese, che induce a rivalutare ciò che è quotidiano e comune, contro l'aristocraticismo eroico della concezione classica. Significativa la conclusione del romanzo, in cui Renzo, trovandosi a disporre di un piccolo capitale è incerto se investirlo nell'agricoltura o nell'industria. La prospettiva manzoniana è proiettata verso il futuro: il suo eroe sceglie l'industria e acquista un filatoio.

**Giuseppe Mazzini.** Uno dei più coerenti interpreti delle rivendicazioni unitarie italiane è Giuseppe Mazzini, che nasce a Genova nel 1805.

Aderisce alla Carboneria e la rivoluzione del 1830 in Francia suscita in lui molte speranze. Arrestato in quello stesso anno, sceglie l'esilio all'estero per continuare il suo impegno politico e si rifugia in Francia, a Marsiglia. I rigidi controlli al quale lo sottopongono le autorità lo costringono a frequenti spostamenti soprattutto in Svizzera, Francia e Inghilterra (dove sarebbe morto nel 1872), ma rientra spesso, da clandestino, anche in alcuni degli Stati italiani. Mazzini critica l'azione rivoluzionaria svolta dalla Carboneria, per l'indeterminatezza dei programmi (diversi da Stato a Stato) e la chiusura aprioristica verso il popolo, considerato immaturo per ogni azione rivoluzionaria.

Queste riflessioni inducono Mazzini a concepire un nuovo tipo di organizzazione, la Giovine Italia, che fonda a Marsiglia nel 1831, divisa in gruppi provinciali facenti capo a una congrega centrale. Nell'eventualità di una sollevazione popolare, la congrega centrale si sarebbe messa a capo della sollevazione stessa, adottando metodi autoritari e instaurando — temporaneamente — una dittatura. L'obiettivo fondamentale della Giovine Italia è quello di creare un'Italia unita e repubblicana. S'intende per religiosità mazziniana, l'idea per cui solo il popolo avrebbe potuto realizzare «la missione di libertà e di progresso perché soltanto in esso Dio si rivela e rivela la sua potenza». (Villari)

Mazzini rifiuta di considerare la lotta di popolo come lotta di classe, in quanto in Italia una rivoluzione popolare non avrebbe mai potuto svilupparsi senza il concorso della borghesia. L'obiettivo più importante è, quindi, l'aggregazione di tutte le classi sociali (compresa l'aristocrazia) allo scopo di perseguire uno stesso scopo.

Il programma mazziniano, tuttavia, ha il suo maggior limite nella mancanza di una presa di posizione sulla questione contadina, uno dei più urgenti e scottanti problemi che avrebbero turbato il clima politico dell'Italia risorgimentale e post-unitaria. In questo campo, infatti, Mazzini non propone alcuna valida alternativa al programma politico moderato. È senz'altro vero che tale scelta programmatica è determinata dalla connotazione in gran parte agraria della borghesia italiana, ma è altrettanto vero che, nel tentativo di conquistare i consensi borghesi, Mazzini sbarra la strada a una partecipazione popolare più ampia nella questione nazionale.

La Giovine Italia (alla quale, nel 1834, si affianca anche la Giovine Europa) non assume un carattere di massa. Ciò comporta il fallimento dei moti di ispirazione mazziniana, come quelli in Liguria e Piemonte (repressi nel 1833) e la spedizione dei *fratelli Bandiera* che, nel 1844, sbarcano in Calabria cercando di provocare una rivoluzione contadina (traditi e senza un sostegno locale, vengono però catturati e impiccati).

**I moderati.** *Il primato civile e morale degli italiani*, l'opera più significativa del sacerdote e patriota **Vincenzo Gioberti**, è il manifesto del liberalismo risorgimentale moderato. La formula politica proposta da Gioberti è il *federalismo*, che avrebbe permesso a tutti gli Stati italiani (compreso il Lombardo-Veneto) di mantenere inalterato il proprio assetto dinastico, rifuggendo così dai pericolosi eccessi mazziniani. La presidenza della confederazione degli Stati italiani sarebbe dovuta andare, secondo Gioberti, al papa (nell'ottica del *neoguelfismo* che attribuisce una posizione preminente al papato), mentre il Piemonte, forte economicamente e militarmente, avrebbe dovuto esercitare la guida politica vera e propria del paese.

Sia la posizione dell'Austria che l'atteggiamento del papa, assai ostile verso il liberalismo, costituiscono un ostacolo per la realizzazione pratica delle formulazioni di Gioberti.

All'idea giobertiana di federalismo si avvicinano anche altri gruppi di moderati, tra i quali Vieusseux, Capponi, Balbo e D'Azeglio, i quali, però, rispetto a Gioberti, ridimensionano notevolmente il ruolo del papato.

Il patriota piemontese *Cesare Balbo* si scaglia contro la dominazione austriaca ed espone con convinzione le proprie opinioni nel libro intitolato *Speranze d'Italia*. Alla visione mazziniana di popoli diversi accomunati dalla ribellione contro lo stesso nemico (l'Austria), egli contrappone la necessità di trovare nel Piemonte il punto di riferimento per gli altri Stati italiani.

**Il federalismo repubblicano.** L'idea del federalismo propugnata da Gioberti influenza anche altri gruppi patriottici che ne propongono, però, delle varianti. *Gian Domenico Romagnosi* dirige la rivista milanese «Annali universali di statistica, economia pubblica, storia, viaggi e commercio» (dal 1817 al 1835) che costituiscono la voce del capitalismo teorico italiano. Non a caso, i seguaci di Romagnosi sono propugnatori convinti della necessità di un'effettiva libertà di commercio e della formazione di un mercato nazionale unico.

*Carlo Cattaneo* (1801-1869) fonda, nel 1839, una rivista economica, «*Il Politecnico*» (pubblicata fino al 1844), che si propone come uno dei periodici più vivaci e innovatori di tutto il Risorgimento italiano. Cattaneo, che ha tendenze democratiche e repubblicane, solo nel 1848 definisce chiaramente la propria posizione politica e si professa favorevole al federalismo repubblicano, ponendosi in aperto contrasto con le idee mazziniane. Egli auspica, infatti, la formazione di una federazione di Stati italiani dotati di larga autonomia, ma unificati da un governo repubblicano che avrebbe dovuto provvedere a una politica di riforme secondo i canoni del liberalismo democratico europeo.

## Test di verifica

**1. Chi è *Robert Owen*?**

- ❏ **a)** Uno dei maggiori rappresentanti del socialismo utopistico.
- ❏ **b)** Un rappresentante del pensiero liberista.
- ❏ **c)** Uno dei maggiori rappresentanti del pensiero repubblicano.
- ❏ **d)** Un affiliato alla Carboneria.
- ❏ **e)** Un esponente del neoguelfismo.

**2. Cosa sono le *Trade Unions*?**

- ❏ **a)** Organizzazioni sindacali operaie nate in Inghilterra.
- ❏ **b)** Compagnie per il commercio internazionale.
- ❏ **c)** Associazioni di piccoli proprietari.
- ❏ **d)** Società finanziarie.
- ❏ **e)** Piccole banche private.

**3. Cos'è il *Test Act*?**

- ❏ **a)** Il divieto (poi abrogato) per chi è di religione anglicana di fornire testimonianza nei processi.
- ❏ **b)** Un atto, emanato dal ministro inglese Peel, con cui viene abolita la schiavitù in tutto l'impero.
- ❏ **c)** Una disposizione (abolita nel 1822) che vieta a chi non è di religione anglicana di assumere pubblici impieghi.
- ❏ **d)** Una legge (approvata nel 1833) che vieta l'impiego nelle fabbriche di ragazzi di età inferiore ai nove anni.
- ❏ **e)** L'obbligo per i possidenti di fare testamento a vantaggio dei figli maschi.

**4. Chi è l'autore de *Il primato civile e morale degli italiani*?**

- ❏ **a)** Cesare Balbo.
- ❏ **b)** Massimo D'Azeglio.
- ❏ **c)** Vincenzo Gioberti.

☐ **d)** Carlo Cattaneo.

☐ **e)** Giuseppe Mazzini.

**5. Cosa si intende per *neoguelfismo*?**

☐ **a)** Un pensiero politico che propugna l'unione dell'Italia in un unico Stato sotto il governo del papa.

☐ **b)** Un movimento politico che propone una federazione dei sovrani italiani sotto l'egida morale del papa.

☐ **c)** Un decreto che vieta l'ingerenza del papa e dei vescovi nella vita politica del paese.

☐ **d)** Un orientamento politico che, durante il periodo risorgimentale, ripropone in Italia le antiche lotte tra guelfi e ghibellini.

☐ **e)** Un processo di laicizzazione delle istituzioni politiche.

## Soluzioni e commenti

**1.** Risposta: **a)**. Animato dagli ideali del **socialismo utopico**, Owen applica nella sua industria i principi filantropici in cui crede.

**2.** Risposta: **a)**. **Organizzazioni operaie** nate in Inghilterra nel 1824, in seguito all'abolizione della legge che vietava agli operai di associarsi.

**3.** Risposta: **c)**. Il *Test Act* (Atto di prova) discriminava coloro che non erano di **religione anglicana** impedendogli di lavorare nella pubblica amministrazione.

**4.** Risposta: **c)**. **Vincenzo Gioberti**, sacerdote e patriota.

**5.** Risposta: **b)**. Alla presidenza della confederazione di Stati (federalismo) ci doveva essere il **Papa** (neoguelfismo). Esponente di questa posizione politica è Vincenzo Gioberti.

# 4. I moti del 1848

## Di cosa parleremo

Il centro d'irradiazione del moto rivoluzionario è la Francia, che proclama la nascita della Seconda Repubblica, cui succede, pochi mesi dopo, il colpo di Stato di Napoleone Bonaparte ed il Secondo Impero. I moti si propagano in tutta Europa, ma dopo una prima fase vittoriosa, con proclamazioni di Costituzioni e repubbliche, vengono tutti repressi. In Italia si assiste al fallimento della Prima guerra d'indipendenza contro gli austriaci.

### TAVOLA CRONOLOGICA

**1846-1847** Biennio delle riforme in Italia.
**1848** Insurrezione di Palermo. II Repubblica in Francia. Costituzione di Leopoldo II in Toscana. Concessione dello Statuto da parte di Carlo Alberto. Costituzione concessa da Pio IX. Cinque giornate di Milano (19-23 marzo). Battaglie di Curtatone e Montanara. Battaglia di Custoza. Armistizio di Salasco. Luigi Napoleone presidente della II Repubblica in Francia.
**1849** Repubblica romana e triumvirato Mazzini, Armellini, Saffi. Sconfitta piemontese a Novara.
**1851** Colpo di Stato di Luigi Napoleone in Francia.
**1852** II Impero in Francia. Luigi Napoleone diviene imperatore col nome di Napoleone III.

## 1) La ripresa dell'ondata rivoluzionaria

Nel 1848, tutta l'Europa (ad eccezione della Gran Bretagna e della Russia) è interessata da una ripresa dell'ondata rivoluzionaria, cui contribuisce la grave crisi agraria che ha colpito il continente europeo nel 1846 e nel 1847, provocata dai cattivi raccolti dei cereali e delle patate. La carestia acuisce lo scontento generale delle popolazioni affamate e immiserite. La crisi economica influenza negativamente anche le attività industriali e commerciali.

## 2) La II Repubblica in Francia

La monarchia, in Francia, vive dei momenti di difficoltà a causa sia dell'opposizione legittimista, favorevole al ritorno di Carlo X sul trono, sia dell'ostilità dei repubblicani, contrari alle dinastie regnanti.

**La rivolta.** L'opposizione al regime di Luigi Filippo si manifesta a Parigi nell'organizzazione di grandi *banchetti politici* nei quali il popolo manifesta il proprio malcontento e le proprie rivendicazioni (la principale delle quali è la richiesta del suffragio universale). È proprio il tentativo di impedire lo svolgimento di uno di questi banchetti che, il 22 febbraio del 1848, provoca la rivolta della popolazione parigina.

Luigi Filippo è costretto alla fuga e i rivoluzionari dichiarano decaduta la monarchia. Viene costituito un Governo provvisorio della Repubblica Francese (la *II Repubblica*).

Sono indette le elezioni a suffragio universale per la formazione di un'**Assemblea costituente**.

> **Assemblea costituente:** assemblea di rappresentanti del popolo eletta con il compito di stabilire le norme fondamentali per l'ordinamento di uno Stato, cioè la Costituzione.

Il carattere tendenzialmente socialista del governo si dimostra nella proclamazione del diritto al lavoro e in una serie di provvedimenti sociali in favore degli operai: la giornata lavorativa è limitata a 10 ore e vengono aperte delle fabbriche statali (*ateliers nationaux*).

**La vittoria dei moderati.** Ben presto, però, le forze moderate riescono a riprendere il governo e vengono chiusi gli *ateliers nationaux*. Le forze più democratiche, sconfitte nelle elezioni del 23 aprile, tentano di scatenare una nuova insurrezione a Parigi, che viene però repressa. L'elezione a presidente della Repubblica di Luigi Napoleone (nipote di Napoleone Bonaparte) sancisce la definitiva vittoria dei moderati. Il 2 dicembre 1851, Luigi Napoleone attua un colpo di Stato assumendo per un decennio l'incarico presidenziale. Il 7 novembre 1852 un plebiscito popolare proclama la nascita di un secondo impero e Luigi Bonaparte ne viene proclamato imperatore col nome di Napoleone III.

# Spunti di **interdisciplinarità**

**IL NATURALISMO**

In questo clima iniziano a nascere le prime teorie artistiche sul realismo nelle arti figurative e in letteratura (naturalismo letterario di Baudelaire, Flaubert e Zola). Questa corrente letteraria preferiva raccontare il dramma e le passioni delle persone comuni, non dei grandi eroi, descrivendo la realtà del proprio tempo in maniera cruda ed impietosa.

Gustave Flaubert (1821-1880), celebre autore di *Madame Bovary*, nel 1848 fu testimone a Parigi delle prime fasi della rivoluzione e le narrò poi in alcune pagine del suo romanzo *L'educazione sentimentale* (1869). Flaubert accompagna il lettore lungo i boulevards parigini, coperti di barricate, e con grande efficacia ed ironia descrive l'euforia seguita alla proclamazione della repubblica e l'animata vita dei circoli politici.

## 3) Il biennio delle riforme in Italia

Gli anni 1846 e 1847 sono ricordati come il «biennio delle riforme» e si aprono con l'elezione al soglio pontificio del cardinale Giovanni Mastai Ferretti che assume il nome di Pio IX. Il nuovo papa diviene subito un simbolo per tutto il movimento che auspica l'applicazione delle riforme anche in Italia. Pio IX concede un'amnistia per i reati politici, apre la Consulta di Stato anche all'intervento dei laici, istituisce una guardia civica e rende meno severe le disposizioni sulla censura. L'entusiasmo dei liberali è grandissimo e la popolazione di Roma inneggia, per le strade, al nuovo pontefice.

Sembra che il mito del papa liberale ipotizzato da Gioberti si sia ormai realizzato e ciò accresce le speranze e le aspettative dei moderati di tutta Italia.

**Le dimostrazioni popolari.** Timoroso delle iniziative papali, il governo austriaco guidato da Metternich fa occupare Ferrara per intimidire Pio IX. Ciò provoca proteste e prese di posizione a favore del papa e scatena violente reazioni anche nel Lombardo-Veneto.

4. I moti del 1848

**Le Costituzioni.** Ostile a qualsiasi tipo di riforma, il re delle due Sicilie, Ferdinando II di Borbone, si trova, a dover fronteggiare un'insurrezione separatista siciliana quando, il 12 gennaio 1848, la popolazione di Palermo insorge. Contemporaneamente scoppiano violente manifestazioni anche a Napoli. Isolato e non potendo ricevere alcun aiuto austriaco per reprimere le insurrezioni, Ferdinando II è costretto a concedere una Costituzione il 29 gennaio. L'8 febbraio anche Carlo Alberto di Sardegna deve promettere la promulgazione di una Costituzione (lo *Statuto*).

## 4) Le rivoluzioni nell'impero asburgico e in Germania

Tra il marzo e il giugno del 1848 (la *primavera dei popoli*) una nuova ondata rivoluzionaria sconvolge il continente.

Il 3 marzo del 1848, con l'appoggio dei piccoli proprietari terrieri, insorge la popolazione di Budapest, in Ungheria, rivendicando l'autonomia nazionale. Lo stesso accade anche in Boemia e Croazia. Le agitazioni liberali si propagano addirittura alla capitale dell'impero, Vienna. I rivoltosi chiedono l'allontanamento di Metternich e la formazione di un'assemblea costituente, sicché l'imperatore deve promettere che avrebbe concesso una Costituzione. Metternich, convinto che tutto ormai sia perduto, fugge travestito per non essere riconosciuto dai rivoltosi e si rifugia in Inghilterra. La mancanza di un'azione comune facilita le forze reazionarie a riprendere il controllo della situazione. La reazione è violenta in Ungheria, dove la Russia interviene a sostegno dell'Austria per sedare la rivolta (agosto 1849).

Anche a Berlino esplode un'insurrezione di stampo liberale per ottenere dal re prussiano, Federico Guglielmo IV, l'emanazione di una Costituzione. Dopo essere riuscito a sedare i disordini, però, il sovrano concede spontaneamente una Costituzione di stampo moderato, che riesce a soddisfare l'opinione liberale del paese.

Anche la maggior parte degli altri Stati tedeschi concede poi delle Costituzioni sulla scia di quanto avvenuto in Prussia.

Il problema dell'unificazione tedesca è inoltre aggravato dal contrasto esistente tra i fautori della soluzione *piccolo-tedesca* (senza Austria) e *grande-tedesca* (inclusa l'Austria). Alla *Conferenza di Francoforte* (1848) prevale la fazione piccolo-tedesca e viene offerta la corona del nuovo impero federale tedesco al re di Prussia. Adducendo il motivo che, sovrano per diritto divino, egli non può accettare una corona offertagli da un'assemblea eletta, il re di Prussia preferisce rinunciarvi, soprattutto per timore della reazione austriaca. L'Austria, dal canto suo, intima ai suoi rappresentanti di lasciare l'assemblea, che viene poi sciolta con la forza nel giugno del 1849.

## 5) La prima guerra d'indipendenza

L'eco delle insurrezioni di metà marzo esalta gli animi degli italiani del Lombardo-Veneto e li incoraggia a sollevarsi contro la dominazione austriaca. Per prima insorge la popolazione di Venezia e vengono liberati dal carcere i patrioti Daniele Manin e Niccolò Tommaseo. Gli austriaci sono costretti ad abbandonare la città, nella quale viene restaurata la *repubblica di San Marco*, retta da un governo provvisorio presieduto da Manin.

È poi la volta di Milano, dove una delegazione di cittadini capeggiati dal podestà Gabrio Casati, si reca al palazzo del governo austriaco per invocare la concessione di riforme. Questa manifestazione si trasforma quasi subito in un'aperta rivolta contro l'Austria e dopo cinque giorni di lotta (*le cinque giornate di Milano*) le truppe austriache, comandate dal feld-maresciallo Radetzky, sono costrette ad abbandonare la città e a rifugiarsi nel cosiddetto *Quadrilatero* (costituito dalle fortezze di Peschiera, Mantova, Legnago e Verona).

Anche nei ducati di Modena e Parma scoppiano delle insurrezioni che costringono i sovrani alla fuga.

L'atteggiamento liberale del papato provoca la ripresa dell'ideale ispirato al **neoguelfismo**, sostenuto dai moderati.

L'esplosione dei moti in tutta Italia accresce, inoltre, il contrasto tra i moderati e i democratici. Mentre i primi, infatti, auspicano una soluzione confederale del problema dell'unità italiana, i democratici premono per la realizzazione di uno Stato unitario (e non per una confederazione dei preesistenti Stati italiani) da concretizzare solo dopo essere riusciti a scacciare l'Austria dal paese.

**La guerra contro l'Austria.** Il 23 marzo 1848, il sovrano del regno di Sardegna, Carlo Alberto, spinto dalle forze liberali interne e dagli appelli che gli vengono da parte del governo provvisorio di Milano, dichiara guerra all'Austria. Il papa, il granduca di Toscana e il re di Napoli inviano propri contingenti di truppe a sostegno del re sabaudo, ma corpi di volontari giungono da ogni parte d'Italia, pronti ad impegnarsi in quella che sarebbe stata poi conosciuta come *prima guerra d'indipendenza*.

Dopo una prima fase di vittorie trionfali (*Goito* e *Pastrengo*), le truppe piemontesi che inalberano il tricolore devono fermarsi davanti alla fortezza di Peschiera, tenuta saldamente dagli austriaci. Tra i sovrani italiani, intanto, l'accordo è molto precario. In questo clima di sospetti reciproci, papa Pio IX, temendo che l'Austria possa provocare uno scisma religioso, pronuncia un'*Allocuzione* (29 aprile) con la quale dichiara che, in quanto «*padre di tutto il mondo cattolico*», non può partecipare a una guerra contro la cattolica Austria e ordina alle sue truppe di rientrare nello Stato Pontificio. Il mito neoguelfo crolla, ormai, definitivamente.

Anche il re di Napoli, fronteggiata vittoriosamente (con una brutale repressione) l'opposizione liberale interna, si affretta a seguire le orme del papa e il 15 maggio ordina alle proprie truppe di ritirarsi dai campi di battaglia.

4. I moti del 1848

Rimangono a combattere al fianco di Carlo Alberto soltanto alcune milizie di volontari, sotto il comando dei generali pontifici Durando e Ferrari e del generale napoletano Guglielmo Pepe, che si sono rifiutati di abbandonare la lotta. Giuseppe Garibaldi accorre dall'America latina per partecipare anch'egli alla guerra contro gli austriaci.

Radetzky approfitta delle incertezze e dei dissidi nel fronte avversario per scatenare il contrattacco, ma, grazie all'eroica resistenza opposta alle forze nemiche da parte di cinquemila giovani toscani che si fanno massacrare a *Curtatone* e *Montanara* (29 maggio), Carlo Alberto ha il tempo di preparare il suo esercito allo scontro con gli austriaci. Il 30 maggio viene vittoriosamente respinto l'attacco al ponte di *Goito* e, contemporaneamente, capitola la fortezza di *Peschiera*. I soldati inneggiano a Carlo Alberto appellandolo, per la prima volta, come re d'Italia.

Il 29 maggio, pur tra molti contrasti, il Lombardo-Veneto proclama la propria annessione al Piemonte. La repubblica di Venezia, invece, avrebbe proclamato la propria annessione solo nel luglio del 1848.

**La sconfitta di Carlo Alberto.** Le vittorie del 30 maggio rappresentano, però, gli ultimi successi delle armate piemontesi in quanto le truppe austriache, che si sono ormai riorganizzate, muovono alla conquista del Veneto (esclusa Venezia), che viene completata nel giugno del 1848. Carlo Alberto è ripetutamente sconfitto nei pressi di *Custoza* (23-25 luglio) e il 6 agosto gli austriaci rioccupano Milano (abbandonata, ormai, dai piemontesi). Il 9 agosto il generale Salasco firma l'armistizio che riporta la linea di confine tra Piemonte e Lombardo-Veneto al corso del fiume Ticino.

4. I moti del 1848

**L'Italia nel 1848**

## 6) La reazione in Italia

Dopo la sconfitta di Carlo Alberto, l'iniziativa rivoluzionaria passa dalle mani dei moderati a quelle dei democratici. Mazzini invita gli italiani a lottare per la libertà e per la repubblica, da realizzare con una *«guerra di popolo»*, dopo che la *«guerra dei sovrani»* è fallita.

**Toscana.** In seguito a una rivoluzione repubblicana scoppiata a Livorno (25 agosto 1848), Leopoldo II di Toscana è costretto a nominare un governo democratico (ottobre 1848), a far parte del quale vengono chiamati Guerrazzi e Montanelli.

**Stato pontificio.** A Roma, invece, Pio IX, per fronteggiare il malcontento dovuto all'*Allocuzione* del 29 aprile, chiama alla guida del governo il moderato Pellegrino Rossi, uomo di grande cultura, che però viene assassinato. Sull'onda di violentissime agitazioni popolari, Pio IX fugge a Gaeta, mentre la rivoluzione infuria e gli insorti nominano una Suprema giunta di Stato.

L'assemblea costituente dichiara decaduto il potere temporale e il 9 febbraio 1849 viene proclamata la nascita della *Repubblica romana*, presieduta dai triumviri Mazzini, Armellini e Saffi.

**Sicilia.** Intanto, fin dal marzo 1848 in Sicilia si è costituito un governo autonomo guidato da Ruggero Settimo e il parlamento siciliano ha dichiarato decaduta la monarchia borbonica, offrendo la corona dell'isola al secondogenito di Carlo Alberto, Ferdinando di Savoia. Questi, però, rifiuta, temendo di dover affrontare l'ira dei Borbone. In seguito, Ferdinando II sarebbe riuscito a riassoggettare l'isola, scontrandosi con l'eroica e tenace resistenza dei siciliani. Il bombardamento di Messina avrebbe provocato l'attribuzione al re borbonico dell'appellativo di *re bomba*, aumentando il senso di distacco delle popolazioni dalla reazionaria monarchia di Napoli.

**Piemonte.** Un ulteriore rigurgito antiaustriaco si verifica poi in Piemonte. Infatti, dopo aver inutilmente cercato di stipulare una pace con l'Austria che non compromettesse la possibilità di realizzare, in qualche modo, una confederazione di Stati italiani (con a capo Carlo Alberto), il governo piemontese di Urbano Rattazzi denuncia l'armistizio dell'agosto 1848 e il 12 marzo 1849 dichiara nuovamente guerra all'Austria.

Il conflitto ha un andamento infelice per le armate piemontesi guidate dal generale polacco Crzanowsky. Il 23 marzo del 1849 l'esercito piemontese è definitivamente sconfitto a *Novara*, mentre anche *Brescia* insorge eroicamente contro gli austriaci. Sotto la guida di Tito Speri, la città riesce a resistere per ben dieci giorni, tra enormi difficoltà (*le dieci giornate di Brescia*, 23 marzo-1 aprile). Per non dover sottostare alle gravose condizioni di pace offertegli da Radetzky, Carlo Alberto abdica in favore del figlio Vittorio Emanuele II, che riesce a stipulare a Milano una pace (6 agosto) che non impone condizioni troppo dure. Lo Statuto concesso da Carlo Alberto il 4 marzo 1848 non viene revocato.

**La resa.** Intanto, dopo la repressione dei moti in Sicilia, anche in Toscana viene presto restaurato l'ordine e, nella primavera del 1849, il granduca Leopoldo ritorna al suo posto.

Rimangono ancora in piedi i governi rivoluzionari di Roma e Venezia che, con la sconfitta piemontese di Novara, hanno visto crollare anche le loro speranze.

La Repubblica romana, alla cui difesa sono accorsi patrioti da ogni parte d'Italia, è attaccata su tutti i fronti dai sovrani cattolici che hanno accolto l'invito del papa. Gli austriaci marciano da nord, mentre da sud si muovono le truppe di Ferdinando di Borbone. Anche dei contingenti francesi arrivano, via mare, a combattere contro le armate della Repubblica romana. Nonostante Garibaldi ottenga delle vittorie, il triumvirato, vista l'impossibilità di resistere, ordina il «*cessate il fuoco*» e il governo repubblicano abbandona la città (2 luglio). Come ultimo atto simbolico e di protesta, viene promulgata una Costituzione di ispirazione democratica e repubblicana.

Garibaldi cerca allora di recarsi a Venezia, dove è ancora viva la resistenza contro gli austriaci, ma, sfuggito ai nemici tra enormi difficoltà (la moglie Anita muore il 4 agosto nella pineta di Ravenna), deve rifugiarsi in Toscana e, successivamente, riparte per l'America.

La repubblica di Venezia è l'ultima a soccombere. Stremata dalla carestia e dal colera, nonostante l'eroica resistenza, il 24 agosto del 1849 la città deve arrendersi, mentre i patrioti più compromessi partono per l'esilio.

## Test di verifica

**1. Cosa sono i *banchetti politici* che si svolgono a Parigi nel 1848?**

❏ **a)** Delle cene politiche durante le quali i candidati alle elezioni cercano di procacciarsi voti.

❏ **b)** Delle riunioni nell'ambito delle quali il popolo ha modo di manifestare il proprio malcontento nei confronti del governo.

❏ **c)** Delle riunioni in cui i principali esponenti del governo prendono decisioni in materia di politica interna.

❏ **d)** Dei pranzi di beneficenza, organizzati dallo Stato per sedare il malumore degli strati più poveri della popolazione.

❏ **e)** Delle cene-spettacolo organizzate dalle avanguardie artistiche e culturali del momento.

**2. Cosa succede in Francia dopo la fuga di Luigi Filippo, in seguito ai *moti del 1848*?**

❏ **a)** Viene proclamata la II Repubblica.

❏ **b)** Viene proclamata la I Repubblica.

❏ **c)** Viene proclamato il II Impero.

❏ **d)** Viene proclamata la III Repubblica.

❏ **e)** Viene proclamata la Comune di Parigi.

**3. Cosa sono gli *ateliers nationaux*?**

❏ **a)** Assemblee popolari in cui si discutono i problemi delle fasce più basse della popolazione.

❏ **b)** Imprese con attività diffuse su tutto il territorio nazionale.

❏ **c)** Fabbriche statali nate per garantire occupazione alle fasce più basse della popolazione.

❏ **d)** Le prime industrie tessili nate grazie a grossi investimenti di privati.

❏ **e)** Assemblee politiche di carattere nazionalistico.

4. **Cosa succede durante le *cinque giornate di Milano*?**

❏ **a)** Milano insorge contro gli austriaci riuscendo ad ottenere una costituzione repubblicana.

❏ **b)** Il generale austriaco Radetzky, sedata la rivolta dei milanesi, occupa anche tutti i territori circostanti (il cosiddetto *Quadrilatero*).

❏ **c)** Radetzky è sconfitto a Curtatone e Montanara e a Milano viene proclamata la repubblica.

❏ **d)** Milano insorge contro gli austriaci e costringe le loro truppe, capitanate dal maresciallo Radetzky, a rifugiarsi nel cosiddetto *Quadrilatero*.

❏ **e)** Nessuna delle precedenti alternative.

5. **Da chi è formato il *triumvirato* alla guida della repubblica romana nel 1848?**

❏ **a)** Saffi, Pisacane, Garibaldi.

❏ **b)** Saffi, Mazzini, Cattaneo.

❏ **c)** Garibaldi, Mazzini, D'Azeglio.

❏ **d)** D'Azeglio, Cattaneo, Mazzini.

❏ **e)** Mazzini, Armellini, Saffi.

## Soluzioni e commenti

1. Risposta: **b)**. Nei **banchetti politici** il popolo manifesta le sue rivendicazioni, soprattutto quelle per il suffragio universale.

2. Risposta: **a)**. Si tratta della **II Repubblica**, in quanto la Prima era stata quella del 1789.

3. Risposta: **c)**. Le **fabbriche statali** garantiscono l'occupazione, ma anche i diritti principali degli operai.

4. Risposta: **d)**. Le truppe austriache del generale **Radetzky** sono costrette alla fuga e a trovare riparo nel cosiddetto Quadrilatero.

5. Risposta: **e)**. Dai repubblicani, **Mazzini**, **Armellini** e **Saffi**.

# 5. L'unità d'Italia

## Di cosa parleremo

Il processo di unificazione italiana si sviluppa attraverso la politica antiaustriaca e diplomatica di Cavour, l'azione mazziniana e la spedizione dei Mille guidata da Giuseppe Garibaldi. Nella fase immediatamente successiva all'unificazione emergono i problemi legati al nuovo regno d'Italia, unito, eppure diviso, tra meridione e settentrione (la questione meridionale). L'ultima fase del processo di unificazione è quella che si svolge con l'annessione del Veneto (terza guerra d'indipendenza) e di Roma.

## TAVOLA CRONOLOGICA

**1854** Guerra di Crimea.

**1855** Partecipazione del Piemonte alla Guerra di Crimea.

**1856** Congresso di Parigi.

**1857** Spedizione di Sapri di Carlo Pisacane.

**1858** Attentato di Felice Orsini contro Napoleone III.

**1859** Ultimatum dell'Austria al Piemonte. Seconda guerra d'indipendenza. Battaglie di Magenta, Solferino, San Martino. Armistizio di Villafranca.

**1860** Plebisciti per l'annessione al Piemonte di Emilia Romagna e Toscana. Spedizione dei Mille e vittorie garibaldine. Plebisciti di annessione nelle Marche, nell'Umbria e nel Regno delle due Sicilie. Incontro di Teano fra Garibaldi e Vittorio Emanuele II.

**1861** Si riunisce a Torino il primo Parlamento italiano. Proclamazione del Regno d'Italia (14 marzo).

**1866** Guerra austro-prussiana e terza guerra d'indipendenza italiana (battaglie di Custoza, Lissa, Sadowa).

**1867** Secondo governo Rattazzi. Episodio di Mentana.

**1868** «*Non expedit*» di Pio IX.

**1870** Breccia di Porta Pia e occupazione di Roma.

**1871** Legge delle Guarentigie. Trasferimento della capitale da Firenze a Roma.

## 1) L'Italia tra reazione e liberalismo

La fine dei moti del 1848-49 coincide con la ripresa della politica reazionaria nella maggior parte degli Stati europei. A eccezione del regno di Sardegna, negli Stati italiani l'Austria appoggia una dura politica reazionaria. Soprattutto nel Lombardo-Veneto, viene ripristinato un rigido regime poliziesco. Una violenta reazione è attuata anche nei ducati, nello Stato Pontificio e nel granducato di Toscana.

**Il regno delle due Sicilie.** La reazione più spietata si ha nel regno delle due Sicilie dove Ferdinando II imbastisce una serie di processi che conducono nelle carceri borboniche anche prestigiosi intellettuali come Luigi Settembrini, Silvio Spaventa e Carlo Poerio.

**Il regno di Sardegna.** Il regno di Sardegna è l'unico Stato italiano a conservare la Costituzione. Il nuovo sovrano, Vittorio Emanuele II, mantiene in vigore lo Statuto concesso da suo padre Carlo Alberto e ciò gli vale l'appellativo di «*re galantuomo*». In realtà, la sua decisione di mantenere lo Statuto è dettata dal desiderio di accattivarsi l'opinione pubblica liberale anche degli altri Stati italiani. La politica di Vittorio Emanuele ha successo e sia i liberali che, successivamente, i democratici moderati guardano al Piemonte come al centro propulsore della lotta patriottica italiana contro l'Austria.

La ratifica del trattato di pace con gli austriaci, nonostante le moderate condizioni imposte al Piemonte, provoca una crisi nelle istituzioni sabaude in quanto i deputati democratici del parlamento di Torino si rifiutano di ratificare la *Pace di Milano*. Vittorio Emanuele II scioglie allora le Camere e indice nuove elezioni invitando gli elettori a votare, con il *Proclama di Moncalieri*, per i deputati disponibili a firmare la pace. La nuova Camera eletta ratifica la *Pace di Milano* e il ministero d'Azeglio può realizzare una serie di riforme liberali tra le quali la più importante è, nel 1850, il progetto di legge presentato dal guardasigilli Siccardi (ministro di Grazia e giustizia) che limita notevolmente i privilegi di cui il clero beneficiava in Piemonte (*leggi Siccardi*).

## 2) Cavour

Nel novembre del 1852 la presidenza del Consiglio piemontese è assunta da Camillo Benso, conte di Cavour. Figura di primo piano nella destra liberale, Cavour si accorda con l'esponente più importante della sinistra moderata, Urbano Rattazzi, per realizzare una politica di riforme. Questo avvicinamento sarebbe poi stato ricordato come il *connubio*.

**L'economia.** Per quanto riguarda le teorie economiche, abbandona ben presto le idee giacobine coltivate in giovinezza e si orienta verso un liberalismo di tipo inglese, basato sulla convinzione che solo la libertà dell'individuo può permettere la creazione di una società moderna. Inoltre ritiene anche che sarebbe stato necessario spingere la borghesia più illuminata sulla via di quelle riforme che, migliorando le condizioni di vita dei ceti meno abbienti, avrebbero scongiurato la minaccia delle rivoluzioni. Nel 1852, come si è detto, Cavour è nominato Capo del governo. Il suo primo intento è quello di trasformare il Piemonte in uno Stato moderno e progredito, impostato su un regime costituzionale sull'esempio dell'Inghilterra. A tale scopo continua l'opera di modernizzazione dell'agricoltura, sottoscrive importanti trattati commerciali con Francia, Belgio e Inghilterra e avvia la costruzione della linea ferroviaria Torino-Genova, che permette di incrementare i traffici commerciali.

**La riforma fiscale.** Cavour attua anche una riforma del sistema fiscale, colpendo maggiormente le classi più ricche che, conseguentemente, cominciano ad avversare la sua politica. Nel 1855, con l'intento di limitare ulteriormente i privilegi ecclesiastici, si fa promotore di una serie di riforme tra cui la riduzione del numero degli ordini religiosi e l'incameramento da parte dello Stato dei beni immobili da essi posseduti. Queste riforme scatenano l'opposizione della destra clericale, al punto che il re Vittorio Emanuele II costringe Cavour a presentare le dimissioni. La crisi dura solo pochi giorni e il sovrano riaffida il governo a Cavour.

## 3) La guerra di Crimea

Dopo il fallimento dei moti del '48, il Piemonte diventa il punto di riferimento per tutti i liberali della penisola e Cavour, intenzionato a promuovere l'ingrandimento dello Stato sabaudo nell'Italia settentrionale, si impegna in una politica antiaustriaca che sottolinei la *funzione nazionale* del regno di Sardegna.

Lo statista sabaudo si propone inoltre di inserire il Piemonte in un contesto internazionale conquistandosi l'appoggio di Napoleone III, il quale ama presentarsi come il difensore delle nazionalità oppresse. Anche per questo motivo Cavour è favorevole alla partecipazione del Piemonte alla guerra di Crimea. Questa, a sua volta, è causata dal riacutizzarsi dell'annosa questione d'Oriente e dal fatto che i falliti tentativi di riforma interna dell'impero turco continuano a tener vive le agitazioni indipendentiste delle popolazioni balcaniche di fede greco-ortodossa.

Nel 1853 lo zar Nicola I tenta di imporre al sultano turco il proprio protettorato su tutti i cristiani dell'impero ottomano. Al rifiuto, per rappresaglia, le truppe zariste occupano i principati danubiani di Moldavia e Valacchia (l'attuale Romania). Francia e Inghilterra, preoccupate delle vittorie russe si alleano con la Turchia, e dichiarano guerra allo zar nel marzo 1854.

**L'assedio di Sebastopoli.** La guerra viene combattuta in Crimea, principalmente intorno alla fortezza russa di *Sebastopoli*, che resiste all'assedio degli anglofrancesi per quasi un anno. Il protrarsi della guerra spinge gli anglofrancesi a cercare l'alleanza del Piemonte, anche per fronteggiare eventuali sorprese da parte dell'Austria ed evitare che si unisce alla Russia contro di loro. Nonostante la forte opposizione del parlamento piemontese, Cavour convince il re e il 1° gennaio 1855, il Piemonte firma un trattato di alleanza con l'Inghilterra e la Francia e invia un contingente di 15.000 uomini in Crimea, sotto la guida del generale Alfonso La Marmora.

Dopo la caduta di Sebastopoli (settembre 1855), le potenze acconsentono ad incontrarsi in un congresso internazionale che si tiene a Parigi nel febbraio 1856, per risolvere la questione e stipulare la pace.

Al congresso è presente anche Cavour che ottiene un notevole successo morale in quanto presenta per la prima volta all'attenzione di tutti il problema italiano, denunciando, in particolare, la politica repressiva attuata nei domini austriaci e nel regno delle due Sicilie.

## 4) La ripresa dei moti mazziniani e l'alleanza con Napoleone III

Mentre Cavour tesse la sua tela diplomatica, gli ideali unitari e repubblicani continuano a fare proseliti, specialmente nel Mezzogiorno d'Italia, dove l'antiquato e totalitario regime borbonico aveva dato origine a un diffuso malcontento.

**La spedizione di Pisacane.** Il più notevole moto mazziniano di quegli anni è la spedizione di Sapri guidata dal napoletano Carlo Pisacane. Questi, dopo essersi allontanato dal mazzinianesimo per abbracciare idee socialiste si riavvicina a Mazzini dopo la guerra di Crimea, e progetta una spedizione nel Mezzogiorno d'Italia per fomentare una sollevazione generale. Nonostante Mazzini abbia sconsigliato l'impresa, Carlo Pisacane e alcuni fedeli compagni, dopo aver liberato centinaia di detenuti dal carcere di Ponza, nella notte tra il 28 e il 29 giugno del 1857, sbarcano a Sapri, dove sono assaliti dalle truppe borboniche e da contadini inferociti che li scambiano per briganti.

A Sanza, Pisacane, oramai consapevole del fallimento dell'iniziativa, si toglie la vita, mentre i suoi compagni vengono catturati e imprigionati. I moti di Livorno e di Genova sono stati, intanto, facilmente repressi.

**La «Società nazionale».** I moti mazziniani, e specialmente la spedizione di Sapri, offrono a Cavour l'opportunità di dimostrare che occorre abbandonare il sistema delle rivoluzioni e stringersi intorno alla Casa Savoia. Si maturano così le condizioni per la costituzione, nel 1857, di una *Società nazionale* favorita da Cavour, a cui aderiscono molti ex repubblicani, compresi Daniele Manin e Giuseppe Garibaldi.

Essi pur di vedere attuata l'unità d'Italia, rinunciavano ad uno dei loro principi ed accettavano il motto della nuova società «Italia e Vittorio Emanuele II».

L'atteggiamento di Napoleone III, favorevole alla causa unitaria italiana, rischia di mutare drasticamente in seguito all'attentato compiuto da un ex mazziniano, l'italiano Felice Orsini, ai danni dell'imperatore (gennaio 1858). Il governo francese impone al Piemonte di adottare alcuni provvedimenti restrittivi della libertà ma Cavour riesce a convincere Napoleone che simili gesti estremistici potrebbero essere evitati soltanto risolvendo una volta per tutte il problema italiano.

**L'incontro di Plombières.** Nel luglio del 1858, Napoleone III e Cavour si incontrano segretamente a Plombières e concertano un piano d'azione in base al quale la Francia si impegna a intervenire a fianco del Piemonte nel caso l'Austria dichiarasse guerra allo Stato sabaudo. In base agli accordi, se l'Austria avesse perso la guerra si sarebbe formato un regno dell'alta Italia (comprendente il Lombardo-Veneto, la Romagna e l'Emilia) sotto la corona di casa Savoia, mentre il resto dell'Italia (a esclusione del Lazio, riservato al papa) sarebbe stato riorganizzato in due regni (Italia centrale e Italia meridionale) sui cui troni Napoleone III intende insediare dei principi francesi imparentati con la monarchia sabauda. Quale ricompensa per l'appoggio al Piemonte, Napoleone III avrebbe ricevuto Nizza e la Savoia.

## Spunti di **interdisciplinarità**

### LA SCAPIGLIATURA

Tra il 1860 e il 1870 a Milano nasce *la Scapigliatura*, una corrente formata da un gruppo di letterati ed artisti lombardi che operarono intorno a Giuseppe Rovani, il personaggio più famoso del movimento, sviluppando un nuovo modo di intendere la letteratura e creando le premesse di nuovi linguaggi letterari. Questi poeti reagivano sia contro le ultime espressioni del Romanticismo che contro la società stessa, che appariva loro come priva di slanci e di ideali, soggetta alle convenzioni ed ai pregiudizi. Pertanto, essi crearono una poesia nuova nel linguaggio, che appare prosaico e realistico, e nei temi, che si riferiscono a situazioni insolite e volgari o addirittura immorali, che vengono spesso trattate con spregiudicatezza e cinismo.

Gli Scapigliati contribuirono al superamento del provincialismo tipico della cultura italiana diffondendo il messaggio di poeti stranieri come Victor Hugo, E. Allan Poe, Charles Baudelaire, Heinrich Heine, ai quali essi a volte si ispirarono. Fra gli Scapigliati sono da ricordare, oltre al Rovani, Cletto Arrighi, che con il suo romanzo *Scapigliatura* (il cui titolo è la traduzione della parola francese *bohème*) diede il nome al movimento.

## 5) La seconda guerra d'indipendenza

Alla fine del 1858 i rapporti tra la Francia, il Piemonte e l'Austria sono tesi e tutto lascia prevedere lo scoppio di un conflitto. Già l'imperatore dei Francesi, nel ricevimento di fine anno, lascia intravedere il suo atteggiamento antiaustriaco, e Vittorio Emanuele II, alla riapertura del Parlamento, dichiara, d'accordo con Napoleone III, di non essere «*insensibile al grido di dolore che da tante parti d'Italia si leva verso di noi*». Cavour cerca di fare il possibile per spingere l'Austria a dichiarare guerra al Piemonte (condizione indispensabile perché la Francia intervenga al fianco del regno di Sardegna) e permette perciò a Garibaldi di costituire un corpo di volontari (*i Cacciatori delle Alpi*).

**L'Austria dichiara guerra.** La titubanza dell'imperatore francese (condizionato dall'opinione pubblica cattolica) e l'intervento della Gran Bretagna, che propone la convocazione di una conferenza internazionale per discutere la questione italiana, fanno temere a Cavour che tutta la sua abile opera di mediazione diplomatica sia stata inutile; il giovane imperatore austriaco, Francesco Giuseppe, spinto dal suo stato maggiore, invia però un ultimatum al Piemonte (23 aprile 1859), chiedendo il disarmo dei volontari. Cavour non può far altro che respingere questa richiesta e tre giorni dopo l'Austria dichiara guerra al Piemonte.

Il 29 aprile 1859, truppe austriache comandate dal generale Gyulai passano il Ticino, ma la loro avanzata viene ritardata dagli allagamenti provocati volontariamente dai piemontesi nelle risaie della provincia di Vercelli, che danno ai francesi il tempo di giungere sul luogo delle operazioni belliche.

Le forze franco-piemontesi si impegnano in un'efficace finzione tattica dando l'impressione a Gyulai di voler penetrare in Lombardia da sud. In realtà, l'esercito francese, utilizzando la ferrovia, si sposta rapidamente a Novara e di qui procede all'invasione della Lombardia, mentre Garibaldi, il quale ha già sconfitto dei reparti austriaci a *Varese* e a *San Fermo*, si dirige verso Brescia.

A *Magenta* gli austriaci vengono sbaragliati, sicché Vittorio Emanuele II e Napoleone III possono entrare trionfalmente a Milano l'8 giugno. Le forze asburgiche si rifugiano allora nelle fortezze del Quadrilatero, preparandosi a una difesa a oltranza. L'imperatore Francesco Giuseppe destituisce Gyulai e si pone personalmente a capo dell'esercito ordinando una controffensiva. Il 24 giugno 1859, a *San Martino* e *Solferino* (presso Mantova), gli austriaci vengono nuovamente sconfitti in una sanguinosa battaglia che fa numerosissime vittime in entrambi gli schieramenti.

**Le insurrezioni in Toscana e in Emilia.** Mentre ancora infuria la guerra tra franco-piemontesi e austriaci, nel granducato di Toscana e nei ducati di Modena, Parma e Piacenza scoppiano violente insurrezioni. Il 27 aprile, a Firenze, una manifestazione organizzata da moderati, democratici e repubblicani induce Leopoldo II ad abbandonare il granducato e un governo provvisorio, guidato dal barone Ricasoli, propone a Vittorio Emanuele di assumerne la dittatura, ma il re sabaudo, a norma degli accordi di Plombières, deve rifiutare e invia in Toscana un suo commissario. Anche a Parma, Modena e nelle Romagne scoppiano insurrezioni vittoriose e il sovrano piemontese, ancora una volta, invia dei propri commissari. Le Marche e l'Umbria cercano anch'esse di ribellarsi al governo pontificio, ma le insurrezioni vengono brutalmente represse.

Napoleone III, preoccupato per l'eccessivo prolungamento della guerra, intimorito dalla prospettiva che si venga a creare uno Stato italiano unitario ai confini della Francia, criticato all'interno del paese da conservatori e clericali e preoccupato, infine, dalla prospettiva che la Russia intervenga in aiuto dell'Austria, propone un armistizio a Francesco Giuseppe.

**L'Armistizio di Villafranca.** La sottoscrizione dell'*Armistizio di Villafranca* (11 luglio 1859) prevede le seguenti condizioni:

— la cessione della Lombardia (tranne Mantova e Peschiera, due cardini del Quadrilatero) a Napoleone III, il quale, a sua volta, l'avrebbe ceduta a Vittorio Emanuele II, mentre il Veneto rimane all'Austria;
— il ritorno dei sovrani italiani spodestati sui loro troni;
— la rinuncia di Napoleone a Nizza e alla Savoia.

A quel punto, Cavour rassegna le dimissioni per non dover ratificare un accordo che considera umiliante. Mentre lo statista viene sostituito al governo congiuntamente da La Marmora e Rattazzi, a Vittorio Emanuele tocca il compito di accettare l'armistizio. Le popolazioni toscane e dei ducati, però, si ribellano e organizzano un esercito, sotto la guida di Garibaldi e Manfredo Fanti, per resistere alla restaurazione dei vecchi sovrani. Anche Mazzini offre la propria collaborazione accantonando, ancora una volta, gli ideali repubblicani in nome dell'unità italiana.

**Gli accordi di Zurigo.** Riunitisi a Zurigo nel novembre 1859 per precisare la portata degli accordi di Villafranca, i diplomatici europei preferiscono rinviare il problema del reinsediamento dei sovrani italiani spodestati a un altro, ipotetico, congresso.

La situazione dei ducati e della Toscana non rende verosimile parlare di restaurazione degli antichi sovrani e Cavour riesce a convincere Napoleone III ad acconsentire all'annessione di quei territori al regno di Sardegna.

Anche se Napoleone III è venuto meno ai patti, l'annessione della Toscana e dei ducati (sancita da plebisciti popolari nel marzo 1860) può essere considerata una soddisfacente contropartita per la mancata annessione del Veneto, per cui Nizza e la Savoia vengono cedute alla Francia.

## 6) La spedizione dei Mille e la nascita del regno d'Italia

Nel 1859 muore il re delle due Sicilie, Ferdinando II di Borbone, e gli succede il figlio Francesco II. Con abile mossa, Cavour propone al nuovo sovrano di concedere una Costituzione liberale e di stringere un'alleanza con il regno di Sardegna, prevedendo un rifiuto che puntualmente arriva. Tale rifiuto è strumentalizzato dallo statista piemontese (ritornato, nel frattempo, alla guida del governo) per screditare la monarchia borbonica di fronte all'opinione pubblica italiana ed europea.

**Rosolino Pilo.** Nell'aprile del 1860 scoppiano, a Palermo, dei moti popolari capitanati da Rosolino Pilo. Francesco II non riesce a debellare completamente l'insurrezione e Rosolino Pilo si rifugia sulle montagne per continuare la lotta.

**Crispi e Cavour.** Un altro siciliano, il patriota Francesco Crispi, tenta di organizzare, dal Piemonte, una spedizione in Sicilia. Cavour, secondo il suo solito, mantiene un atteggiamento tra l'estraneo e l'ostile, aspettando l'evoluzione degli eventi per sfruttarli a proprio vantaggio. Vittorio Emanuele appoggia invece questa iniziativa abbastanza apertamente e anche Mazzini, entusiasta, aderisce al progetto.

**Garibaldi.** Mentre Napoleone III tenta inutilmente di fermare questa spedizione, Garibaldi riunisce circa un migliaio di volontari nei pressi di Genova, si impossessa con un finto colpo di mano di due piroscafi appartenenti alla compagnia Rubattino (il *Lombardo* e il *Piemonte*) e salpa, nella notte tra il 5 e il 6 maggio, da Quarto alla volta della Sicilia. I Mille che lo accompagnano sono democratici e mazziniani, per lo più giovani, i quali scriveranno una pagina di storia destinata ad essere ammantata di epico eroismo.

**La vittoria.** Dopo una breve sosta a Talamone, in Toscana, i Mille si dirigono verso Marsala. Tre giorni dopo, nella località di Salemi, Garibaldi si proclama dittatore dell'isola in nome di Vittorio Emanuele II.

Intanto, migliaia di picciotti (i contadini e i braccianti siciliani) ingrossano le fila dell'esercito garibaldino attratti dalla speranza della riforma fondiaria, promessa da Garibaldi, che avrebbe finalmente assegnato loro le terre da lavorare.

A Calatafimi, il 15 maggio, Garibaldi sconfigge le truppe borboniche e si dirige verso Palermo. Sconfitti nuovamente i borbonici a Milazzo, Garibaldi si dirige verso lo stretto di Messina, deciso a sbarcare sul continente e a puntare verso Napoli. Spaventato dalla piega che stanno prendendo gli avvenimenti, Francesco II si decide a concedere una Costituzione prima dell'arrivo di Garibaldi. Quest'ultimo, intanto, è riuscito a sbarcare in Calabria e prosegue vittoriosamente alla volta di Napoli tra le ovazioni della popolazione, mentre l'esercito borbonico si disgrega. Il 6 settembre Francesco II abbandona la capitale e si rifugia nella fortezza di Gaeta. Il giorno successivo Garibaldi entra trionfalmente a Napoli.

La rapida evoluzione della situazione apre un periodo di profonda incertezza dinanzi alle diverse prospettive che sembrano proporsi:

— Mazzini, dopo aver raggiunto Garibaldi a Napoli, auspica la formazione di un'assemblea costituente che decida riguardo il nuovo assetto da dare all'Italia;

— Garibaldi progetta di raggiungere e conquistare Roma e, da lì, proclamare, una volta per tutte, l'unità d'Italia;

— Cavour è preoccupato dal fatto che nelle fila garibaldine siano presenti esponenti sia democratici che repubblicani miranti a ottenere delle riforme particolarmente avanzate (ad esempio, la riforma agraria) ed è intimorito, inoltre, dall'eventualità che un attacco garibaldino a Roma possa provocare un intervento francese.

Cavour convince l'imperatore francese a non ostacolare un intervento dell'esercito piemontese nel sud con l'intento di «normalizzare» la situazione. Le truppe sabaude, al comando dei generali Fanti e Cialdini, muovono verso lo Stato Pontificio dove, dopo la vittoriosa battaglia di *Castelfidardo*, conquistano le Marche e l'Umbria (18 settembre), la cui annessione al Piemonte viene poi sanzionata da un plebiscito. Contemporaneamente, Garibaldi sconfigge la disperata resistenza delle ultime truppe borboniche nella battaglia del *Volturno* (2 ottobre).

**Dissidi tra Cavour e Garibaldi.** Tra Cavour e Garibaldi è, ormai, aperto dissidio, in quanto lo statista piemontese desidera convocare subito i plebisciti, temendo che un intervento delle altre potenze possa mettere in discussione le conquiste realizzate fino ad allora; Garibaldi, invece, avrebbe preferito mettersi in marcia alla volta di Roma. Sta di fatto che Cavour, pur di bloccare l'attacco garibaldino a Roma, riesce a ottenere che si convochino i plebisciti in Sicilia e nel Napoletano, i quali, svoltisi tra il 21 e il 22 ottobre 1860, decretano, a schiacciante maggioranza, l'annessione al Piemonte. Pochi giorni dopo, il 26 ottobre, Garibaldi incontra Vittorio Emanuele II a Teano, salutandolo come «re d'Italia». Il sovrano piemontese, a sua volta, si presenta come il *restauratore* dell'ordine sconvolto dai Mille, rifiutando non solo l'ipotesi di incorporare i volontari garibaldini nelle truppe regolari sabaude, ma anche di passarli semplicemente in rassegna, sicché l'«eroe dei due mondi», dopo quest'ennesima delusione, preferisce ritirarsi nell'isola di Caprera.

**Nasce il regno d'Italia.** Mentre a Teano avviene lo storico incontro, a Torino, la Camera dei deputati approva il provvedimento legislativo che permette al governo l'accettazione incondizionata delle annessioni delle altre regioni italiane al regno di Sardegna. Il 18 febbraio 1861 si riunisce a Torino il primo parlamento nazionale. Viene ratificata l'unione delle diverse parti della penisola, è proclamata, il 14 marzo 1861, la nascita del regno d'Italia (a seguito dell'incorporazione degli altri Stati della penisola in quello piemontese) e Vittorio Emanuele II è proclamato «re d'Italia». Sia lo Statuto albertino che la legislazione piemontese vengono estesi anche al resto dell'Italia, abolendo tutte le leggi vigenti in precedenza nei diversi territori.

Il 26 marzo, con voto solenne, il parlamento si dichiara a favore dell'ipotesi che Roma possa diventare la futura capitale del nuovo regno.

## 7) Aspetti sociali, economici e politici del nuovo regno

L'economia italiana si basa per oltre il 50% sull'agricoltura, ma le condizioni dei contadini rimangono fortemente arretrate e non viene neppure realizzata la riforma agraria che pure era stata promessa a più riprese dai governi unitari.

**L'arretratezza del meridione.** Il processo di industrializzazione viene avviato solo al nord, mentre le città e le campagne dell'Italia meridionale presentano strutture ancora medioevali, con un'economia parassitaria e non imprenditoriale.

Il 90% della popolazione al sud è analfabeta, mancano le materie prime per uno sviluppo industriale e la limitata diffusione delle ferrovie non favorisce gli scambi commerciali.

Anche l'organizzazione dello Stato presenta non pochi problemi: bisogna unificare il sistema legislativo, quello fiscale, quello monetario e amalgamare le diverse culture. Cavour pensa di risolvere tali questioni con un moderato **decentramento**, ma dopo la sua morte prevale la politica di estendere gli ordinamenti piemontesi a tutta l'Italia.

Si assiste, così, a quel fenomeno conosciuto col nome di *piemontesismo*, che causa un grosso malcontento, cui si aggiungono i problemi connessi alla volontà di annettere il Veneto e il Lazio.

**Lo scenario politico.** Per quanto attiene invece all'ambito politico, va detto che il primo parlamento italiano viene eletto dal 2% degli adulti maschi e rappresenta gli interessi della borghesia imprenditoriale e terriera, conservatrice e in qualche modo preoccupata soprattutto di difendere i propri interessi.

L'assemblea parlamentare è divisa in Destra e Sinistra, che non si distinguono per diversità ideologiche. La Destra è costituita da una minoranza di reazionari e da una maggioranza conservatrice e moderata. La Sinistra è formata da una minoranza di repubblicani e da una maggioranza, capeggiata da Rattazzi e Depretis, più moderata, disposta ad accettare la monarchia.

## 8) Il brigantaggio

La nuova politica unitaria provoca un grave malcontento, soprattutto al sud, dove cresce e si diffonde un fenomeno già presente in quelle regioni: il *brigantaggio*. Non si può negare la base «sociale» del brigantaggio, collegato ai fenomeni di scontento e delusione delle popolazioni contadine, da secoli in attesa di una riforma agraria che risolvesse i loro problemi di miseria, emarginazione, sfruttamento. I briganti vengono anche appoggiati e strumentalizzati dai Borbone, che intendono servirsene per riconquistare il trono.

Il governo italiano considera il brigantaggio come una minaccia all'unità e l'affronta con l'esercito.

**Questione meridionale:** problema storico del divario nello sviluppo economico, sociale e civile tra le regioni meridionali italiane e il resto del paese. Le cause del sottosviluppo del Meridione sono la struttura agraria arretrata, il distacco tra città e campagna, la carenza di un ceto borghese dinamico.

La repressione si conclude con svariate migliaia di morti e con ventimila condanne ai lavori forzati. Soltanto dopo il 1870, però, la situazione meridionale diventa oggetto di analisi accurata da parte di studiosi quali Franchetti, Fortunato, Sonnino. Si parla, allora, di **questione meridionale**.

Essi sono i primi a porre il problema meridionale come problema nazionale e individuano, nella formazione di una classe intermedia tra proprietari e contadini, intraprendente e attiva, una delle soluzioni possibili. Ciò non avviene e per lunghi decenni il sud vivrà un profondo stato di arretratezza, che aumenterà la distanza dal resto del paese e le cui conseguenze arriveranno fino ai nostri giorni.

## 9) La terza guerra di indipendenza e l'annessione del Veneto

L'alleanza italo-prussiana si rivela determinante per l'Italia ai fini dell'annessione del Veneto. Prima del 1866, tuttavia, il governo italiano, anche sotto la pressione del Partito d'Azione, tenta di risolvere la questione attraverso trattative diplomatiche con l'Austria, che offre all'Italia solo il Veneto. La proposta di alleanza di Bismarck viene accettata dal governo La Marmora, nella speranza di conquistare anche il Trentino. Prende così inizio, parallelamente alla guerra austro-prussiana, la terza guerra di indipendenza (1866).

Nonostante la superiorità numerica, sia l'esercito a *Custoza*, sia la marina a *Lissa* subiscono gravi sconfitte, ma la vittoria prussiana a *Sadowa* rende possibile, con la Pace di Vienna, l'annessione del Veneto all'Italia. Questo modo umiliante di ottenere il Veneto provoca grande indignazione nelle file del Partito d'Azione e nel Mezzogiorno.

## 10) La questione romana

La posizione di Pio IX è intanto diventata sempre più intransigente nei confronti dello Stato sabaudo. Al governo Ricasoli succede quello guidato da Rattazzi, che intende continuare la politica di Cavour, incoraggiando il Partito d'Azione ma senza compromettere, agli occhi della Francia, il governo. Garibaldi, sicuro dell'appoggio del governo, nel '62 arruola volontari in Sicilia, per conquistare da sud lo Stato Pontificio.

Quando i garibaldini attraversano lo stretto, Vittorio Emanuele II sconfessa l'iniziativa per rassicurare la Francia, ma Napoleone III pretende che il governo italiano prenda misure concrete. Pertanto, vengono inviate in Italia meridionale truppe regolari che si scontrano con Garibaldi sull'Aspromonte, dove lo stesso «eroe dei due mondi» rimane ferito.

**La Convenzione di settembre.** Con il governo Minghetti, nel '64, l'Italia stipula un accordo con la Francia, detto *Convenzione di settembre*. Napoleone III si impegna a ritirare le truppe dallo Stato della Chiesa e contemporaneamente il governo italiano garantisce l'integrità del territorio pontificio. Inoltre, si stabilisce il trasferimento della capitale da Torino a Firenze (1865); alla Francia tutto ciò sarebbe dovuto apparire come la definitiva rinuncia dell'Italia ad annettersi Roma, mentre per l'Italia avrebbe invece dovuto comportare un ulteriore avvicinamento alla città capitolina. La *Convenzione di settembre* per l'Italia significa inoltre la possibilità di vedere il papa non più protetto dalle truppe francesi, costretto a chiedere l'intervento italiano a fronte di eventuali disordini provocati nello Stato Pontificio dai mazziniani.

**L'intransigenza.** Tuttavia, l'intransigenza del papa cresce. L'espressione più significativa di tale posizione è il *Sillabo*, documento in cui si condannano il liberalismo, il socialismo, il positivismo.

5. L'unità d'Italia

Con il ritorno al governo di Rattazzi, nel 1867, Garibaldi si organizza di nuovo in Toscana per penetrare nel Lazio, ma si verifica ancora una volta quanto già accaduto sull'Aspromonte, con il confino di Garibaldi a Caprera, il quale, però, dopo esser riuscito a fuggire dall'isola, riprende le ostilità, per poi essere sconfitto a *Mentana* dalle truppe francesi, di nuovo a Roma per difendere il papa.

**L'occupazione di Roma.** L'occasione si ripresenta nel 1870, quando Napoleone III, sconfitto a *Sedan* dai prussiani, non può intervenire in favore di Pio IX. Vittorio Emanuele indirizza allora un messaggio al papa, giustificando il proprio atteggiamento come dettato dalla necessità di sorvegliare «la sicurezza di sua Santità». Nel settembre '70, le truppe italiane entrano in Roma attraverso Porta Pia e il papa denuncia all'opinione pubblica mondiale l'aggressione subita. L'annessione del Lazio viene poi ratificata in ottobre, mentre la capitale viene trasferita da Firenze a Roma nel luglio del 1871.

**La legge delle Guarentigie.** I rapporti tra Stato e Chiesa vengono poi regolati dalla *legge delle Guarentigie* (13 maggio 1871), approvata dal parlamento italiano ma non accettata dal papa.

Essa garantisce al clero piena indipendenza nell'esercizio delle funzioni spirituali, stabilisce una donazione a favore del Vaticano e attribuisce lo stato di extraterritorialità al Vaticano, al Laterano e alla villa di Castelgandolfo.

La reazione del papa è di decisa contrapposizione e provoca anche conseguenze sul piano politico, in quanto fin dal 1868, con il «*Non expedit*», il pontefice dichiara «inopportuna» la partecipazione dei cattolici alle elezioni politiche e amministrative del regno d'Italia.

## Test di verifica

**1. Da cosa ha origine la *guerra di Crimea*?**

- ❏ **a)** Dall'attacco della Prussia alla Turchia.
- ❏ **b)** Dalla guerra tra Francia e Inghilterra.
- ❏ **c)** Dall'attacco della Russia alla Turchia.
- ❏ **d)** Dalla guerra tra Russia e Prussia.
- ❏ **e)** Dalla guerra tra Inghilterra e Russia.

**2. Quali privilegi colpiscono le *leggi Siccardi*, che prendono il nome dal guardasigilli del governo D'Azeglio?**

- ❏ **a)** Del clero.
- ❏ **b)** Dei militari.
- ❏ **c)** Degli imprenditori.
- ❏ **d)** Dei proprietari terrieri.
- ❏ **e)** Dei grossi gruppi finanziari.

**3. Cosa succede a *Magenta* nel giugno del 1859?**

- ❏ **a)** Gli austriaci vengono sconfitti dalle truppe di Napoleone III e di Vittorio Emanuele II.
- ❏ **b)** Gli italiani subiscono una sconfitta che costa gravissime perdite.
- ❏ **c)** I francesi battono gli austriaci senza l'aiuto delle forze italiane.
- ❏ **d)** Gli italiani si arrendono all'assedio austriaco.
- ❏ **e)** Gli austriaci si arrendono alle truppe italiane.

**4. Cosa viene stabilito con gli *accordi di Plombières* tra Napoleone III e Cavour?**

- ❏ **a)** Che il Piemonte avrebbe soccorso la Francia in caso di guerra con l'Austria.
- ❏ **b)** Che la Francia avrebbe soccorso il Piemonte in caso di guerra con l'Austria.

- □ **c)** Che Francia e Piemonte avrebbero attaccato l'Austria insieme alla minima provocazione.
- □ **d)** Che sia la Francia che il Piemonte sarebbero rimasti neutrali in qualsiasi conflitto armato.
- □ **e)** Che l'Austria, battuta dalla Francia, avrebbe concesso all'Italia il Lombardo-Veneto.

5. **Quale trattato di pace mette fine alla *seconda guerra d'indipendenza*?**

- □ **a)** Pace di Milano.
- □ **b)** Armistizio di Villafranca.
- □ **c)** Pace di Salasco.
- □ **d)** Pace di Zurigo.
- □ **e)** Pace di Parigi.

## Soluzioni e commenti

1. Risposta: **c)**. La **guerra di Crimea** ha origine dall'attacco della Russia alla Turchia, in quanto lo zar Nicola I tenta di imporre il proprio protettorato su tutti i cristiani dell'impero ottomano.
2. Risposta: **a)**. Le **leggi Siccardi** colpiscono i privilegi ecclesiastici in Piemonte.
3. Risposta: **a)**. A **Magenta** gli austriaci vengono sbaragliati, cosicché Vittorio Emanuele II e Napoleone III entrano vittoriosi a Milano.
4. Risposta: **b)**. Nell'accordo tra Cavour e Napoleone III si stabilisce che la **Francia** sarebbe intervenuta a fianco del Piemonte in caso di un attacco austriaco.
5. Risposta: **b)**. L'armistizio di **Villafranca** (11 luglio 1859).

# 6. Dal 1848 alla Comune di Parigi

## Di cosa parleremo

La Prussia, sotto la guida del cancelliere Bismarck, avvia una politica antiau-striaca (guerra austro-prussiana), che si conclude con la divisione dell'impe-ro austriaco, che concede l'autonomia all'Ungheria. La Prussia sconfigge la Francia (guerra franco-prussiana) e realizza l'unificazione tedesca. In Fran-cia, esplode la guerra civile che dà vita ad un governo provvisorio rivoluzio-nario (Comune di Parigi). In Russia le riforme di Alessandro II non bastano a frenare gli oppositori, che si rifanno agli ideali anarchici e populisti. Intanto esplode la guerra civile americana.

### TAVOLA CRONOLOGICA

**1837-1901** Età vittoriana in Inghilterra.

**1861-1865** Guerra civile americana.

**1862** Otto von Bismarck è a capo del governo prussiano. Il presidente americano Lincoln sancisce l'emancipazione degli schiavi neri negli Stati Uniti.

**1870-1871** Guerra franco-prussiana.

**1870** Battaglia di Sedan. Rovesciamento del governo imperiale e proclamazione della repubblica in Francia.

**1871** Nascita dell'impero federale germanico. Pace di Francoforte. Comune di Parigi.

## 1) Il programma di Napoleone III

Napoleone III trova un consistente appoggio nell'alta borghesia industriale e finanziaria e nei clericali, ai quali garantisce una protezio-ne contro la minaccia (ormai lontana) di una rivoluzione anarchica e proletaria. Napoleone III beneficia anche dell'appoggio delle masse contadine che non hanno partecipato ai moti del '48 e che assicurano un'entusiastica adesione al programma restauratore del nuovo impera-tore.

Il regime sa sfruttare, inoltre, la favorevole congiuntura economica che fa registrare un consistente sviluppo delle medie industrie.

**Il malcontento dei francesi.** Napoleone III, dopo un primo periodo di fortunata politica interna ed estera, comincia, verso il 1860, ad incontrare varie difficoltà. In politica interna, alienatosi le simpatie dei cattolici per l'appoggio dato alla causa italiana, e degli industriali per un trattato commerciale con l'Inghilterra secondo i principi del libero scambio, è costretto, per rafforzare il suo potere, a promuovere riforme nel campo sociale e a fare evolvere l'Impero in senso liberale.

**Concessioni alle opposizioni.** Una politica di concessioni alle opposizioni si rende necessaria quando, nel 1863, le elezioni fanno registrare un consistente incremento dei voti liberali e repubblicani. L'imperatore si convince ad accordare il diritto di associazione agli operai e ripristina le libertà di riunione e di stampa (1868).

Napoleone III cerca di rafforzare il suo prestigio facendosi portatore di un'ambiziosa politica estera che non dà, però, i frutti sperati.

Nel 1863 fa da mediatore fra lo zar e gli insorti polacchi, col solo risultato di inimicarsi Alessandro II. Nel 1866, interpostosi nella guerra austro-prussiana, non ottiene alcun vantaggio, ma deve assistere impotente al rafforzamento della Prussia. Nel 1867 vede fallire miseramente l'impresa da lui promossa della conquista del Messico, che si conclude con la fucilazione dell'arciduca Massimiliano. Mentre Bismarck incrementa minacciosamente la preparazione militare prussiana, Napoleone III è costretto a rifiutare un'alleanza con l'Austria e l'Italia, per non scontentare i clericali. Così si trova isolato di fronte al prevedibile attacco della Prussia.

## Spunti di **interdisciplinarità**

### L'IMPRESSIONISMO

In Francia, tra il 1867 ed il 1880, nasce la pittura impressionista. Il termine «impressionismo» fu coniato dai detrattori del movimento in occasione della prima esposizione degli impressionisti tenutasi negli studi del fotografo Nadar, il 25 aprile

1874. Monet presentò una tela significativamente intitolata: *Impressione, sole nascente*, in cui abbandova il disegno dai contorni precisi in favore di un'immediatezza ottenuta con l'uso di colori sovrapposti l'uno sull'altro, creando un irreale effetto di pittura riflessa.

Secondo gli artisti impressionisti, tra cui ricordiamo *Monet*, *Pissarro* e *Renoir*, la fedele adesione alla realtà, così tenacemente ricercata dal realismo, poteva essere affidata alle fotografie. L'artista, invece, doveva avere piena libertà nelle scelta dei soggetti da rappresentare e soprattutto poteva esprimere sulla tela la propria visione della realtà. Nelle opere degli impressionisti, quindi, l'arte diviene creazione, impressione del soggetto rappresentato.

## 2) Le aspirazioni unitarie della Prussia

La Prussia rafforza la propria economia e potenzia il suo apparato militare. La borghesia industriale del paese si fa portavoce dell'ideale unitario delle popolazioni tedesche, vagheggiando un regime costituzionale e parlamentare, mentre la monarchia prussiana, anch'essa sostenitrice dell'unificazione tedesca, considera il problema nell'ottica di un rafforzamento dell'egemonia della Prussia nei confronti degli altri Stati tedeschi. L'atteggiamento prussiano si precisa meglio quando Guglielmo I, subentrato come reggente al fratello Federico Guglielmo IV, cerca di attuare una riorganizzazione dell'esercito nell'ottica di una politica di potenza. Al rifiuto del parlamento, dovuto in buona parte all'atteggiamento contrario dei deputati liberali, Guglielmo I è quasi sul punto di abdicare.

**La politica di Bismarck.** Nel 1862 Guglielmo I nomina Presidente del consiglio (cancelliere) Otto von Bismarck, un aristocratico prussiano appartenente alla classe degli *Junkers* (i ricchi proprietari terrieri, conservatori).

Autoritario e ostile al liberalismo, Bismarck è fermamente convinto del fatto che l'ideale unitario sia raggiungibile solo attuando una decisa politica antiaustriaca. Il rafforzamento dell'esercito, nonostante il voto contrario del parlamento (che viene scavalcato), è uno dei cardini di tale politica.

6. Dal 1848 alla Comune di Parigi

Tenace assertore della funzione di guida che la Prussia avrebbe dovuto assumersi per attuare il programma «piccolo tedesco» e unificare la Germania, Bismarck dà inizio ad una vasta attività diplomatica volta ad espellere l'Austria dalla Confederazione germanica. Oltre a guadagnarsi la riconoscenza della Russia (appoggiandola nella repressione dell'insurrezione polacca del 1863), il cancelliere prussiano approfitta del riproporsi della questione dei ducati danesi.

I ducati dello Schleswig e dell'Holstein, abitati per lo più da popolazioni tedesche, erano posti sotto l'amministrazione della Danimarca. In seguito al tentativo del re danese, Cristiano IX, di annettersi direttamente lo Schleswig, Austria e Prussia (a nome della Confederazione germanica) attaccano la Danimarca, che deve arrendersi (1864). L'amministrazione dei ducati viene affidata congiuntamente all'Austria e alla Prussia ma Bismarck, dopo essersi assicurato l'isolamento diplomatico dell'Austria (Napoleone III si è impegnato a rimanere neutrale e l'Italia, in caso di guerra, sarebbe intervenuta contro l'Austria per annettersi il Veneto), fa nascere un pretesto per scatenare la guerra contro l'Austria.

**La guerra austro-prussiana.** Il conflitto fra Austria e Prussia (16 giugno 1866), a cui partecipa anche l'Italia, alleata alla Prussia, si rivela brevissima, grazie alla superiorità militare delle truppe prussiane, sotto la direzione del ministro della Guerra von Roon e del capo di stato maggiore von Moltke.

La guerra si conclude, dopo la decisiva vittoria dei prussiani a *Sadowa*, con la *Pace di Praga* (1866), in base alla quale la Prussia impone la propria autorità sui ducati danesi, l'Hannover, l'Assia-Cassel, il Nassau e la città libera di Francoforte.

La vittoria prussiana consente all'Italia di annettersi il Veneto che, per somma umiliazione, le viene concesso soltanto tramite la Francia, a sottolineare che tale cessione deriva da un accordo diplomatico, non certo dal risultato di una vittoria militare.

## 3) Il riassetto dell'impero austriaco

La sconfitta subìta dall'Austria nella guerra con la Prussia riacutizza le aspirazioni indipendentiste delle numerose nazionalità che compongono l'impero asburgico, in particolare degli ungheresi, che già godono di una certa posizione di privilegio.

**La duplice monarchia.** Nel 1867, con un *Ausgleich* («compromesso»), l'impero austriaco viene riorganizzato nella forma di una duplice monarchia: impero d'Austria e regno d'Ungheria, ciascuno con una propria Costituzione, parlamento e governo, uniti dalla persona del sovrano, Francesco Giuseppe, e dalla comunanza di tre ministeri: esteri, guerra e finanze comuni. È questa l'ennesima applicazione del principio del «*divide et impera*». Concedendo una posizione di privilegio alle popolazioni magiare dell'Ungheria, le si lega, contemporaneamente, alle sorti dell'impero, neutralizzandone la carica centrifuga. Realizzate le loro aspirazioni autonomistiche, inoltre, gli ungheresi sarebbero stati solidali con l'Austria nel negare gli stessi privilegi alle altre nazionalità dell'impero.In definitiva, cacciata dall'Europa centrale in seguito alla sconfitta del 1866, l'Austria deve dirigere le proprie mire espansionistiche verso oriente e nei Balcani (incoraggiata, in ciò, dalla componente magiara). Questo nuovo orientamento della politica estera asburgica avrebbe a sua volta creato numerosi motivi di contrasto con la Russia.

## 4) La modernizzazione della Russia

In Russia la sopravvivenza di alcune istituzioni feudali come la servitù della gleba e la posizione di assoluta predominanza dei grandi latifondisti danno alla società un carattere ancora medievale. La stessa sconfitta subìta nella guerra di Crimea dimostra l'arretratezza tecnologica e organizzativa dello Stato zarista rispetto ai suoi avversari occidentali.

Lo sviluppo industriale è ostacolato dalla presenza di una manodopera servile, dalla scarsezza dei capitali e dalla mancanza di un adeguato numero di consumatori.

**Slavofili e occidentalizzanti.** Con l'avvento al trono del nuovo zar, Alessandro II
(1855-1881), sembrano affermarsi le tendenze riformatrici e ha modo di svilupparsi il
dibattito interno tra i cosiddetti **slavofili** e
gli **occidentalizzanti**.

Nonostante il fatto che Alessandro II ab-
bia amnistiato i superstiti del moto decabrista e i prigionieri politici
(1856), continuano a rimanere in esilio due tra i più radicali esponenti
delle ideologie riformiste ostili allo zarismo, Aleksandr Herzen e Michail Bakunin, i quali anche dall'esilio continuano a rivestire un ruolo
di primo piano nel dibattito interno.

**Gli ideali di Herzen e Bakunin.** L'ideale politico di Herzen riunisce in
sé democrazia e socialismo. Bakunin è invece l'apostolo di una totale
distruzione dell'ordine borghese in tutte le sue istituzioni (religione,
famiglia, Stato), della proprietà della terra, del capitale e degli strumenti di lavoro.

**Le riforme di Alessandro II.** Il nuovo zar, sensibile alle problematiche evidenziate dalle rivolte contadine, nel 1861 realizza una riforma
di portata storica per la Russia decretando l'abolizione del servaggio
(servitù della gleba) e una riforma agraria con la redistribuzione delle
terre dei latifondi ai contadini. Altre riforme vengono realizzate nel
campo della giustizia e dell'istruzione finché, sia per l'agitazione nelle
campagne che per lo scoppio di una nuova insurrezione polacca, nel
1863 Alessandro II torna ai metodi dispotici (anche a seguito dell'attentato ordito contro di lui, nel 1866, da un gruppo di studenti).

**Lo sviluppo industriale.** Nonostante la ripresa della politica autocra-
tica, si va consolidando nel paese il processo di sviluppo industriale
reso possibile dal consistente afflusso degli investimenti stranieri, attratti sia dalle vantaggiose opportunità offerte dal vasto mercato russo
che dalla disponibilità di manodopera a basso costo. Infatti, i contadini
liberati dalla terra con l'abolizione del servaggio rimangono comun-

que poveri e si dirigono verso le città alla ricerca di un qualsiasi tipo di lavoro. L'aggravarsi del disagio contadino provoca una serie di fermenti sociali che sfociano nella fioritura di numerosi gruppi terroristici attratti dall'ideologia di Bakunin. Nel 1881, lo stesso Alessandro II rimane vittima di un attentato organizzato dai membri di uno di questi raggruppamenti.

**Populisti e nichilisti.** Le correnti riformatrici più radicali si dividono in due gruppi principali di oppositori al regime autocratico degli zar: i **populisti** e i **nichilisti**.

## 5) L'Inghilterra in età vittoriana

L'*età vittoriana*, come viene definito il lunghissimo arco di tempo (1837-1901) durante il quale regna la regina Vittoria, è, nel campo economico, il periodo di massimo splendore della potenza inglese, che si identifica con l'adesione coerente al liberalismo. In quegli anni continua in Inghilterra la fase di sviluppo industriale soprattutto nei settori tessile, siderurgico e meccanico e si accentua la tendenza alla concentrazione delle imprese.

**La riforma elettorale.** Una serie di riforme viene varata dai governi presieduti da Russell e soprattutto dal conservatore Disraeli, il quale, nel 1867, dà vita a una riforma elettorale che modifica la distribuzione dei seggi e amplia il numero degli aventi diritto al voto, passando da 1.366.000 a 2.448.000 elettori.

Il nuovo sistema elettorale porta alla formazione di una maggioranza radicale e William E. Gladstone viene messo a capo di un ministero liberal-radicale che attua una serie di riforme riguardanti: la pubblica istruzione, le associazioni operaie (*Trade Unions*) legalmente riconosciute, l'esercito, la questione irlandese.

**Le ragioni della solidità economica.** La stabilità politica ed economica dell'Inghilterra nel XIX secolo è resa possibile dall'estensione dell'impero coloniale, dal quale provengono le risorse necessarie per mantenere la qualità della vita a livelli soddisfacenti, e dallo sfruttamento dei popoli delle colonie.

Per quanto riguarda la politica estera, l'Inghilterra evita di intervenire direttamente nelle questioni europee, ma svolge anche un'intensa attività diplomatica volta a contenere l'espansionismo russo verso il Mediterraneo e a tenere sotto controllo le ambizioni imperialiste di Napoleone III.

Al riparo da attacchi militari, grazie alla propria posizione insulare, l'Inghilterra si chiude in uno «splendido isolamento», concentrando la sua attenzione sugli obiettivi coloniali.

## 6) La guerra civile americana

Nella giovane Confederazione degli Stati dell'America del Nord si evidenziano con chiarezza due aree geografiche contraddistinte da profonde diversità economiche e sociali:

— gli Stati del Nord e dell'Est hanno una forte connotazione industriale;

— gli Stati del Sud hanno, invece, un'economia prevalentemente agricola, basata soprattutto sulla produzione del cotone, del tabacco e della canna da zucchero, coltivati nelle immense piantagioni dei latifondisti dagli schiavi neri provenienti dall'Africa.

**I contrasti tra Sud e Nord-Est.** Si è già detto che i motivi di contrasto esistenti tra Sud e Nord-Est sono essenzialmente di carattere economico, in quanto gli industriali del Nord richiedono una politica economica protezionista per tutelare i loro prodotti dalla concorrenza europea, mentre i proprietari terrieri del Sud propugnano l'adozione di un sistema liberoscambista che faciliti le loro esportazioni agricole in Europa e nel Sud America. Inoltre al Nord prevale l'atteggiamento federalista (favorevole all'instaurazione di un forte potere centrale), mentre al Sud la tendenza a privilegiare l'autonomia dei singoli Stati.

Un motivo fondamentale di contrasto riguarda il problema della schiavitù, che è alla base di tutta l'organizzazione economica del Sud.

Il contrasto Nord-Sud rimane latente fino al 1860, in un periodo contraddistinto da una veloce espansione verso l'Ovest e dalla corsa all'oro che si verifica quando, in California, vengono scoperti ingenti giacimenti auriferi negli anni '50.

Alle elezioni americane del 1861, che provocano la sconfitta del partito democratico, viene eletto Abraham Lincoln, un avvocato dell'Ovest che si era battuto con grande energia per l'abolizione della schiavitù. Ciò provoca la reazione degli Stati meridionali che si uniscono in una confederazione razzista sotto la presidenza di Jefferson Davis. La città di Richmond, in Virginia, viene scelta come capitale degli Stati secessionisti che prendono il nome di Stati confederati d'America. Gli Stati del Nord continuano, invece, a far parte dell'Unione.

**La guerra di secessione.** La secessione provoca la guerra nazionale tra unionisti e confederati, ma non un conflitto tra schiavisti e antischiavisti. Con l'emancipazione degli schiavi sancita da un proclama di Lincoln (1862), migliaia di neri entrano nell'esercito e combattono per l'Unione.

La superiorità di uomini e mezzi, il blocco delle coste meridionali e il consistente afflusso di rinforzi neri tra le file nordiste permettono la vittoria del Nord (battaglia di *Gettysburg*, in Pennsylvania, nel 1863; resa di *Appomattox*, in Georgia, nel 1865) nonostante l'eccezionale abilità militare del generale Robert Lee, che combatte nell'esercito sudista anche se aveva emancipato gli schiavi che lavoravano nei suoi possedimenti.

Con la fine della guerra (che provoca oltre 600.000 morti) viene concesso il diritto di voto a tutti i cittadini senza distinzione di razza e di colore. Nel Sud questi provvedimenti provocano l'esplosione di un forte odio razziale. Nel Tennessee un gruppo di ex ufficiali confederati fonda il Ku Klux Klan, un'associazione razzista tesa ad affermare con ogni mezzo la superiorità dei bianchi. Il 14 aprile del 1865, un fanatico sudista, G. W. Booth, uccide il presidente Lincoln mentre assiste a uno spettacolo teatrale.

## 7) La guerra franco-prussiana e la nascita dell'impero tedesco

L'occasione per entrare in guerra viene offerta dalla proposta di Bismarck di candidare un principe della casa prussiana di Hohenzollern, Leopoldo di Hohenzollern Sigmaringen, come pretendente al trono di Spagna. Questa eventualità provoca gravi perplessità in Francia, dove si teme che l'ascesa al trono di un principe tedesco possa comportare l'accerchiamento politico-militare del paese. Il re prussiano Guglielmo I, però, dinanzi alle proteste francesi rinuncia a proporre la candidatura di Hohenzollern. È Napoleone III a far precipitare la situazione, pretendendo che Guglielmo I dichiari pubblicamente, anche per il futuro, che non avrebbe più presentato tale candidatura, dopodiché il re prussiano non può che rispondere con un fermo rifiuto.

**La sconfitta della Francia.** Il resoconto fatto da Bismarck su quest'episodio, finito nelle mani della stampa, viene abilmente manipolato in modo che sia da parte francese che prussiana si possano ravvisare una serie di offese nei confronti dell'altra nazione. Sull'onda dell'esasperazione nazionalista della Francia, il 19 luglio 1870 Napoleone III dichiara guerra alla Prussia che, come era nei piani di Bismarck, si presenta in veste di paese assalito. La guerra è ancora una volta veloce e, nella decisiva battaglia di *Sedan* (2 settembre), lo stesso Napoleone III viene fatto prigioniero e la Francia capitola. Il giorno successivo viene rovesciato il governo imperiale e proclamata la repubblica. La Pace di Francoforte (10 maggio 1871) impone alla Francia il pagamento di una fortissima indennità (5 miliardi di franchi-oro) e, soprattutto, la cessione alla Prussia della regione francese dell'Alsazia e di parte della Lorena.

**L'unificazione tedesca.** Il 18 gennaio del 1871, intanto, nel salone degli specchi della reggia di Versailles, è solennemente celebrata la nascita dell'impero federale germanico e i principi tedeschi presenti alla cerimonia proclamano imperatore Guglielmo I di Hohenzollern. Si compie così il processo di unificazione tedesca, mentre viene sconvolto l'intero sistema di equilibrio europeo. Le aspirazioni liberali e democratiche del '48 cedono il posto alla *realpolitik* bismarckiana. Il nuovo Stato nasce dalla volontà di potenza, dal trionfo dell'assolutismo, del militarismo e del capitalismo borghese e aristocratico e non dai principi di libertà, di nazionalità e di indipendenza che avevano guidato l'unificazione italiana.

**La Comune di Parigi.** L'infelice conclusione del conflitto con la Prussia e l'instaurazione di un governo repubblicano presieduto da Adolphe Thiers sono seguite, in Francia, da una cruenta guerra civile che sconvolge ulteriormente il paese. Nel marzo del 1871 i socialisti incitano il popolo di Parigi a insorgere contro il governo di Thiers (di stanza a Versailles). Impadronitisi della capitale, i rivoltosi danno vita a un governo provvisorio rivoluzionario, la *Comune*, che sopravvive fino al maggio del 1871, quando le forze regolari francesi, assediata Parigi, soffocano la rivolta nel sangue.

La Francia si preoccupa quindi di consolidare il regime repubblicano anche se deve affrontare un lungo periodo di isolamento internazionale a causa della politica di alleanze attuata da Bismarck per scongiurare il pericolo di una *revanche* («rivincita») francese.

## Test di verifica

1. **Cos'è il *Ku Klux Klan*?**

   ❑ **a)** Un'associazione per la difesa degli schiavi africani.
   ❑ **b)** La confederazione razzista degli Stati meridionali americani.
   ❑ **c)** L'associazione protezionista degli industriali del Nord America.
   ❑ **d)** Un movimento nato in America per l'affermazione del diritto di voto delle minoranze nere.
   ❑ **e)** Un'associazione razzista tesa ad affermare la superiorità dei bianchi.

2. **In che anno viene assassinato il presidente americano *Abraham Lincoln*?**

   ❑ **a)** 1867.
   ❑ **b)** 1865.
   ❑ **c)** 1881.
   ❑ **d)** 1861.
   ❑ **e)** 1859.

3. **Dove è proclamata l'unificazione della *Germania*?**

   ❑ **a)** Francoforte.
   ❑ **b)** Metz.
   ❑ **c)** Sedan.
   ❑ **d)** Berlino.
   ❑ **e)** Versailles.

4. **Cosa s'intende per *duplice monarchia*?**

   ❑ **a)** Lo sdoppiamento degli Stati americani.
   ❑ **b)** L'estensione dell'impero coloniale inglese.
   ❑ **c)** La riorganizzazione dell'impero austriaco in impero austro-ungarico.

**d)** La candidatura di un principe prussiano sul trono di Spagna.

**e)** Il potere, più forte di quello del re, assunto dal primo ministro in Inghilterra.

**5. Quale di queste riforme non viene concessa dallo zar *Alessandro II*?**

**a)** Abolizione del servaggio.

**b)** Redistribuzione delle terre dei latifondi ai contadini.

**c)** Riforma elettorale.

**d)** Riforme nel campo dell'istruzione.

**e)** Riforma della giustizia.


## Soluzioni e commenti

**1.** Risposta: **e)**. È un'**associazione razzista**, fondata nel Tennessee da un gruppo di ex ufficiali confederati.

**2.** Risposta: **b)**. Nel **1865**.

**3.** Risposta: **e)**. Nel salone degli specchi della reggia di **Versailles**.

**4.** Risposta: **c)**. La riorganizzazione dell'**impero austriaco** che concede all'Ungheria un regime autonomo.

**5.** Risposta: **c)**. La **riforma elettorale**, in quanto nel regno zarista non possono essere effettuate libere elezioni.

# 7. Capitalismo, socialismo e cattolicesimo liberale

## Di cosa parleremo

La fine dell'Ottocento vede una profonda trasformazione economica (seconda rivoluzione industriale) cui si aggiunge il peso delle importanti invenzioni che modificano la vita dei cittadini occidentali. Con l'espansione industriale si acuiscono anche i conflitti tra borghesia e proletariato urbano, di cui Marx teorizzerà la vittoria. L'ideologia marxista porta alla nascita della *Prima* e della *Seconda Internazionale,* cui la Chiesa risponde con l'enciclica *Rerum novarum,* da cui trarrà origine il movimento cooperativo cattolico ed il partito sociale cristiano.

### TAVOLA CRONOLOGICA

**1818-1883** Vita di Marx.
**1820-1895** Vita di Engels.
**1848** Pubblicazione del *Manifesto del Partito comunista.*
**1862-1865** Marx scrive *Il Capitale.*
**1863** Fondazione dell'Associazione generale degli operai tedeschi.
**1864** Fondazione della Prima Internazionale.
**1869** Nascita del Partito socialdemocratico tedesco.
**1889** Fondazione della Seconda Internazionale.
**1891** *Rerum novarum* di Leone XIII.

## 1) Lo sviluppo del sistema capitalista

Dopo il 1870 lo sviluppo del sistema di produzione capitalistico è tale che l'eccessiva abbondanza di prodotti provoca periodiche crisi di sovrapproduzione, in quanto parte delle merci prodotte non riesce ad essere assorbita dal mercato e rimane perciò invenduta. Ne derivano fallimenti a catena delle imprese e licenziamenti in massa di operai (grande depressione del 1929).

Per questo, molti paesi industrializzati adottano una politica economica liberoscambista (che riduce le tariffe doganali) imponendo il sistema della libera concorrenza sul mercato mondiale di materie prime, prodotti finiti, capitali e manodopera.

Risparmiando su materie prime e manodopera (provenienti dalle colonie) gli europei traggono ulteriori profitti imponendo prezzi elevati sui prodotti finiti che esportano.

Il sempre più diffuso ricorso degli industriali al credito bancario, porta le banche più potenti a controllare un gran numero di imprese operanti sia in settori diversi (*trust*) che nello stesso settore (*cartelli*). Ciò determina la nascita del capitalismo monopolistico, che mette fine al periodo della libera concorrenza.

Contribuiscono allo sviluppo della società industriale: nuove tecniche produttive (la lavorazione a catena, per cui ogni operaio si dedica a una diversa fase di lavorazione di un prodotto), l'utilizzo di nuove fonti energetiche (nascita dell'industria petrolifera e sfruttamento dell'energia elettrica); lo sviluppo dei mezzi di trasporto (ferrovie e navigazione a vapore) e di comunicazione (telegrafia elettrica, 1844; telefono, 1871; telegrafia senza fili, 1897); l'esodo di emigrazione verso l'America (tra il 1880 e il 1914 emigrano 17 milioni di persone).

## Spunti di **interdisciplinarità**

### LE INVENZIONI DI FINE OTTOCENTO

La fine del secolo è caratterizzata da una serie di scoperte che cambieranno la vita, non solo all'industria o al commercio, ma ad ogni famiglia. Nel 1885, due ingegneri tedeschi, Gottlieb Daimler e Carl Benz, riuscirono a montare un *motore a scoppio* su un autoveicolo a tre ruote (triciclo), utilizzando come combustibile quella che sarà chiamata *benzina* dal nome dell'ideatore. L'invenzione decisiva per lo sviluppo dell'energia elettrica fu la *lampadina* a filamento incandescente, ideata da Thomas Edison nel 1879. Sempre legate all'elettricità furono altre novità non meno rivoluzionarie: il *telefono*, inventato nel 1871 dall'italiano Antonio Meucci e perfezionato pochi anni dopo dallo scozzese Alexander Graham Bell; il *grammofono*, ideato da Edison nel 1876; e infine il *cinematografo*, sperimentato in Francia nel 1895 dai fratelli Louis e Auguste Lumière.

## 2) Hegel, Marx e il pensiero socialista

**Hegel.** G.W. Friedrich Hegel (1770-1831) nelle sue opere afferma che la realtà consiste in una continua trasformazione per cui ogni filosofia non ha valore eterno, ma è valida solo per un certo periodo storico. Per Hegel tutta la realtà è la manifestazione di uno Spirito più generale che si concretizza in un prodotto diverso da sé. Questo processo viene chiamato *alienazione*.

**Feuerbach.** Ludwig Feuerbach, filosofo appartenente alla *sinistra hegeliana,* nell'opera *Essenza del cristianesimo*, supera la visione teologica del suo predecessore sostituendo alla teologia (lo studio di Dio) l'antropologia (lo studio dell'uomo).

> **Alienazione:** secondo Rousseau, primo ad usare questo termine in filosofia, è l'azione con cui un singolo individuo rinuncia alla propria volontà per delegarla alla volontà generale. Secondo Hegel è il movimento per cui la coscienza si estranea da se stessa considerandosi come una cosa. Secondo Marx e la cultura contemporanea, l'alienazione è il processo per cui ciò che è proprio dell'uomo, in quanto prodotto del suo lavoro, gli diventa estraneo, ed è una delle conseguenze dello sfruttamento capitalistico del lavoro (l'uomo ridotto a oggetto e quindi estraniato della sua identità).

**Marx.** Dalla corrente ideologica della sinistra hegeliana è influenzato il filosofo ed economista tedesco Karl Marx (1818-1883), che critica la teoria hegeliana in quanto non ha tenuto conto della distinzione tra Stato e società civile. Infatti, mentre lo Stato stabilisce che tutti i cittadini sono eguali, in realtà, nella società i cittadini sono ineguali, divisi in classi sociali. Marx riprende il concetto hegeliano di **alienazione**, applicandolo al lavoro «alienato» dell'operaio che non lavora più per soddisfare i propri bisogni, ma per far arricchire il suo padrone.

In collaborazione con Friedrich Engels (1820-1895), Marx scrive nel 1845 *La sacra famiglia* e nel 1846 *L'ideologia tedesca*, due opere in cui viene enunciata la concezione materialistica della storia. Secondo Marx, la storia non è altro che storia dei rapporti di produzione, e lo Stato è il sistema attraverso il quale le **classi** dominanti (che possiedono i mezzi di produzione) impongono le proprie idee e i propri interessi. Ciò è alla base dello sfruttamento che subiscono le altre classi. Per porre fine a questo stato di cose è necessario abolire lo Stato e, di conseguenza, le classi. A Marx si deve un nuovo modo di intendere la filosofia che, da semplice teoria, diventa azione rivoluzionaria.

Nel 1848 Marx ed Engels pubblicano un breve scritto, il *Manifesto del Partito comunista*, in cui Marx stabilisce che «la storia di ogni società esistita fino a questo momento è storia di lotta di classi». La borghesia per Marx è stata una classe rivoluzionaria in quanto ha creato un'economia di tipo mondiale, dando vita ad una classe nuova: il proletariato. E proprio il proletariato, secondo Marx, è destinato ad abbattere il sistema borghese, eliminando la proprietà privata.

**Classe:** per molto tempo l'uso del termine classe ha assorbito molti dei significati di ceto, senza tener conto delle diversità storiche e sociali presenti nei due termini. Alla fine del Settecento, ma soprattutto nell'Ottocento, la nozione di classe perde l'originaria connotazione classificatoria, per passare ad individuare indistintamente tutti i gruppi socio-economici. Un notevole contributo, caratterizzante in chiave economica, viene da parte del marxismo, che restringe il suo ambito alla collocazione dei gruppi sociali nel processo produttivo, alla posizione dei singoli nel mercato del lavoro e dei beni (come produttori e consumatori).

Marx parla della vittoria del proletariato non come di un semplice auspicio, ma come di una certezza, in quanto, in base alla sua analisi storica, l'instaurazione del comunismo deve necessariamente seguire l'epoca del dominio borghese.

A differenza del socialismo utopistico di Saint-Simon, il marxismo rappresenta la prima formulazione di un tipo di socialismo scientifico in quanto si basa su un'analisi realistica del capitalismo moderno.

*Il Capitale* (1862-1865) è l'opera più importante di Marx: in essa elabora la *teoria del plusvalore* ovvero del profitto che scaturisce dalla differenza tra il valore di un bene prodotto dal lavoratore e la retribuzione che egli stesso percepisce dall'imprenditore. Se un prodotto ha il valore sul mercato di dieci ore lavorative — impiegate per fabbricarlo — il datore di lavoro ne paga solo sei all'operaio. Le quattro ore di lavoro non pagate costituiscono il plusvalore ossia il guadagno dell'imprenditore.

7. Capitalismo, socialismo e cattolicesimo liberale

## 3) Prima e Seconda Internazionale

L'appello di Marx, «Proletari di tutto il mondo unitevi», è accolto a livello internazionale, e le forze operaie e proletarie si organizzano.

Nel 1864 viene creata la prima Associazione internazionale degli operai, detta *Prima Internazionale*, che dura solo dodici anni, dilaniata dai contrasti interni tra marxisti e anarchici.

La corrente anarchica riprende le idee di Michail Bakunin (1814-1876) e le sue teorie sul cosiddetto «anarchismo sociale», in base al quale lo Stato deve essere eliminato attraverso le azioni terroristiche di singole persone. Bakunin, a differenza di Marx, si rivolge a disoccupati e contadini senza terra che vivono in paesi economicamente arretrati nei quali gli operai sono ancora poco numerosi (Spagna, Russia e Italia).

Un altro gruppo all'interno della Prima Internazionale è quello dei seguaci del filosofo francese Pierre Joseph Proudhon (1809-1865), che si propone di instaurare un regime di giustizia sociale senza, per questo, rinunciare alla libertà individuale.

Nel 1889 viene poi fondata, a Parigi, una *Seconda Internazionale* dalla quale sono subito esclusi gli anarchici. Altri contrasti sorgono tra marxisti rivoluzionari e riformisti sulle posizioni da assumere nei confronti dei governi retti dalla borghesia e, soprattutto, verso la guerra.

## 4) Il cattolicesimo sociale

La Chiesa cattolica, di fronte alla questione sociale, prende posizione con l'enciclica *Rerum novarum* di papa Leone XIII (1891). In essa il Papa condanna la lotta di classe e il socialismo, difende il diritto alla proprietà privata e giudica inevitabili le disparità sociali, sostenendo però il diritto dei lavoratori ad un salario dignitoso. Il Pontefice cerca di sottrarre all'influenza del socialismo le masse dei lavoratori: dall'enciclica *Rerum novarum* trarrà origine il movimento cooperativo cattolico ed un suo sindacato, nonché il partito sociale cristiano.

## Test di verifica

### 1. Cos'è la *Prima Internazionale*?

- ❏ **a)** Il primo partito comunista della storia.
- ❏ **b)** Il primo governo sovranazionale degli Stati europei.
- ❏ **c)** La prima opera politica di Marx, in cui vengono gettate le basi del pensiero comunista.
- ❏ **d)** La prima associazione internazionale degli operai.
- ❏ **e)** Il primo governo comunista instaurato in Russia.

### 2. Cosa afferma papa Leone XIII nella enciclica *Rerum novarum*, del 1891?

- ❏ **a)** La condanna del socialismo e la difesa della proprietà privata.
- ❏ **b)** La necessità dello sfruttamento degli operai da parte dei datori di lavoro.
- ❏ **c)** Che è necessario eliminare le differenze sociali presenti nel mondo.
- ❏ **d)** Che la proprietà è un furto.
- ❏ **e)** Che i cattolici devono astenersi dal partecipare alla vita politica.

### 3. Quale filosofo del primo Ottocento parlò per primo di *alienazione*?

- ❏ **a)** Marx.
- ❏ **b)** Proudhon.
- ❏ **c)** Hegel.
- ❏ **d)** Engels.
- ❏ **e)** Feuerbach.

### 4. Che cosa s'intende per *plusvalore*?

- ❏ **a)** Il salario del lavoratore.
- ❏ **b)** La somma raggiunta dai lavoratori con i propri risparmi.
- ❏ **c)** La differenza tra il valore di un bene prodotto dal lavoratore e la retribuzione resagli dal datore di lavoro.

 ❑ **d)** La differenza tra la retribuzione del lavoratore e il profitto del datore di lavoro.

 ❑ **e)** Una crisi di sovrapproduzione.

5. **In quale anno è stato pubblicato il *Manifesto del Partito Comunista*?**

 ❑ **a)** 1932.

 ❑ **b)** 1848.

 ❑ **c)** 1862.

 ❑ **d)** 1883.

 ❑ **e)** 1818.

## Soluzioni e commenti

1. Risposta: **d)**. La prima associazione **internazionale** degli operai (1864) durerà solo dodici anni per i contrasti tra marxisti e anarchici.

2. Risposta: **a)**. L'enciclica ***Rerum novarum*** afferma la condanna della dottrina socialista e la difesa del diritto alla proprietà.

3. Risposta: **c)**. Secondo Friedrich **Hegel** la realtà è la manifestazione di uno Spirito che si concretizza in un prodotto diverso da sé (alienazione).

4. Risposta: **c)**. Il **plusvalore** è la differenza tra il valore di un bene prodotto e la retribuzione data al lavoratore. In sintesi, è il profitto che realizza il proprietario dei mezzi di produzione.

5. Risposta: **b)**. Nel **1848**.

# 8. L'età dell'imperialismo

## Di cosa parleremo

Nella seconda metà dell'Ottocento si assiste alla crescita economica degli Stati più industrializzati (Gran Bretagna, Germania, Francia, Stati Uniti, Russia, Giappone, Italia) che attuano una politica coloniale sostenuta da ideologie nazionalistiche.

Numerosi sono gli scontri tra gli imperialismi europei per la conquista di territori e nuovi mercati (Africa, Balcani, guerra cino-giapponese in Asia, guerra ispano-americana per la conquista di Cuba etc).

### TAVOLA CRONOLOGICA

**1842** L'Inghilterra occupa Hong Kong.
**1858** L'India diventa colonia inglese.
**1870-1890** Età bismarckiana.
**1877-1878** Guerra russo-turca.
**1881** Protettorato francese sulla Tunisia.
**1882** L'Inghilterra occupa militarmente l'Egitto. Triplice Alleanza tra Germania, Austria e Italia.
**1885-1890** Espansione italiana in Africa.
**1894** In Francia scoppia il «caso Dreyfus».
**1896** Disfatta italiana ad Adua.
**1900** Nascita del Partito socialista rivoluzionario in Russia.
**1904** *Entente cordiale* tra Francia e Inghilterra.
**1912** Prima guerra balcanica.
**1913** Seconda guerra balcanica.

## 1) Capitalismo e imperialismo

Il fenomeno della *«concentrazione»* della produzione in imprese sempre più ampie (*trust*) assume dimensioni rilevanti soprattutto negli Stati Uniti e in Germania.

8. L'età dell'imperialismo

Allo sviluppo capitalistico si associa una politica imperialistica e di conquista coloniale delle grandi potenze. L'espansione coloniale, causa di attrito tra le potenze europee, è perseguita per motivi di carattere strategico e per ovviare alla forte crescita demografica degli Stati.

## 2) Ideologie dell'imperialismo

La politica «aggressiva» delle potenze europee trova sostegno in un'ideologia nazionalistica che giustifica, e addirittura esalta, la superiorità della propria nazione.

**Pangermanesimo:** movimento politico di matrice nazionalista, tendente a riunificare tutti i popoli di stirpe tedesca sotto un unico dominio. Tale ideologia si sviluppò intorno al 1848 e costituì uno degli stimoli per l'unificazione nazionale tedesca.

**La lega pangermanista.** In Germania, paese nel quale la politica di potenza ha avuto un ruolo fondamentale nella formazione stessa dello Stato nazionale nato, secondo l'espressione di Bismarck, «col ferro e col fuoco», si sviluppa, la Lega **pangermanista**, fondata a Berlino nel 1891 dall'esploratore Karl Peters e diretta, dal 1893, da Ernst Hasse, professore all'università di Lipsia.

Il programma di espansione continentale della Lega, che prevede la riunificazione, sotto l'impero germanico (Stato-guida), di tutte le popolazioni di lingua tedesca, messo da parte dal governo ma fortemente condiviso dai militari germanici, sarà ripreso durante il periodo hitleriano. Il governo tedesco si interessa, invece, alle possibilità offerte da un espansionismo coloniale che, con il potenziamento della flotta, innesca una competizione navale con la Gran Bretagna.

**Panslavismo:** movimento politico sorto nella prima metà del XIX secolo, mirante a diffondere una generica solidarietà tra gli slavi, o anche alla riunificazione politica di tutti i popoli slavi. Da movimento di lotta contro l'oppressione asburgica, in seguito divenne il principale pretesto della Russia, per estendere la propria influenza politico-militare sui Balcani.

**Il panslavismo.** Anche in Russia nazionalismo e imperialismo trovano una formulazione teorica nel **panslavismo**, che auspica l'unificazione di tutti gli slavi sotto la direzione russa.

Il panslavismo esercita grande influenza sugli avvenimenti dei Balcani, giustificando con romantici ideali la tradizionale ambizione della Russia di togliere all'impero asburgico il controllo dell'area balcanica per assicurarsi uno sbocco sul Mediterraneo orientale.

## 3) I protagonisti della colonizzazione imperialistica

**Gran Bretagna.** In Inghilterra, paese che detiene vastissimi possedimenti coloniali già dalla fine del Settecento, la tendenza a rafforzare l'impero coloniale, appoggiata sia dalle forze conservatrici che da quelle liberali, trova favorevoli pure le masse popolari, convinte profondamente di essere «la più grande delle razze governanti». Spinta dalla necessità di assicurarsi una sicura via di accesso alle Indie, la Gran Bretagna occupa una serie di possedimenti sia in Asia (Singapore, la Malacca, Aden, Hong Kong e l'India stessa, che, da possedimento della Compagnia delle Indie, si trasforma nel 1858 in una colonia inglese di cui, nel 1876, la regina Vittoria diviene imperatrice) che in Africa, dove il capitalismo inglese, interessato allo sfruttamento dei grandi giacimenti d'oro e diamanti, spinge il paese a entrare in guerra contro le repubbliche boere dell'Africa del Sud (guerra anglo-boera del 1899-1902) e a strappare ai discendenti dei coloni olandesi (i boeri) le regioni sudafricane. Nel 1882 l'Inghilterra occupa militarmente anche l'Egitto, in seguito ad alcuni tumulti scoppiati ad Alessandria contro l'ingerenza europea. Già in precedenza, aveva acquistato quasi la metà delle azioni del canale di Suez dal governo egiziano, le cui finanze erano in serie difficoltà. Successivamente, comincia la penetrazione britannica anche nel Sudan, in Somalia e in Nigeria.

**Francia.** La Francia (che aveva perduto quasi tutte le sue colonie, a vantaggio dell'Inghilterra, durante le guerre napoleoniche) riprende l'espansione coloniale, soprattutto in Africa, per soddisfare le aspirazioni di rivincita interne.

Ai possedimenti dell'Algeria, del Senegal, della Costa d'Avorio e di Réunion, nel 1881 fa seguito il protettorato sulla Tunisia, cui si aggiun-

8. L'età dell'imperialismo

gono il Congo francese, il Dahomey, il Sudan occidentale e, nel 1895, l'isola di Madagascar. Nella conquista del Sudan centrale i francesi arrivano quasi a scontrarsi con l'imperialismo inglese, tanto che nel 1898, a *Fashoda* (sull'Alto Nilo), truppe francesi e inglesi si fronteggiano, pronte alle armi, finché la Francia ritiene più opportuno ritirarsi.

Nel 1911 è riconosciuto anche il **protettorato** sul Marocco, che incrina ulteriormente i rapporti con la Germania.

In Asia, dove l'imperialismo francese si scontra con l'Inghilterra, la Russia e il Giappone, la Francia consolida i suoi possedimenti in Indocina (Tonchino, Cocincina, Cambogia) e nel Laos (1893).

**Germania.** La nazione tedesca, per ragioni economiche e per trovare nuovi sbocchi alla crescente produzione industriale, si procura diverse colonie, occupando il Togo, l'Africa sudoccidentale, l'Africa sudorientale e il Camerun. La Germania manifesta anche una crescente attenzione per l'impero turco e ottiene una concessione in Cina (Kiao-Chow), oltre ad occupare alcuni arcipelaghi nel Pacifico.

**Italia.** Anche lo Stato italiano manifesta interesse per l'Africa, dove acquista la baia di Assab sul Mar Rosso e si impadronisce successivamente dell'Eritrea (con Massaua) e di parte della Somalia (1885-1890). L'espansione coloniale in Africa riprende sotto Crispi, ma la sconfitta subita dalle truppe italiane ad *Adua* (1896), oltre a rappresentare la fine della carriera politica dello statista siciliano, comporta anche una battuta d'arresto per le ambizioni coloniali italiane. L'Italia ottiene, inoltre, una concessione in Cina, a Tien Tsin.

**Belgio.** L'espansione coloniale belga è dovuta alla privata iniziativa del re Leopoldo II che instaura la sua personale sovranità sul Congo (1885). Alla morte del sovrano, il Congo resta in eredità al Belgio.

**Stati Uniti.** Tradizionalmente pacifisti e isolazionisti, gli Stati Uniti manifestano l'esigenza di investire all'estero i profitti realizzati ed esportarvi il *surplus* della produzione industriale. L'imperialismo americano, quindi, non si manifesta con annessioni territoriali ma attraverso la cosiddetta «diplomazia del dollaro», ossia aree di influenza economica nelle quali avanzare richieste di concessioni di lavori pubblici, di sfruttamento minerario, agricolo e così via.

Una svolta nella politica estera americana rappresenta la guerra contro la Spagna per il possesso di Cuba (1898) che aprirà la strada all'influenza politica statunitense sugli Stati dell'America latina.

**Giappone.** A partire dal secolo XVII, il Giappone, chiuso al commercio mondiale, è nelle mani di un'oligarchia militare, lo *shogunato*, che mantiene il paese in una condizione amministrativa e sociale paragonabile a quella dell'Europa medioevale.

Il rinnovamento interno del Giappone coincide con una spedizione militare americana (1853) che impone ai giapponesi di aprirsi maggiormente al commercio e ai rapporti internazionali. Nel giro di quindici anni, il Giappone arriva addirittura a cambiare le proprie istituzioni con la *restaurazione Meiji* che toglie il potere allo shogunato e lo riaffida all'imperatore.

A differenza della Cina, il Giappone riesce a compiere velocemente una modernizzazione dell'apparato statale che porta alla realizzazione di un'impressionante industrializzazione del paese. I giapponesi fanno propri anche i sistemi dell'imperialismo occidentale, come dimostra la guerra con la Cina (1894-95), scatenata e vinta dal Giappone per assicurarsi vantaggi economici e politici.

L'impero nipponico partecipa anche alla spedizione internazionale organizzata per reprimere la *rivolta dei boxers* (1900-1901) in Cina, confermandosi come nuova potenza imperialista nell'Estremo Oriente.

A proposito di tale rivolta, va ricordato che *boxers* in inglese significa «pugilatori» ed è il termine col quale gli europei designano eloquentemente le sette xenofobe cinesi, società segrete che hanno lo scopo di contrastare con la violenza le ingerenze straniere.

**8. L'età dell'imperialismo**

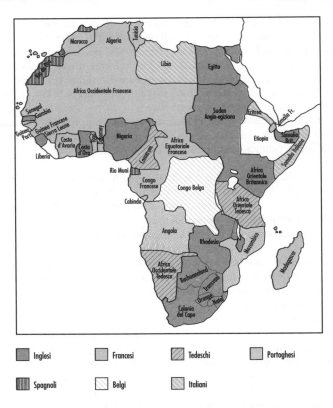

| ■ Inglesi | ■ Francesi | ▨ Tedeschi | ■ Portoghesi |
| ▥ Spagnoli | □ Belgi | ▧ Italiani |

**Possedimenti e protettorati europei in Africa alla vigilia
della prima guerra mondiale**

## 4) L'età bismarckiana

Il periodo che va dalla sconfitta militare della Francia ad opera dei prussiani (1870) fino alle dimissioni del cancelliere tedesco Otto von

Bismarck (1890) è comunemente conosciuto col nome di *età bismarckiana*. L'unificazione della Germania, per molti versi una creazione del cancelliere tedesco, era stata realizzata dalla Prussia, il cui scopo principale è ormai quello di poter godere di un lungo periodo di pace. È quindi necessario isolare politicamente la Francia, alla quale, in seguito alla sconfitta nella guerra franco-prussiana, erano state tolte le regioni dell'Alsazia e della Lorena, per cui si teme che il risentimento francese possa portare a un pericoloso tentativo di *revanche*.

**Austria e Russia.** L'alleanza con Bismarck riesce ad appianare, per un certo tempo, le rivalità tra Austria e Russia a proposito dei Balcani e, nel 1873, stringe con i due paesi un'alleanza difensiva, il *Patto dei tre imperatori*, in funzione essenzialmente antifrancese. In buoni rapporti sia con l'Italia che con l'Inghilterra (rivale della Francia in campo coloniale), la Germania, secondo Bismarck, è chiusa in una «corazza di bronzo».

Intanto, in seguito alle rivolte scoppiate in Bulgaria e Boemia contro l'oppressiva dominazione turca, lo zar Alessandro II, paladino del panslavismo, interviene militarmente contro la Turchia (*guerra russo-turca*) arrivando vittoriosamente fino alle porte di Costantinopoli (1877-78). La *Pace di Santo Stefano*, che viene stipulata dalla Turchia nel marzo del 1878, sancisce la fine della dominazione ottomana sulla Bulgaria, che avrebbe dovuto costituirsi in un grande Stato indipendente sotto il controllo russo.

A causa delle decise rimostranze di Austria e Inghilterra, timorose dell'eccessiva crescita della potenza russa, sembra profilarsi il pericolo di una guerra europea, ma la mediazione di Bismarck riesce a scongiurare questa ipotesi.

**Il Congresso di Berlino.** Nel giugno del 1878 viene convocato il *Congresso di Berlino*, in cui si stabilisce la completa autonomia di Romania, Serbia e Montenegro; alla Bulgaria non vengono attribuite né la Macedonia né la Rumelia orientale. La Russia guadagna soltanto la Bessarabia e parte dell'Armenia, mentre l'Austria impone la propria amministrazione sulla Bosnia e sull'Erzegovina.

8. L'età dell'imperialismo

Sta di fatto che il congresso berlinese non risolve il contrasto austro-russo nei Balcani (rottura del *Patto dei tre imperatori*), sicché Bismarck sfrutta questa situazione internazionale per assicurare un ruolo centrale alla Germania nella politica europea.

Il cancelliere tedesco si preoccupa pure di impedire che Francia e Russia possano stringere un'alleanza. Approfittando della situazione di debolezza della Francia, che è in contrasto con la Gran Bretagna per motivi riguardanti le imprese coloniali, e sfruttando anche il risentimento dell'Italia nei confronti dell'imperialismo francese che aveva portato, nel 1881, all'occupazione della Tunisia (dove esistevano rilevanti interessi economici italiani), Bismarck riesce a organizzare un nuovo schieramento di alleanze che fanno della Germania il perno della politica europea.

**La politica estera tedesca.** Punto fondamentale della politica estera tedesca diventa, a partire dal 1879, l'alleanza tra Germania e Austria, ma anche con la Russia che, isolata sul piano internazionale, acconsente nel 1881 a stipulare un *Secondo patto dei tre imperatori.*

> **Irredentismo:** movimento politico che rivendica all'Italia il Trentino e la Venezia Giulia austriaci, come naturale completamento delle guerre risorgimentali. I fermenti irredentisti si acuiscono in seguito all'ingresso dell'Italia nella Triplice Alleanza e culminano nel tentativo di Guglielmo Oberdan di assassinare l'imperatore Francesco Giuseppe. Agli inizi del Novecento l'irredentismo si fonde col crescente nazionalismo, presentandosi come ideale di dominio italiano sull'Adriatico e sui Balcani.

Nel sistema di alleanze bismarckiane è inclusa anche l'Italia, «*la più piccola delle grandi potenze*» che, in cattivi rapporti sia con la Francia che con l'Austria, avverte profondamente il senso della propria debolezza. La conquista francese della Tunisia costituisce l'elemento decisivo perché, messo da parte l'**irredentismo**, il governo italiano si decidesse a stipulare un accordo con l'Austria, presupposto essenziale di un'alleanza anche con la potente Germania.

Nel 1882, tra Germania, Austria e Italia si costituisce la *Triplice Alleanza*, un accordo difensivo in funzione antifrancese con il quale gli italiani intendono tutelarsi dalle mire francesi nel Mediterraneo, cosicché Bismarck riesce a completare l'accerchiamento della Francia.

La ripresa del contrasto austro-russo nei Balcani (1885-86) e la conseguente rottura del *Secondo patto dei tre imperatori* spingono Bismarck sia a rendere più solida la Triplice Alleanza che a continuare a intrattenere buoni rapporti con la Russia, unita alla Germania da un *Trattato di controassicurazione*.

La posizione di Bismarck verso la Russia è pur sempre carica di ambiguità, tanto che lo zar Alessandro II, fin dal 1888, è spinto a riavvicinarsi alla Francia, con la quale vengono stretti accordi commerciali.

In seguito alla morte di Guglielmo I (1888) e all'avvento al trono di Germania del nipote Guglielmo II, i rapporti di Bismarck con la casa imperiale si deteriorano e, nel 1890, il cancelliere tedesco è costretto alle dimissioni. Il *Trattato di controassicurazione*, sottoscritto nel 1887, non viene rinnovato, mentre tra Francia e Russia si viene delineando, con sempre maggiore chiarezza, un'alleanza (1891). L'isolamento della Francia giunge, così, a termine.

Alla politica di equilibrio di Bismarck fa da contrappunto la politica di potenza di Guglielmo II, ispirata alle ideologie nazionaliste del pangermanesimo e al concetto di «*Grande Nazione*» in base al quale la Germania avrebbe dovuto dominare il mondo.

Contemporaneamente, viene intrapresa una politica coloniale in Asia e in Africa accompagnata da un consistente riarmo navale.

**L'alleanza tra Giappone e Inghilterra.** L'aggressività tedesca spinge l'Inghilterra a uscire dallo «*splendido isolamento*» e a stringere un'alleanza con il Giappone (1902) in funzione antirussa, oltre ad eliminare, nel 1904, tutti i motivi di disaccordo con la Francia, soprattutto in ambito coloniale e mediterraneo.

I rapporti tra Inghilterra e Germania diventano più problematici a causa degli interessi nel Medio Oriente e per la concorrenza commerciale esercitata dalla competitiva industria tedesca. Suscita molte preoccupazioni anche la politica di riarmo navale voluta da Guglielmo II.

**La scelta dell'Italia.** L'Italia, che non ha avuto dalla Triplice Alleanza quell'aiuto in campo coloniale che avrebbe desiderato, nel 1898 conclude la guerra doganale con la Francia durata dieci anni e, nel

1900, uno scambio di lettere tra l'ambasciatore francese e il ministro degli Esteri italiano Visconti Venosta formula la dichiarazione reciproca del disinteresse italiano nel Marocco e di quello francese in Libia. Ciò costituiva un'importante modifica dell'allineamento mediterraneo, in quanto la Francia non era più isolata in quel mare.Il governo tedesco pur definendo un «giro di valzer» l'accordo italo-francese, si preoccupa molto del mutamento nei rapporti internazionali.

## 5) Le maggiori potenze tra '800 e '900

**Francia.** La Francia si avvicina sempre più a un regime democratico, ma un episodio, a fine secolo, mette a repentaglio la vita della III Repubblica: il caso Dreyfus, che spacca l'opinione pubblica, divisa tra innocentisti e colpevolisti.

Alfred Dreyfus è un ufficiale ebreo che, nel 1894, viene condannato ai lavori forzati con l'accusa di aver fornito documenti segreti all'ambasciata tedesca. La sentenza, basata su falsi indizi, determina un errore giudiziario, ma la cosa più grave è che le alte sfere militari si rifiutano di rivedere il processo nonostante emergano numerosi dubbi sulla colpevolezza dell'ufficiale. Quando, nel 1899, si attua la revisione del processo, la sentenza viene confermata nonostante l'innocenza del condannato appaia palese. Per essere liberato, Dreyfus dovrà attendere la grazia del presidente della Repubblica, mentre la riabilitazione definitiva gli verrà conferita solo nel 1906.

In campo estero, la Francia si scontra con la Germania per il controllo del Marocco, uno dei pochi Stati africani ancora indipendenti. Per due volte, nel 1905 e nel 1911, il contrasto franco-tedesco porta l'Europa sull'orlo della guerra. Le crisi marocchine si risolvono con il riconoscimento formale del protettorato francese sul Marocco, mentre la Germania ottiene in cambio una striscia del Congo francese: un risultato, questo, del tutto modesto, che non fa altro che alimentare ulteriormente le spinte militariste e aggressive.

**Inghilterra.** La politica inglese è dominata dalla coalizione tra conservatori e liberali-unionisti che cercano di affiancare al programma di espansione imperialistica una politica di riformismo sociale tale da non intaccare i privilegi delle classi agiate.

Il progetto del primo ministro inglese di introdurre il protezionismo doganale, in quanto contrario alla tradizione del liberismo inglese, mette in crisi l'egemonia dei conservatori, sicché le elezioni del 1906 registrano la vittoria dei liberali e l'ingresso alla Camera di trenta deputati laburisti.

I governi liberali hanno una condotta meno aggressiva in campo coloniale e attuano una politica di riforme sociali più organica (riduzione dell'orario di lavoro, creazione di uffici di collocamento, pensioni), associata a una politica fiscale che mira a colpire i grandi patrimoni. La Camera dei lord, roccaforte parlamentare dell'aristocrazia, respinge il progetto, pur non avendone il diritto in base alle consuetudini britanniche. Nasce, così, un conflitto istituzionale che si risolve, dopo due anni, con la vittoria delle forze progressiste.

## Spunti di **interdisciplinarità**

RUDYARD KIPLING

Rudyard Kipling, scrittore e poeta inglese, nato a Bombay nel 1865 e morto a Londra nel 1936, divenne famoso con i racconti dei due *Libri della giungla*.
Ma Kipling è un poeta rappresentativo dell'epoca, per la sua convinzione nella missione civilizzatrice che l'Occidente doveva svolgere presso i paesi colonizzati. Nella poesia *The white man's burden* (*Il fardello dell'uomo bianco*, 1899), scritta in occasione dell'occupazione delle Filippine da parte degli Stati Uniti, Kipling mostra di considerarsi il vate di una stirpe eletta, quella anglosassone, e invita gli americani a non scoraggiarsi di fronte alla «ingratitudine» dei popoli sottomessi. La poesia, quindi, mette bene in luce un'idea del colonialismo che ebbe largo seguito in tutto l'Occidente.

**Russia.** Alla fine del XIX secolo, la Russia è ancora uno Stato improntato a una forte autocrazia. Gli zar Alessandro III prima e Nicola II poi accentrano tutto il potere nelle loro mani, intensificando il processo di *russificazione* delle minoranze etniche.

Sul piano economico, il paese compie il primo tentativo di industrializzazione e inasprisce il protezionismo. Tuttavia, la società russa

8. L'età dell'imperialismo

rimane fortemente arretrata e le tensioni politiche e sociali crescono pericolosamente; la classe operaia, in particolare, subisce l'influenza del Partito socialdemocratico e della propaganda del Partito socialista rivoluzionario, nato nel 1900 dalla fusione di gruppi anarchici e populisti.

Conseguenza inevitabile di tali tensioni è la *rivoluzione del 1905*. Il 22 gennaio di quell'anno, una domenica, un corteo di 150.000 persone che si dirige verso il Palazzo d'Inverno per presentare allo zar una petizione viene affrontato dall'esercito, che, sparando sulla folla, uccide più di 100 dimostranti. Come reazione a quella che è conosciuta come «*domenica di sangue*», nelle città e nelle campagne si scatena un'ondata di sommosse. Questa situazione di semi-anarchia porta alla crisi del potere costituito e alla nascita di nuovi organismi rivoluzionari, i *soviet* («consigli»), fra i quali quello di Pietroburgo assume il ruolo di guida del movimento rivoluzionario. I soviet, espressione diretta dei lavoratori, costituiranno la struttura fondamentale dello Stato sorto dopo la rivoluzione del 1917.

Lo zar finge di cedere, ma incoraggia segretamente la costituzione di gruppi paramilitari di estrema destra – le «centurie nere» – che effettuano spedizioni punitive contro i leader rivoluzionari e arresti di massa. Ristabilito l'ordine, lo zar convoca la *duma* (il parlamento) voluta dai rivoluzionari. Con la costituzione di quest'organo, Nicola II si impegna a concedere importanti libertà politiche e a trasformare il regime in senso rappresentativo. In realtà, tali impegni non vengono rispettati. La rivoluzione, nel 1917, costringe Nicola II ad abdicare. Dopo la proclamazione della repubblica, la duma è poi sostituita da un'assemblea nazionale.

**La «polveriera» balcanica.** Nella penisola balcanica la crisi dell'impero ottomano, accende i sentimenti nazionalisti nei vari Stati.

I due eventi più destabilizzanti sono, nel 1908, l'annessione della Bosnia-Erzegovina da parte dell'Austria, che inasprisce i rapporti tra l'impero asburgico e la Serbia, e la rivoluzione dei «Giovani Turchi». Quello dei «Giovani Turchi» è un movimento di intellettuali e ufficiali che intendono trasformare l'impero ottomano, autocratico e arretratissimo sul piano economico, in una monarchia costituzionale. I rivoluzionari riescono a ottenere una Costituzione dal sultano, ma, nonostante il tentativo di modernizzare lo Stato, non sanno assecondare le spinte indipendentiste dei popoli europei soggetti all'impero.

Nel 1912, Serbia, Montenegro, Bulgaria e Grecia attaccano congiuntamente l'impero turco, sconfiggendolo in pochi mesi. Risultato della prima guerra balcanica è l'estromissione della Turchia dall'Europa, fatta eccezione per una piccola striscia della Tracia, conservata dallo Stato ottomano per il controllo degli stretti del Bosforo e dei Dardanelli.

Al momento della spartizione dei territori conquistati, però, sorgono delle incomprensioni tra la Bulgaria e i suoi ex alleati. Pertanto, nel 1913, i bulgari attaccano la Serbia, a fianco della quale intervengono, in un secondo momento, Romania, Grecia e Turchia. Il risultato della seconda guerra balcanica è la sconfitta della Bulgaria, che deve restituire alla Turchia una parte della Tracia e cedere alla Romania alcuni territori sul mar Nero. Nasce, inoltre, il principato di Albania, voluto da Austria e Italia per impedire alla Serbia lo sbocco al mare, così da determinare una situazione che deteriora ancor più i rapporti tra il governo serbo e l'impero austro-ungarico.

**Giappone.** Dopo aver sconfitto la Cina nel 1894, il Giappone cerca di impadronirsi dei territori che erano sotto l'influenza dell'impero cinese, entrando in contrasto con la Russia che ha le stesse mire espansionistiche. Alla proposta giapponese di una spartizione pacifica della Manciuria, lo zar rifiuta. Nel 1904 il Giappone, senza alcuna dichiarazione di guerra, attacca la flotta russa distruggendola a Tsushima (maggio 1905) e assedia con successo la base di Port Arthur. Con la mediazione del presidente americano Roosevelt, viene firmato il Trattato di Portsmouth con cui vengono concessi nuovi territori al Giappone, che così afferma la sua presenza a livello internazionale.

**Cina.** Agli inizi del Novecento la dinastia imperiale Manciù è in piena crisi. Nel 1905 un medico di Canton, Sun Yat Sen, fonda un'organizzazione segreta, il Tung Meng Hui («Lega di alleanza giurata»), che

8. L'età dell'imperialismo

ha come obiettivi: indipendenza nazionale, democrazia rappresentativa e benessere del popolo. Nel 1911, a seguito della decisione di affidare il controllo della rete ferroviaria a compagnie straniere, scoppiano varie sommosse nelle province che portano alla formazione di un'assemblea rivoluzionaria, la quale, nel 1912, nomina Sun Yat Sen presidente della Repubblica. Il governo di Pechino invia allora il generale Yuan Shi Kai a sedare la rivolta, ma questi si schiera con i repubblicani e viene nominato presidente in luogo di Sun Yat Sen. Nasce così la Repubblica cinese, che però ha vita travagliata e breve: nel 1913 il presidente scioglie il parlamento e mette fuori legge il Partito nazionale (Kuomintang), instaurando una dittatura personale che durerà fino alla rivoluzione comunista del 1949.

**USA.** Fino alla prima guerra mondiale, l'imperialismo statunitense rimane rivolto principalmente verso l'America centrale, nei cui confronti è applicata la teoria della «diplomazia del dollaro» alternata alla politica del «grosso bastone», secondo l'espressione coniata dall'allora presidente statunitense Theodore Roosevelt (1901-1909). La linea politica di Roosevelt è aggressiva all'esterno, ma aperta ai problemi sociali in patria, come testimoniano i provvedimenti riguardanti la tutela dei lavoratori e le assicurazioni contro gli infortuni. Questa tendenza contribuisce alla grande popolarità di Roosevelt, ma le divisioni interne al Partito repubblicano portano, dopo la presidenza di William H. Taft (1909-1913), all'elezione del candidato democratico Woodrow Wilson (1913-1921), che riprende l'impegno sociale di Roosevelt, inserendolo però in un quadro politico e ideologico assai diverso.

## Test di verifica

**1. In quale città l'Italia subisce la più amara *sconfitta coloniale*, nel 1896?**

- ❏ **a)** A Makallé.
- ❏ **b)** Ad Amba Alagi.
- ❏ **c)** Ad Adua.
- ❏ **d)** Ad Adigrat.
- ❏ **e)** Al Cairo.

**2. Cosa accade in Russia durante la «*Domenica di sangue*»?**

- ❏ **a)** Gruppi di estrema destra effettuano spedizioni punitive contro i leader rivoluzionari.
- ❏ **b)** Scoppia la rivoluzione e lo zar Nicola II viene assassinato.
- ❏ **c)** I membri del soviet di Pietroburgo vengono giustiziati.
- ❏ **d)** L'esercito uccide oltre cento dimostranti in marcia verso il Palazzo d'Inverno.
- ❏ **e)** I leader rivoluzionari massacrano lo stato maggiore delle milizie russe.

**3. Tra quali Paesi viene stipulato il *Trattato di controassicurazione*?**

- ❏ **a)** Giappone e Inghilterra.
- ❏ **b)** Francia e Russia.
- ❏ **c)** Germania e Russia.
- ❏ **d)** Germania e Italia.
- ❏ **e)** Francia e Inghilterra.

**4. Come si chiama il *movimento di intellettuali e ufficiali* che intende trasformare l'impero ottomano in una monarchia costituzionale?**

- ❏ **a)** Centurie Nere.
- ❏ **b)** Giovani Ottomani.
- ❏ **c)** Rivoluzionari Turchi.

8. L'età dell'imperialismo

❑ **d)** Giovani Turchi.
❑ **e)** Fronte rivoluzionario turco.

## 5. Chi diventa *nel 1913* Presidente degli Stati Uniti?

❑ **a)** William Howard Taft.
❑ **b)** Woodrow Wilson.
❑ **c)** Theodore Roosevelt.
❑ **d)** Abraham Lincoln.
❑ **e)** Lyndon Johnson.

## Soluzioni e commenti

1. Risposta: **c)**. La sconfitta di **Adua** determina la fine della politica coloniale di Crispi.
2. Risposta: **d)**. Durante la «**domenica di sangue**» avviene la repressione sanguinosa di una manifestazione popolare in Russia.
3. Risposta: **c)**. Tra **Germania** e **Russia**, con cui Bismarck cerca di intrattenere buoni rapporti.
4. Risposta: **d)**. I **Giovani Turchi** sono un movimento di intellettuali ed ufficiali che auspica una modernizzazione dell'impero ottomano, da trasformare in monarchia costituzionale.
5. Risposta: **b)**. **Woodrow Wilson** (1913-1921).

# 9. L'età giolittiana

## Di cosa parleremo

Dall'inizio del nuovo secolo fino al 1914 l'Italia è dominata dalla figura di Giovanni Giolitti, dalla sua politica di riforme sociali, dalle sue alleanze, in politica estera, e, soprattutto, interna con i cattolici (patto Gentiloni). Intanto cresce il movimento operaio (nasce la Confederazione generale del lavoro CGL), quello socialista e sempre più forte si fa sentire la voce dei nazionalisti alle soglie del primo conflitto mondiale.

### TAVOLA CRONOLOGICA

**1903** Governo Giolitti.
**1904** Leggi speciali per il Mezzogiorno. Primo sciopero generale.
**1905** Governo Fortis.
**1906** Governo Giolitti.
**1909** Governo Sonnino.
**1910** Governo Luzzatti.
**1911** Governo Giolitti. Legge per il suffragio universale maschile.
**1913** Patto Gentiloni.
**1914** Governo Salandra. Settimana rossa (7-14 giugno).

## 1) Destra e sinistra storica

Il primo parlamento dell'Italia unita viene eletto il 27 gennaio 1871 e si presenta diviso in due grossi schieramenti politici:

— la *destra*, costituita dai liberali moderati, che sono gli eredi del pensiero cavouriano; tra essi ricordiamo: Urbano Rattazzi, Quintino Sella, Marco Minghetti, Bettino Ricasoli, Silvio Spaventa;

— la *sinistra*, costituita dai liberali progressisti, di orientamento democratico e repubblicano; i principali esponenti sono: Francesco Crispi e Agostino Depretis.

I primi governi del nuovo regno vengono costituiti dalla destra storica, ma, dopo l'annessione del Veneto e la presa di Roma, l'imposizione della tassa sul macinato, che andava a colpire i ceti più poveri, e l'espropriazione da parte dello Stato dei beni ecclesiastici portano alla vittoria elettorale della sinistra.

Sotto la guida di Agostino Depretis la sinistra attua importanti riforme: l'istruzione elementare per i primi due anni obbligatoria e gratuita, l'abolizione dell'imposta sul macinato, l'estensione del diritto di voto.

**Trasformismo**: il termine fu introdotto nel vocabolario politico italiano durante la campagna elettorale del 1882 ed ebbe origine da un discorso di Depretis per giustificare l'accordo stipulato con la Destra. Il trasformismo segnò la dissoluzione dei partiti tradizionali e la loro frammentazione in piccoli gruppi. Questi aspetti degenerativi fecero sì che il termine trasformismo assumesse quella connotazione negativa che tende a designare una politica sganciata da ogni punto di riferimento ideale e tutta fondata sull'arte del compromesso.

Per rafforzare il consenso del parlamento, Depretis inaugura la cosiddetta politica del «trasformismo», che tentava di conciliare le posizioni dei parlamentari di sinistra e di destra.

Durante il governo Depretis l'Italia stringe la Triplice Alleanza con Germania e Austria (1882).

In seguito alla morte di Depretis la guida del governo passa a Francesco Crispi, anch'egli esponente della sinistra storica, ma sempre più vicino alla monarchia e all'ambiente nazionalistico della corte.

Crispi è presidente del consiglio per quasi un decennio tranne che per due brevi interruzioni: il ministero Di Rudinì (1891-92) e il primo ministero Giolitti (1892-93).

## 2) Autoritarismo e liberalismo in Italia all'inizio del XX secolo

**Giovanni Giolitti.** Il primo governo Giolitti è quindi del 1892 quando, caduto Di Rudinì, riceve l'incarico per formare un nuovo esecutivo. Il clima sociale particolarmente teso e lo scandalo della Banca Romana costringono però Giolitti a dimettersi. Al governo torna Crispi, la cui politica autoritaria sfocia nella repressione violenta del movimento dei Fasci, un'ondata di protesta nata in Sicilia che chiedeva una redistribuzione più equa delle terre.

Il governo Crispi viene allora sostituito da un nuovo governo Di Rudinì, durante il quale, nel 1898, in seguito al rincaro del prezzo del pane, scoppia un moto rivoltoso a Milano represso con inaudita violenza dal generale Bava Beccaria.

In conseguenza di questo episodio, il governo Pelloux presenta alla Camera «leggi eccezionali» tese a limitare il diritto di sciopero e la libertà di stampa e di associazione. Ma la sinistra costituzionale, con Zanardelli e Giolitti, si unisce all'estrema sinistra, ricorrendo alla tattica dell'ostruzionismo che riesce a rimandare l'approvazione di quelle leggi. Dopo le elezioni del 1900, l'opposizione al governo è rafforzata e Pelloux deve dimettersi. Il nuovo governo del liberale Giuseppe Saracco si volge ad un'opera di distensione e la crisi reazionaria sembra superata. L'assassinio di Umberto I, per mano dell'anarchico Gaetano Bresci, turba nuovamente gli animi. Sale sul trono il figlio Vittorio Emanuele III (1869-1947) che affida il governo al liberale Giuseppe Zanardelli, che nomina ministro degli Interni Giolitti.

## Spunti di **interdisciplinarità**

### IL DECADENTISMO

Il 26 maggio 1883 sul periodico parigino «*Le Chat Noir*» (Il gatto nero) Paul Verlaine affermava di identificarsi con l'atmosfera di stanchezza e di estenuazione spirituale dell'Impero romano alla fine della *decadenza*. Il movimento letterario che ne scaturì, il *decadentismo*, pur se nato in Francia, si estese in tutta Europa, dagli ultimi due decenni dell'Ottocento fino al primo Novecento.

Il decadentismo abbraccia temi e personaggi diversi, spesso tra loro antitetici: vi è l'*eroe raffinato* di Huysmans che si rifugia in un mondo immaginario, oppure il Dorain Gray di Wilde, chiuso nel suo *edonismo*, che vagheggia l'autodistruzione. Ma c'è anche il *superuomo* di Nietzsche, che propone un modello di umanità rigenerata e la volontà di potenza. In Italia il decadentismo segue lo stesso percorso: D'Annunzio crea il suo superuomo, Pascoli trova rifugio nel «nido» familiare (poetica del fanciullino) e nel suo piccolo mondo rurale, Svevo mette in evidenza l'inettitudine della vocazione intellettuale, che diviene come una *malattia*, che esclude dalla vita reale. Con Pirandello, la *crisi intellettuale* si proietta nel personaggio estraniato dalla realtà, «il forestiere della vita» che si esclude e con irrisione e pietà guarda gli altri intrappolati nelle «parti» che la società assegna agli uomini.

9. L'età giolittiana

## 3) Aspetti e vicende del periodo giolittiano

**La politica interna.** Il governo Zanardelli-Giolitti si caratterizza per il varo di importanti riforme sociali quali la tutela del lavoro minorile e femminile, la creazione di assicurazioni per i lavoratori e, soprattutto, la municipalizzazione dei servizi pubblici. Inoltre, l'atteggiamento neutrale assunto dal governo nei conflitti tra i lavoratori e i datori di lavoro favorisce lo sviluppo delle organizzazioni sindacali, le quali si radicano fra i lavoratori e alimentano diversi scioperi che portano all'aumento dei salari e al conseguente miglioramento del tenore di vita degli operai.

Dopo le dimissioni di Zanardelli, nel 1903, Giolitti è chiamato a formare il nuovo governo. Il programma è volto a favorire l'industrializzazione del Paese, approvando, nello stesso tempo, le prime importanti «leggi speciali» per il Mezzogiorno.

Nel suo tentativo di allargare le basi della maggioranza, Giolitti propone a Filippo Turati, leader dell'ala riformista del partito socialista, di entrare nel governo. Al rifiuto di Turati, i socialisti si arroccano su posizioni più radicali suscitando timori nella borghesia. Ne approfitta Giolitti, che grazie al sostegno dei cattolici ottiene una forte maggioranza alle elezioni.

Altro provvedimento di notevole importanza è la statalizzazione delle ferrovie (1904-1905); questo progetto, però, incontra forti opposizioni che costringono Giolitti a dimettersi.

Nel 1906 Giolitti torna alla guida del governo ma le difficoltà economiche derivanti dalla crisi internazionale del 1907 intensificano notevolmente le lotte sociali, inasprendo le tensioni tra operai e Confindustria (nel 1906 viene fondata la *Confederazione generale del lavoro* CGL). L'azione riformatrice del governo diventa perciò difficile e Giolitti attua una seconda ritirata strategica.

Nel 1911 torna nuovamente al governo, con un programma orientato a sinistra, il cui punto cardine è la riforma dell'istruzione elementare ed il suffragio universale maschile che viene esteso a tutti coloro che abbiano prestato servizio militare o che comunque abbiano raggiunto il trentesimo anno di età.

**La politica estera.** In politica estera Giolitti abbandona il «triplicismo» (l'alleanza con Germania e impero austro-ungarico) di Crispi e si avvicina alla Francia con cui firma un accordo, nel 1902, che pone fine alla «guerra doganale» e alla questione africana: l'Italia ottiene il riconoscimento dei suoi interessi in Libia e lascia mano libera alla Francia in Marocco. Quando la Francia si appresta a imporre il suo protettorato sul Marocco, Giolitti invia un contingente di 35.000 uomini in territorio libico. Tale azione militare si scontra con gli interessi dell'impero turco che esercita una sovranità quasi totale sulla Libia. La guerra italo-turca (1911) si estende anche in Grecia, dove le truppe italiane s'impossessano dell'isola di Rodi e dell'intero arcipelago del Dodecanneso. La Pace di Losanna (1912) stabilisce la sovranità italiana sulla Libia.

## 4) Partiti e movimenti politici in età giolittiana

**I cattolici.** Durante l'età giolittiana, in campo cattolico si sviluppa il movimento democratico-cristiano guidato da un sacerdote marchigiano, Romolo Murri, la cui azione è fortemente osteggiata da papa Pio X, che arriva a scomunicarlo. Questo, però, non impedisce lo sviluppo del movimento sindacale cattolico e la formazione di «leghe bianche». In Sicilia il movimento contadino cattolico si sviluppa sotto la guida di don Luigi Sturzo.

Sul piano politico, le forze clerico-moderate stabiliscono alleanze elettorali, in funzione conservatrice, con i liberali: tale linea politica riceve piena consacrazione, nelle elezioni del 1913, con il *Patto Gentiloni*, in virtù del quale i cattolici accettano di votare per quei candidati liberali che si impegnino, a loro volta, ad opporsi a qualsiasi legislazione anticlericale. In questo modo, i cattolici aggirano il «non expedit» di Pio IX che proibiva loro la partecipazione alla vita politica.

**I socialisti.** Il socialismo si sviluppa nei primi anni del Novecento. La corrente riformista interna al PSI è favorevole alla politica di Giolitti, in quanto i suoi leader — tra cui Turati — pensano che solo tramite la collaborazione con la borghesia progressista sia possibile ottenere delle riforme. Durante il congresso di Bologna del 1904, le correnti rivoluzionarie ottengono però la guida del partito e pochi mesi più tardi indicono il primo sciopero generale nazionale italiano, che mostra tutti i gravi limiti organizzativi del Partito socialista. Nel 1912, dopo l'espulsione dei riformisti, i rivoluzionari tornano a controllare il partito. Uno dei leader di spicco degli intransigenti diviene il giovane Benito Mussolini, eletto nello stesso anno direttore del quotidiano «L'Avanti».

**Nazionalismo:** posizione politica che mira all'affermazione del prestigio e degli interessi di una singola nazionalità, anche in contrapposizione con le altre. Alla base del nazionalismo vi è il concetto di nazione, intesa come un gruppo organico di individui accomunati da lingua, tradizioni e valori e tesi alla realizzazione degli stessi obiettivi.

**I nazionalisti.** Il movimento dei nazionalisti, sorto intorno alla rivista «Il Regno», si estende grazie all'eloquenza di Gabriele D'Annunzio e nel 1910 diviene una forza politica a carattere antiliberale, antiparlamentare e militarista. Dopo la guerra di Libia, i **nazionalisti** guadagnano supporti più ampi dichiarando il loro disprezzo per la cosiddetta «Italietta» di Giolitti e la loro volontà di avere un'Italia potente e militarmente forte.

## 5) La fine del giolittismo

Giolitti si dimostra sempre meno in grado di controllare la situazione politica e nel 1914 rassegna le dimissioni, indicando al re, come suo successore, Antonio Salandra. Nei progetti giolittiani c'è l'idea di un ritorno al potere, ma la situazione è molto cambiata: il contrasto tra destra e sinistra provoca un inasprimento delle tensioni sociali, che si sarebbero poi sedate solo alla vigilia della «grande guerra». Tra il 7 e il 14 giugno del 1914, il paese è scosso dalla cosiddetta «*settimana rossa*»: un'ondata insurrezionale contro il divieto governativo di svolgere manifestazioni antimilitariste. A capo del movimento di protesta si trovano: Pietro Nenni, Benito Mussolini ed Enrico Malatesta. L'uccisione di tre dimostranti provoca un'ondata di scioperi in tutto il Paese.

## Test di verifica

**1. Cosa stabilisce il *Patto Gentiloni* nel 1913?**

- ❏ **a)** Che i cattolici non possono presentarsi come candidati alle elezioni.
- ❏ **b)** Che il clero può eleggere suoi rappresentanti in Parlamento.
- ❏ **c)** Che i cattolici possono votare per quei candidati liberali che si impegnino ad opporsi a qualsiasi tipo di legislazione anticlericale.
- ❏ **d)** Che il papa può indicare ai fedeli verso quali candidati orientarsi al momento del voto.
- ❏ **e)** Che i cattolici devono astenersi dal partecipare alla vita politica del paese.

**2. In quale anno è approvato il *suffragio universale maschile in Italia*?**

- ❏ **a)** 1911.
- ❏ **b)** 1914.
- ❏ **c)** 1861.
- ❏ **d)** 1945.
- ❏ **e)** 1948.

**3. Di quale corrente politica è leader *Don Luigi Sturzo*?**

- ❏ **a)** Della destra storica.
- ❏ **b)** Della sinistra storica.
- ❏ **c)** Del movimento cattolico.
- ❏ **d)** Del socialismo.
- ❏ **e)** Del movimento nazionalista.

**4. In quale anno viene assassinato il *re Umberto I*?**

- ❏ **a)** 1914.
- ❏ **b)** 1899.
- ❏ **c)** 1910.

❑ **d)** 1906.
❑ **e)** 1900.

5. **Chi nel 1912 è nominato direttore del quotidiano socialista «*L'Avanti*»?**

❑ **a)** Giovanni Giolitti.
❑ **b)** Pietro Nenni.
❑ **c)** Filippo Turati.
❑ **d)** Antonio Gramsci.
❑ **e)** Benito Mussolini.

## Soluzioni e commenti

1. Risposta: **c)**. Il **Patto Gentiloni** prevede che i cattolici possano votare per quei candidati liberali che si impegnino ad opporsi a qualsiasi tipo di legislazione anticlericale. Il Patto Gentiloni apre ai cattolici la partecipazione alla vita politica.

2. Risposta: **a)**. Nel **1911** il diritto di voto è esteso a tutti coloro che abbiano prestato servizio militare o che comunque abbiano raggiunto il trentesimo anno di età.

3. Risposta: **c)**. **Don Luigi Sturzo** è il leader del movimento cattolico.

4. Risposta: **e)**. **Umberto I** viene ucciso nel 1900 dall'anarchico Gaetano Bresci.

5. Risposta: **e)**. Nel 1912 è nominato direttore de «L'Avanti!» il socialista **Benito Mussolini**.

# 10. La prima guerra mondiale e la rivoluzione russa

## Di cosa parleremo

In questo capitolo analizzeremo le ragioni dello scoppio della prima guerra mondiale, le fasi del conflitto e l'entrata in guerra dell'Italia e degli Stati Uniti; i trattati di pace e il nuovo assetto dell'Europa con la nascita della *Società delle Nazioni*; sul fronte orientale, la rivoluzione russa e la nascita dell'URSS.

### TAVOLA CRONOLOGICA

**1914** Assassinio di Francesco Ferdinando d'Austria a Sarajevo. L'Austria dichiara guerra alla Serbia; inizia la prima guerra mondiale. La Germania dichiara guerra alla Russia e alla Francia. L'Inghilterra dichiara guerra alla Germania. L'Italia si dichiara neutrale.

**1915** La Bulgaria si allea con Germania e Austria. Patto di Londra tra Italia e Francia, Inghilterra e Russia. L'Italia dichiara guerra all'Austria.

**1917** Disfatta di Caporetto. Diaz sostituisce Cadorna al comando delle forze armate. Scoppio della Rivoluzione russa. Gli USA dichiarano guerra alla Germania.

**1918** Battaglie del Piave e di Vittorio Veneto. Armistizio dell'Italia con l'Austria. Pace di Brest-Litovsk. Guerra civile in Russia.

**1919** Nascita della Società delle Nazioni. Trattato di Versailles. Trattato di Saint-Germain-en-Laye. Trattato di Neuilly.

**1920** Trattato di Trianon. Trattato di Sèvres.

## 1) Le cause del primo conflitto mondiale

Allo scoppio del conflitto e alla sua successiva estensione su scala mondiale concorrono una serie di tensioni preesistenti, nonché di errori tattici e di valutazione dei paesi interessati. Innanzitutto, la Germania ha imboccato la strada di una rapida industrializzazione, cosa che preoccupa molto l'Inghilterra, che teme soprattutto la perdita della sua supremazia navale. In secondo luogo, la Francia nutre propositi di

rivincita (*revanscismo*) contro la Germania e l'ambizione di recupera-
re l'Alsazia e la Lorena. Infine, i rapporti tra impero austro-ungarico e
Russia sono molto tesi per i continui scontri dei rispettivi interessi nei
Balcani.

Questi i motivi principali, cui si aggiungono i sentimenti nazionalisti che animano gli europei e che si acuiscono soprattutto nelle popolazioni che aspirano all'indipendenza.

## 2) Gli attori e le strategie

L'evento che scatena la prima guerra mondiale è l'assassinio del-
l'arciduca Francesco Ferdinando, erede al trono d'Austria, il *28 giugno
1914* a Sarajevo.

L'Austria reagisce inviando un duro ultimatum che la Serbia,
forte del sostegno offertole dalla Russia, accetta solo in parte; il 28
luglio 1914 l'Austria dichiara guerra alla Serbia e immediatamente
il governo russo ordina la mobilitazione generale delle forze armate.

La Germania interpreta l'intervento russo come una minaccia e
invia alla Russia un ultimatum. Al rifiuto dello zar, dichiara guerra (1°
agosto).

Nello stesso giorno, la Francia, legata alla Russia da un trattato,
mobilita le sue forze armate, la Germania risponde con un ultimatum e con la dichiarazione di guerra (3 agosto). La tattica tedesca
— «piano Schlieffen» — prevede di invadere la Francia passando
attraverso il Belgio, nonostante la sua neutralità sia sancita da un
trattato firmato anche dalla Germania, per poi dirigere il grosso
delle truppe contro la Russia. Il 5 agosto, dopo che la Germania ha
invaso il Belgio, la Gran Bretagna scende in campo contro gli imperi centrali.

**Guerra di posizione.** Gli eserciti scesi in campo nella «grande guerra»
non hanno precedenti per dimensioni, ma le strategie sono ancora

**Guerra di movimento:** prevede una manovra offensiva basata sullo spostamento rapido di un gran numero di uomini in preparazione a pochi scontri campali che si rivelano risolutivi.

**Guerra di posizione:** vede due schieramenti nemici fissi sulle loro posizioni. Protagonista di questo tipo di combattimento è la *trincea*, la più semplice delle fortificazioni difensive: un fossato scavato nel terreno. Più trincee sono collegate tra loro da «camminamenti».

legate alle esperienze del secolo precedente e puntano, in particolare, sulla tattica della **guerra di movimento** e non di **posizione**. Agli inizi dello scontro bellico, i tedeschi pensano di poter conquistare facilmente il territorio francese, ma, una volta giunti lungo il corso della Marna, vengono bloccati dalle truppe transalpine e comincia la cosiddetta guerra di logoramento ovvero la *guerra di posizione*. A quel punto, la vera protagonista del conflitto diviene la *trincea*: la vita monotona ma dura che vi si svolge è interrotta solo saltuariamente da grandi e sanguinose offensive, prive di reali risultati.

## 3) La posizione dell'Italia: dalla neutralità all'intervento

Allo scoppio del conflitto, l'Italia si dichiara neutrale (3 agosto 1914), forte del fatto che la Triplice Alleanza ha carattere difensivo, mentre in questo caso l'aggressore è l'Austria. Successivamente, le forze politiche e l'opinione pubblica si dividono tra interventisti e neutralisti.

**Interventisti.** Nella schiera degli **interventisti**, appoggiati dalla monarchia, confluiscono: gli irredentisti, i social-riformisti, i radicali (che concepiscono la guerra come l'ultima campagna risorgimentale contro l'Austria per la liberazione di Trento e Trieste), i nazionalisti (che esaltano gli ideali imperialistici di «sacro egoismo» e di potenza) e Benito Mussolini che, espulso dal Psi, sul suo nuovo quotidiano, «Il Popolo d'Italia», predica le virtù rigeneratrici e rivoluzionarie della guerra.

**Neutralisti.** I **neutralisti**, che rappresentano la maggioranza del paese, sono invece: i socialisti (di tradizione pacifista e antimilitarista), i cattolici (per le direttive pacifiste del pontefice Benedetto IV) e Giolitti (favorevole a trattative diplomatiche per recuperare i territori).

10. La prima guerra mondiale e la rivoluzione russa

Intanto il governo Salandra-Sonnino apre trattative con l'Intesa, con la quale stipula il Patto di Londra (26 aprile 1915) che impegna l'Italia ad entrare in guerra entro un mese a fianco di Inghilterra, Francia e Russia in cambio del Trentino, del Sud Tirolo, della Venezia-Giulia, della penisola istriana (esclusa la città di Fiume), di parte della Dalmazia e delle isole adriatiche.

**L'Italia entra in guerra.** Per intimidire la Camera dei Deputati, chiamata a ratificare il Patto di Londra, gli interventisti inscenano violente manifestazioni (le «*radiose giornate*»), così l'Italia il 23 maggio 1915 dichiara guerra all'Austria. Il comando dell'esercito viene affidato al generale *Luigi Cadorna*, che si appresta ad affrontare le truppe austriache lungo il corso dell'Isonzo e sulle alture del Carso. Cadorna sferra quattro attacchi — le prime quattro battaglie dell'Isonzo — senza alcun successo.

Nel giugno 1916 l'esercito austriaco passa al contrattacco, tentando di penetrare nella pianura veneta passando dal Trentino. L'offensiva, nota come *Strafexpedition* («spedizione punitiva»), coglie gli italiani di sorpresa: è un duro colpo psicologico, che costringe il presidente del Consiglio a rassegnare le dimissioni. Salandra viene sostituito da un ministero di coalizione nazionale presieduto da Paolo Boselli. Nel corso del 1916 vengono poi combattute altre cinque battaglie dell'Isonzo, tutte sanguinose ma senza alcun risultato.

Il 1917 è l'anno più difficile della guerra; le truppe di Cadorna sono stanche e anche la popolazione civile dà segni di malcontento. Il comando tedesco decide di rafforzare l'esercito e attacca le truppe italiane sull'alto Isonzo, nei pressi del villaggio di *Caporetto*. La manovra ha successo e i soldati italiani sono costretti alla resa, lasciando in mano al nemico un'enorme porzione di territorio e 30.000 prigionieri. Cadorna addossa le colpe della disfatta ai suoi uomini, ma l'errore è stato del comando, sicché è sostituito da *Armando Diaz*, mentre a capo del governo viene posto Orlando.

La sconfitta di Caporetto trasforma la guerra nella difesa del territorio nazionale, il che contribuisce a rendere le truppe italiane più combattive. Nel giugno 1918, gli austriaci tentano il colpo decisivo lungo il Piave, ma vengono respinti. Il 24 ottobre gli italiani lanciano la loro offensiva e, anche grazie alla defezione delle truppe di nazionalità non tedesca presenti nell'esercito austriaco, sconfiggono i nemici nella battaglia di *Vittorio Veneto* e li costringono a firmare l'*Armistizio di Villa Giusti*, che entra in vigore il 4 settembre.

## Spunti di **interdisciplinarità**

### IL FUTURISMO

Il *Futurismo* è un movimento di avanguardia letteraria e artistica che ha origine dalla pubblicazione del *Manifesto del futurismo* sul quotidiano francese *Le Figaro* del 20 febbraio 1909.

Gli intellettuali dell'avanguardia hanno un atteggiamento sdegnoso e aristocratico nei confronti della realtà comune e dei valori classici e tradizionali. Ricercano l'originalità a tutti i costi, l'irrazionalismo inteso come esaltazione dell'ebbrezza di vivere momenti di fugace appagamento, l'esaltazione della tecnologia della società capitalistica. Il futurismo s'impone come un'organizzazione culturale, politica, editoriale con un'ideologia che tende a diventare un «costume di vita». Si organizza come una scuola ben definita il cui ideologo principale è Filippo Tommaso Marinetti e si diffonde attraverso le famose «serate» di incontro col pubblico, che viene coinvolto e spinto alla rissa, ma anche grazie a riviste come *Lacerba*, sulla quale vengono dibattute le idee futuriste: l'appoggio dato ai movimenti nazionalistici e al fascismo; l'amore per la rissa e la violenza; l'atteggiamento spregiudicato e ultramodernista. L'interventismo nella prima guerra mondiale si evince dallo stesso «manifesto» in cui è scritto: «Noi vogliamo glorificare la guerra — sola igiene del mondo — il militarismo, il patriottismo, il gesto distruttore del liberatore, le belle idee per cui si muore e il disprezzo della donna».

## 4) Le fasi del conflitto

**Il fronte orientale.** Le truppe tedesche attaccano i russi sconfiggendoli nelle battaglie di *Tannenberg* e dei *Laghi Masuri*. In questa prima fase del conflitto i tedeschi ottengono alcuni successi: prima contro i russi, che devono abbandonare la Polonia, poi contro la Serbia, che viene invasa e conquistata. Nel corso del 1916, i russi recuperano parte dei territori persi l'anno precedente, il che induce i rumeni a intervenire nel conflitto a fianco dell'Intesa, ma la Romania subisce la stessa sorte della Serbia.

Nel 1917 la rivoluzione bolscevica in Russia porta alla disgregazione dell'esercito e spinge il governo rivoluzionario di Lenin a chiedere una pace «senza annessioni e senza indennità». La *Pace di Brest-Litovsk*, stipulata il 3 marzo 1918, comporta per la Russia gravi perdite territoriali, ma Lenin riesce a salvare il nuovo Stato socialista.

**Il fronte occidentale.** Nell'estate del 1914 i tedeschi invadono la Francia passando attraverso il Belgio e si attestano lungo il corso della Marna, a pochi chilometri da Parigi. Le truppe francesi comandate dal generale Joffre riescono però a respingerli e a farli arretrare lungo i fiumi Aisne e Somme.

Gli eserciti contrapposti restano pressoché immobili per tutto il corso del 1915. All'inizio del 1916 i tedeschi cercano di attaccare la piazzaforte di *Verdun*; l'attacco dura quattro mesi e si risolve in una carneficina che costa ai due schieramenti 900mila morti. Nel marzo 1918 i tedeschi entrano a Saint Quentin e ad Arras e nel mese di giugno sono nuovamente sulla Marna. L'Inghilterra invia truppe in aiuto degli alleati francesi, che in agosto, ad *Amiens*, infliggono ai tedeschi l'unica vera sconfitta da essi subìta sul fronte occidentale. È allora che l'alto comando germanico capisce di aver perso la guerra.

**L'intervento americano.** Nel maggio del 1915 un sottomarino tedesco affonda il transatlantico inglese *Lusitania* con a bordo 1.000 passeggeri, tra cui 140 americani, inducendo gli USA a protestare tanto energicamente da convincere la Germania a sospendere la guerra sottomarina indiscriminata. Nel 1917, però, quando i sommergibili tedeschi riprendono i loro attacchi, gli USA decidono di entrare in guerra e, pur non disponendo di un esercito pari a quello degli alleati, si rivelano comunque decisivi per le sorti del conflitto, in virtù del grosso aiuto economico che sono in grado di offrire.

Dopo la «rivoluzione di ottobre» in Russia, gli Stati dell'Intesa acuiscono il carattere ideologico della guerra, la quale assume i toni di una difesa della libertà dei popoli contro i disegni egemonici degli imperi centrali. Fautore di tale interpretazione è il presidente statunitense Woodrow Wilson, il quale dichiara che «ristabilire la libertà, difendere i diritti delle nazioni e instaurare un ordine internazionale basato sulla pace e sull'accordo fra popoli liberi» è il solo obiettivo del suo paese.

Nel 1918 Wilson precisa la sua politica in un programma di pace redatto in 14 punti, in cui propone l'istituzione di un organismo internazionale, la *Società delle Nazioni,* con lo scopo di sviluppare la collaborazione tra gli Stati e garantire la pace internazionale.

| I 14 PUNTI DI WILSON | |
|---|---|
| 1) Abolizione della diplomazia segreta. | 9) Rettifica dei confini italiani. |
| 2) Libertà di navigazione. | 10) Sviluppo autonomo per i popoli soggetti all'impero austro-ungarico. |
| 3) Riduzione delle barriere doganali. | 11) Rettifica dei confini nei Balcani. |
| 4) Riduzione degli armamenti. | 12) Sviluppo autonomo per i popoli soggetti all'impero turco. |
| 5) Reintegrazioni coloniali rispettose dei popoli soggetti. | 13) Costruzione dello Stato polacco. |
| 6) Evacuazione dei territori russi occupati. | 14) Creazione della Società delle Nazioni. |
| 7) Reintegrazione del Belgio. | |
| 8) Restituzione dell'Alsazia e della Lorena alla Francia. | |

## 5) La conferenza di pace di Parigi

Nel seguente specchietto compare il riepilogo di tutti i paesi che parteciparono alla prima guerra mondiale, con relativa indicazione delle rispettive date di entrata in guerra.

| I DUE SCHIERAMENTI | | | |
|---|---|---|---|
| **IMPERI CENTRALI E LORO ALLEATI** | | **POTENZE DELL'INTESA E LORO ALLEATI** | |
| Austria-Ungheria | (luglio 1914) | Serbia | (luglio 1914) |
| Germania | (agosto 1914) | Russia | (luglio 1914) |
| Turchia | (novembre 1914) | Gran Bretagna e impero coloniale | (agosto 1914) |
| Bulgaria | (settembre 1915) | Francia | (agosto 1914) |
| | | Belgio | (agosto 1914) |
| | | Giappone | (agosto 1914) |
| | | Italia | (maggio 1915) |
| | | Portogallo | (marzo 1916) |
| | | Romania | (agosto 1916) |
| | | Grecia | (giugno 1917) |
| | | USA | (aprile 1917) |
| | | Cina | (aprile 1917) |
| | | Brasile | (aprile 1917) |

10. La prima guerra mondiale e la rivoluzione russa

**I trattati di pace.** Alla conclusione del conflitto, Parigi è la città scelta dai vincitori per la messa a punto dei trattati di pace, che sono cinque:

— *Trattato di Versailles* con la Germania (28 giugno 1919);
— *Trattato di Saint-Germain-en-Laye* con l'Austria (10 settembre 1919);
— *Trattato di Neuilly* con la Bulgaria (27 settembre 1919);
— *Trattato di Trianon* con l'Ungheria (4 giugno 1920);
— *Trattato di Sèvres* con la Turchia (10 agosto 1920).

Alla Germania, unica responsabile del conflitto, vengono imposte condizioni durissime allo scopo di impedirle di ritornare una grande potenza. Innanzitutto, deve rinunciare a circa 1/8 dei suoi territori e a tutte le colonie e subire sanzioni sia economiche sia militari (abolizione del servizio di leva, rinuncia alla marina, smilitarizzazione della valle del Reno). Dalla dissoluzione dell'impero asburgico nascono nuovi Stati, tra cui la Cecoslovacchia e la Iugoslavia. I rapporti con la Russia rappresentano un problema delicato: il *Trattato di Brest-Litovsk* viene annullato, ma le potenze occidentali si rifiutano di riconoscere lo Stato socialista e riconoscono, invece, le nuove repubbliche nate nei territori perduti dalla Russia: Finlandia, Estonia, Lettonia e Lituania formano, così, una corona di Stati-cuscinetto ostili all'URSS.

**La Società delle Nazioni.** Per assicurare il rispetto dei trattati viene istituita, il 28 aprile 1919, la *Società delle Nazioni* (con sede a Ginevra), che richiede ai suoi membri di rinunciare alla guerra come mezzo per risolvere i contrasti, ma il nuovo organismo nasce minato da profonde contraddizioni, prima fra tutte la mancata adesione degli USA.

Infine, va rimarcato che a Versailles le aspirazioni dell'Italia non sono certo soddisfatte, anche perché Wilson si oppone alle rivendicazioni sulla Dalmazia e su Fiume. I delegati italiani, per protesta, abbandonano la conferenza. I nazionalisti in patria esigono i territori promessi: si parla di «vittoria mutilata».

## 6) La rivoluzione russa

La **«rivoluzione di febbraio»**. Le sconfitte e le gravissime perdite militari e civili subite dalla Russia, oltre ad un generalizzato peggioramento del tenore di vita della popolazione, sfociano nello sciopero generale di Pietrogrado del 10 marzo 1917, quando la rivolta degli operai e dei soldati provoca la caduta dello zar e la formazione di un governo provvisorio, presieduto dal principe L'vov, con a capo i liberal-moderati.

Nel maggio successivo, durante il secondo governo provvisorio presieduto dal socialista rivoluzionario Kerenskij e comprendente tutti gli schieramenti partitici (cadetti, **menscevichi** e socialrivoluzionari) tranne i **bolscevichi**, fa il suo ritorno in patria, dopo un lungo esilio in Svizzera, anche Lenin al secolo Vladimir Il'ič Ul'janov. La distinzione tra menscevichi e bolscevichi risale al secondo congresso del Partito socialdemocratico russo (1903).

> **Menscevichi:** sono la corrente moderata e di «minoranza» del Partito e sostengono una politica di riforme sociali con l'alleanza della borghesia.
> **Bolscevichi:** rappresentano la corrente estremista e di «maggioranza» del Partito socialdemocratico russo secondo cui è necessaria una rivoluzione violenta capace di realizzare la dittatura del proletariato.

Lenin chiede la cessazione delle ostilità allo scopo di salvare la rivoluzione e ritiene che, fin da quel momento, si debba premere affinché sia la produzione che la distribuzione delle ricchezze arrivino ad essere controllate dai soviet, i quali, eletti direttamente dagli operai e dai soldati, si sono intanto affiancati al governo centrale, diffondendosi in tutta la Russia.

La **«rivoluzione di ottobre»**. Nel luglio 1917, dopo una fallita insurrezione contro il governo provvisorio, Lenin è costretto a fuggire. Nel paese cresce il prestigio dei bolscevichi protagonisti a settembre della resistenza popolare contro il tentativo di colpo di Stato dell'esercito del generale Kornilov. Lenin torna in Russia e organizza un colpo di Stato che ha luogo il 7 novembre (*25 ottobre* secondo il calendario russo). Kerenskij è costretto a fuggire, mentre i soviet assumono tutti i poteri e formano un Consiglio dei commissari del popolo presieduto

10. La prima guerra mondiale e la rivoluzione russa

da Lenin: il primo atto del Consiglio è la *Pace di Brest-Litovsk*, cui seguono la nazionalizzazione delle terre, quella delle banche ed il controllo operaio delle fabbriche. La pesante sconfitta dei bolscevichi alle elezioni per l'assemblea costituente convince Lenin ad instaurare un regime dittatoriale.

**La guerra civile.** Già alla fine del 1917 le forze antibolsceviche si sono organizzate in «armate bianche» e preparano una controrivoluzione, appoggiate dalle potenze dell'Intesa che considerano la Pace di Brest-Litovsk come un tradimento. Alle vittorie dei «bianchi», il governo rivoluzionario reagisce intensificando la repressione: nel 1918 i partiti di opposizione vengono messi fuori legge e si riorganizza l'esercito, che prende il nome di Armata Rossa. Nel 1920 le armate bianche vengono sconfitte.

**La NEP.** Economicamente e socialmente estenuata, dalla guerra civile e da quella mondiale, la Russia di Lenin adotta, nel 1921, una *Nuova politica economica* (NEP) che comporta la ricostituzione della proprietà privata, nonché l'adozione del principio del rendimento commerciale nelle aziende nazionalizzate.

**La nascita dell'URSS.** La prima Costituzione sovietica entra in vigore nel luglio 1918 e prevede la creazione di una *Repubblica Sovietica Federativa Socialista Russa* (RSFSR), anche se l'Armata Rossa sarebbe riuscita solo nel 1921 a riprendere il controllo di tutto il territorio russo. Il 30 dicembre 1922 è infine proclamata l'*Unione delle Repubbliche Socialiste Sovietiche* (URSS).

La nuova Costituzione del 1924 comporta la dittatura del Partito comunista (ex Partito bolscevico), riconosciuto come unico partito legale, oramai in grado di esercitare un influsso predominante su tutti gli altri partiti comunisti europei.

Nel 1919, infatti, viene creata la *Terza Internazionale* (o *Comintern*), con sede a Mosca, che raggruppa tutti i partiti comunisti sotto la leadership di quello russo, il cui scopo è quello di affrettare la rivoluzione mondiale.

# Test di verifica

## 1. Cos'è la *Società delle Nazioni*?

- ❏ **a)** Un'organizzazione di difesa delle potenze vincitrici del primo conflitto mondiale.
- ❏ **b)** Un'organizzazione universale con fini di pace.
- ❏ **c)** Un'alleanza fra le potenze dell'Europa occidentale.
- ❏ **d)** Un'associazione di Stati europei filo-americani.
- ❏ **e)** Un'organizzazione militare internazionale.

## 2. Cosa sono le «*radiose giornate*» di maggio?

- ❏ **a)** Manifestazioni violente degli interventisti.
- ❏ **b)** Insurrezioni con cui i Francesi abbattono la monarchia del 1830.
- ❏ **c)** La rivoluzione bolscevica del 1917.
- ❏ **d)** Le vittorie iniziali delle truppe russe contro gli imperi centrali.
- ❏ **e)** La resistenza delle truppe italiane sul Piave.

## 3. Quale paese firma la *Pace di Brest-Litovsk* con la Germania?

- ❏ **a)** Austria.
- ❏ **b)** Russia.
- ❏ **c)** Turchia.
- ❏ **d)** Bulgaria.
- ❏ **e)** Italia.

## 4. Quale, tra i seguenti orientamenti politici, *non si schiera con gli interventisti*?

- ❏ **a)** Irredentisti.
- ❏ **b)** Social-riformisti.
- ❏ **c)** Cattolici.
- ❏ **d)** Nazionalisti.
- ❏ **e)** Radicali.

10. La prima guerra mondiale e la rivoluzione russa

**5. Con quali paesi il governo italiano sottoscrive il *Patto di Londra*?**

❏ **a)** Austria, Francia e Inghilterra.
❏ **b)** Russia, Austria e Francia.
❏ **c)** Turchia, Francia e Inghilterra.
❏ **d)** Francia, Inghilterra e Russia.
❏ **e)** Germania, Austria, Turchia.

## Soluzioni e commenti

**1.** Risposta: **b)**. Un organismo internazionale con fini di **pace**.
**2.** Risposta: **a)**. **Violente manifestazioni** di piazza tenute dai sostenitori dell'entrata in guerra dell'Italia nel maggio 1915.
**3.** Risposta: **b)**. La **Russia**, a conclusione della prima guerra mondiale.
**4.** Risposta: **c)**. I cattolici si adeguano alle direttive pacifiste di papa **Benedetto IV**.
**5.** Risposta: **d)**. Con i paesi dell'**Intesa**: Francia, Inghilterra e Russia.

# 11. Il primo dopoguerra

· · · · · · · · · · · · · · · · · · · · · · · · · · · · · · ·

## Di cosa parleremo

Il dopoguerra è caratterizzato da una grande crisi economica che sconvolge tutto l'Occidente. Non desta minor preoccupazione la svolta repressiva che di lì a pochi anni porterà all'affermazione del fascismo e del nazismo. In Germania Hitler prende il potere, in URSS a Lenin succede, Stalin, in Spagna un altro dittatore, Franco si impone con un colpo di Stato. Negli Stati Uniti si afferma la politica proibizionista che incrementa il gangsterismo. In Cina c'è l'ascesa al potere di Mao Tse-tung.

## TAVOLA CRONOLOGICA

**1919** Repressione del moto spartachista in Germania. Nascita della Repubblica di Weimar. Fondazione del Comintern. Proibizionismo negli USA.

**1920** Hitler fonda il partito nazionalsocialista.

**1922** Nascita dell'URSS. Stalin diventa segretario del PCUS.

**1923** Putsch di Monaco.

**1929** Crollo della Borsa di New York.

**1930** Successo elettorale dei nazionalsocialisti in Germania. Costruzione della «Linea Maginot» in Francia.

**1931** Nascita del Commonwealth.

**1933** Hitler è nominato cancelliere in Germania. Nascita del Terzo Reich. Il presidente americano Roosevelt lancia il *New Deal*.

**1934** «Notte dei lunghi coltelli» in Germania (30 giugno).

**1935** Varo delle leggi razziali di Norimberga.

**1936** Guerra civile in Spagna. Asse Roma-Berlino.

**1938** Persecuzione antiebraica in Germania: «Notte dei cristalli» (9 novembre).

**1939** Dittatura di Franco in Spagna. Patto d'acciaio tra Germania e Italia.

## 1) Economia e società all'indomani del primo conflitto mondiale

All'indomani della prima guerra mondiale una forte crisi economica sconvolge tutta l'Europa industrializzata provocando uno stato di conflittualità sociale.

Le tendenze rivoluzionarie si manifestano, in particolare, nel cosiddetto *biennio rosso* (1918-1920), quando in tutta Europa il movimento operaio avanza politicamente, raccogliendo vasti consensi grazie alle riforme ottenute (riduzione della giornata lavorativa a otto ore, miglioramento dei livelli salariali). Contemporaneamente, dal punto di vista economico, tutti gli Stati belligeranti attraversano tra il 1920 e il 1921 una violenta crisi, che porta a una diminuzione della produzione industriale e a un aumento di inflazione e disoccupazione.

**Taylorismo:** metodo di lavoro, che prende il nome dal suo ideatore, l'ingegnere statunitense F.W. Taylor. Il taylorismo tende a scomporre i compiti da affidare ai singoli operai in operazioni semplici e meccaniche per aumentare la produzione.

A partire dal 1924, la crisi sembra superata e, grazie all'aumento della produzione industriale, molti credono di essere alla vigilia di una nuova età dell'oro. Nuovi settori industriali (aeronautico, automobilistico) si sviluppano anche grazie a una nuova organizzazione del lavoro di fabbrica nota come **taylorismo**.

## 2) La grande crisi del 1929

Il 24 ottobre 1929 — il cosiddetto giovedì nero — la Borsa di New York crolla improvvisamente e molti investitori perdono enormi fortune. La crisi coinvolge tutta l'Europa dipendente economicamente dagli Stati Uniti.

Le origini della crisi economica risalgono alla prima guerra mondiale: per fronteggiare le spese belliche, infatti, i paesi europei avevano stampato grossi quantitativi di banconote, superiori all'oro effettivamente presente nelle casse dei singoli Stati (**inflazione**).

Gli USA accordano ingenti prestiti ai paesi europei finché la crisi in patria non li costringe a sospendere i crediti. I paesi debitori, non essendo in possesso di fondi sufficienti per far fronte all'emergenza, vengono attirati nella depressione economica.

La crisi investe i settori agricolo, industriale, bancario e borsistico, con conseguente crollo della produzione, licenziamenti e disoccupazione.

> **Inflazione:** aumento generalizzato del prezzo delle merci e diminuzione del potere d'acquisto del denaro. L'inflazione da domanda è causata da un aumento della richiesta di risorse superiore all'offerta, cioè a quanto è disponibile sul mercato. Per fronteggiare la domanda viene allora messo in circolazione un maggiore quantitativo di denaro, il cui valore risulta svalutato (cioè dotato di minore potere d'acquisto).

## 3) Le democrazie nel primo dopoguerra

**Stati Uniti.** I «ruggenti» anni '20 sono caratterizzati dallo sviluppo industriale e dei consumi, dall'isolazionismo in politica estera, dal **proibizionismo** che paradossalmente fa prosperare il *gangsterismo* e da un'ondata di conservatorismo, che porta a leggi limitative dell'immigrazione e all'inasprimento delle pratiche discriminatorie nei confronti della popolazione di colore.

Il crollo di Wall Street nel 1929 porta alla chiusura di molte industrie e le misure protezionistiche introdotte dal governo provocano una contrazione del commercio internazionale.

Le elezioni presidenziali del 1932 vedono la vittoria del democratico Franklin Delano Roosevelt (1933-1945). Il presidente america-

> **Proibizionismo:** il proibizionismo (1919-1933) è l'insieme dei provvedimenti intesi a vietare la produzione, il commercio e il consumo di bevande alcoliche. È dovuto alle nuove ideologie miranti a salvaguardare la razza bianca, in quanto il bere viene considerato un vizio tipico dei neri e dei proletari. Il proibizionismo, però, fallisce i suoi obiettivi, in quanto il consumo di alcool aumenta invece di diminuire e inoltre produce gravi ripercussioni sociali, come la nascita di locali dediti alla vendita clandestina e il proliferare di criminalità legata al contrabbando di alcool.

no avvia la ricostruzione dell'economia promuovendo con il *New Deal* («nuovo patto» o «nuovo corso») un vasto intervento statale in campo economico.

11. Il primo dopoguerra

**Francia.** La Francia è assillata dalla paura di una riscossa tedesca, quindi il problema della sicurezza è per molti anni quello dominante. In politica estera, lo Stato stringe nuovi accordi con popoli timorosi di una rinascita della Germania o dell'Ungheria, come Belgio, Polonia, Cecoslovacchia, Iugoslavia e Romania.

Nel 1928 i rappresentanti di 15 Stati si riuniscono a Parigi su iniziativa del ministro degli Esteri francese Aristide Briand e del segretario di Stato americano Frank Kellogg per firmare un patto con cui si impegnano a non ricorrere alla guerra come mezzo per risolvere le controversie (*Patto Briand-Kellogg*). Il varo del *Piano Young* (1929), che riduce l'entità delle riparazioni dovute dalla Germania e ne dilaziona il pagamento, costituisce l'apice della distensione, ma la crisi economica del '29 cambia la situazione.

L'avvento al potere di Hitler in Germania e le sue prime iniziative in politica estera spingono la Francia a stipulare un'alleanza militare con l'URSS nel 1935 e a costruire una serie di fortificazioni difensive, ritenute inespugnabili, lungo il confine franco-tedesco: la cosiddetta *linea Maginot*, dal nome di colui che l'ha ideata, il ministro della guerra Andrea Maginot (1877-1932).

**Inghilterra.** Dopo la guerra la Gran Bretagna deve affrontare le mire indipendentiste dei popoli che tiene sottomessi. L'Irlanda riprende le agitazioni per l'indipendenza ed è riconosciuta come Stato libero nel 1921. Dallo Stato di Irlanda, in prevalenza cattolico, vengono escluse le 6 contee del Nord (*Ulster*), in prevalenza protestanti e decisamente più industrializzate, che tuttora fanno parte del Regno Unito.

Per quanto concerne l'impero coloniale, l'Egitto ottiene l'indipendenza nel 1922, anche se la Gran Bretagna conserva il controllo del canale di Suez. In India, invece, cominciano, nel 1919, una serie di manifestazioni organizzate dal Partito nazionalista democratico guidato da Gandhi, che, tramite una campagna di resistenza passiva e non violenta, forma le coscienze del suo popolo. Diverse altre colonie, tra cui Australia, Nuova Zelanda, Sud Africa e Canada, ottengono lo statuto di *dominion*, che conferisce loro una certa autonomia. Nel 1931, infine, viene creato il *Commonwealth*, che riunisce tutte le ex colonie britanniche e istituisce accordi commerciali privilegiati tra queste e l'ex madrepatria.

La situazione politica interna vede il declino del partito liberale riformista, mentre sorge il partito socialista laburista, appoggiato dai sindacati operai (*trade unions*). I laburisti conquistano il potere nel 1924 e nel 1929. Negli anni '30 i conservatori tornano al potere e il primo ministro Chamberlain si rende fautore di quella linea politica nota come *appeasement* (appacificamento) nei confronti delle aggressioni di Hitler. Soltanto un piccolo gruppo di conservatori, guidati da Winston Churchill, capisce che l'unico modo per fermare Hitler è opporsi con decisione alle sue pretese, anche se per farlo è necessaria una guerra. Le loro previsioni si sarebbero poi rivelate drammaticamente esatte.

**Turchia.** Nell'ex impero ottomano, Mustafa Kemal, un generale che aveva partecipato alla rivolta dei «Giovani Turchi», dà vita a un movimento di riscossa nazionale dopo il ridimensionamento che l'impero turco aveva subìto a seguito della sconfitta del 1919. Nel 1920 un'assemblea nazionale affida a Kemal il compito di liberare la Turchia dagli stranieri, sicché inglesi e francesi abbandonano presto l'idea di una penetrazione economica, mentre la Grecia è sconfitta ed è costretta a lasciare Smirne. Nominato presidente del nuovo Stato nazionale, laico e repubblicano, Kemal, soprannominato Atatürk (padre dei turchi), avvia una politica di occidentalizzazione e laicizzazione dello Stato.

## 4) Lo stalinismo in Unione Sovietica

**La figura di Stalin.** Alla morte di Lenin (1924) la guida del PCUS e dell'URSS è assunta dal più spregiudicato tra i capi del Partito bolscevico: Stalin (pseudonimo di Iosif Visarionovič Džugašvili), che emargina, esilia ed elimina anche fisicamente i suoi oppositori, primo tra tutti il leggendario comandante dell'Armata Rossa, Trotzkij, ucciso da sicari staliniani in Messico nel 1940.

Trotzkij, che giudica Stalin «un traditore degli ideali comunisti», si è reso fautore della teoria leninista dell'espansione del processo rivoluzionario nel mondo fino alla completa distruzione del capitalismo, mentre Stalin propende per la teoria del «socialismo in un solo paese».

**La collettivizzazione.** Nel 1928 Stalin decide di porre fine alla Nep e di dare inizio all'industrializzazione forzata. Il primo ostacolo sulla via di un'economia collettivizzata e industrializzata sono i *kulaki* (ricchi contadini), che vengono eliminati fisicamente. Più in generale, tutti coloro che si oppongono alla collettivizzazione vengono arrestati, deportati in Siberia o fucilati.

> **Stachanovismo:** il termine, con cui si indica uno strenuo attaccamento al lavoro, deriva dal nome di Aleksej Stachanov, minatore russo che estrae in una notte un quantitativo di carbone superiore di 14 volte a quello normale.

**I piani quinquennali.** Il vero obiettivo della collettivizzazione non è aumentare la produzione agricola, bensì favorire l'industrializzazione. A tale scopo, nel 1928 è varato il *primo piano quinquennale* per l'industria, al termine del quale, nel 1932, la produzione industriale risulta aumentata del 50%; nel 1933 è poi varato il secondo piano quinquennale, che aumenta la produzione del 120%. Il produttivismo di massa culmina nello **stachanovismo**.

**Le «grandi purghe».** I successi economici dell'URSS aumentano di pari passo con l'inasprirsi del carattere repressivo del governo di Stalin, che attua con epurazioni di massa dei dirigenti bolscevichi, dei quadri dell'industria di stato e dei vertici militari.

Ciò avviene nel periodo delle cosiddette *«grandi purghe»* (1934-1938), gigantesche repressioni poliziesche che fungono da veri e propri strumenti di terrore e vengono condotte con estremo arbitrio, al punto che le vittime sono spesso prelevate, deportate o fucilate senza sapere neanche di che cosa siano accusate.

## 5) La guerra civile spagnola

Nel 1936 la vittoria elettorale di un *Fronte popolare*, costituito da democratici progressisti, socialisti, comunisti e anarchici, dà vita a una serie di tensioni: i proletari salutano il nuovo governo come l'inizio di una rivoluzione, mentre la vecchia classe dominante reagisce con violenza squadrista affidata ai gruppi fascisti della Falange. Nel mese di luglio, un gruppo di generali di stanza in Marocco organizza un colpo di Stato contro la neonata repubblica: capo della rivoluzione è Francisco Franco. Gli aiuti forniti da Germania (Hitler) e Italia (Mussolini) svolgono un ruolo decisivo in favore dei fascisti. Gran Bretagna e Francia rimangono neutrali, mentre solo l'URSS rifornisce la repubblica spagnola di materiale bellico e favorisce la costituzione delle *«brigate internazionali»* (reparti di volontari antifascisti), il cui intervento ha un significato più politico che militare. Ma, i repubblicani sono indeboliti dalle divisioni interne tra anarchici e comunisti che arrivano fino allo scontro armato, il che contribuisce a far svanire l'entusiasmo popolare. Franco, che intanto è stato nominato *caudillo* (duce) e ha unito le destre in un unico partito, la *Falange nazionalista*, nel 1939 riesce a conquistare Madrid, ultima roccaforte della repubblica. La presa della capitale segna la fine della guerra civile, che conta 500.000 morti, oltre alle vittime della repressione.

## Spunti di **interdisciplinarità**

### Guernica

Il 26 Aprile 1937, l'aviazione falangista, con aerei e piloti tedeschi, attaccò e rase al suolo la cittadina basca di Guernica, uccidendo in tre ore e mezza circa 2.000 persone. Dal punto di vista militare, Guernica era un obbiettivo del tutto insignificante; l'azione, svoltasi in un giorno di mercato, fu una strage compiuta per seminare terrore nella popolazione civile e sperimentare il bombardamento a tappeto. Nello stesso 1937 il governo del Fronte Popolare affidò a *Pablo Picasso* la realizzazione di un pannello murale per l'arredamento del padiglione spagnolo all'esposizione mondiale che sarebbe stata inaugurata a Parigi nel luglio di quell'anno. Picasso, che fin dagli inizi della guerra si era dichiarato a favore del governo repubblicano, realizzò *Guernica*. L'opera, di effetto monumentale, venne realizzata dopo la distruzione della cittadina basca, in meno di due mesi. L'emozione e la collera di Picasso per il massacro viene espressa nel quadro con una visione drammatica di corpi sfatti, visi stravolti, in uno sfondo privo di colore in cui echeggiano urla lancinanti. L'opera fu acquistata dalla Repubblica spagnola per 150.000 franchi. Ma la guerra civile fu vinta dai franchisti e per questa ragione *Guernica* fu inviata negli Stati Uniti ed affidata al Museum of Modern Art di New York. Si trattò di un prestito, sino a che in Spagna – era questa la volontà di Picasso – non fosse tornata la democrazia. In realtà *Guernica* fu esposto in Spagna – dopo una lunga battaglia legale con gli eredi Picasso e con il Museo americano – solo nel 1981. Ospite inizialmente del Cason del Buen Ritiro, un modesto distaccamento del Prado, dal settembre del 1992 è al Centro «Reina Sofia» in una sala blindata.

## 6) La repubblica di Weimar

**Gli «spartachisti».** Dopo la caduta dell'impero e la proclamazione della repubblica (1918) si susseguono in Germania gli scontri tra le fazioni. Particolarmente attivi sono i comunisti (Lega di Spartaco), che, capeggiati da **Karl Liebknecht** e **Rosa Luxemburg**, tentano una sommossa rivoluzionaria nella notte tra il 5 e il 6 gennaio 1919, a Berlino. Ma il tentativo fallisce e i due agitatori sono arrestati e trucidati.

**La Costituzione.** Il 19 gennaio 1919, l'assemblea costituente, dominata dai socialdemocratici alleatisi con i cattolici del centro e i liberali, si riunisce a Weimar ed elabora una Costituzione democratica molto avanzata.

La neonata repubblica di Weimar è comunque caratterizzata dall'instabilità politica, anche perché i borghesi sono diffidenti nei confronti del sistema democratico, considerato legato alla sconfitta del 1918, e la questione delle riparazioni non fa che aumentare questo stato d'animo: la Germania, infatti, deve pagare ben 132 miliardi di marchi-oro ai vincitori. Per pagare il debito il governo aumenta la stampa di banconote, facendo crollare il valore del marco e provocando un processo inflazionistico che rende difficilissime le condizioni di vita della popolazione. I gruppi di estrema destra — tra i quali milita il piccolo Partito nazionalsocialista di Adolf Hitler — decidono allora di approfittarne per sferrare una campagna terroristica contro la classe dirigente.

## 7) La crisi della Ruhr

Quando la Germania chiede una moratoria sul pagamento dei debiti di guerra, Francia e Belgio occupano il bacino minerario della Ruhr (1923), la regione tedesca più sviluppata economicamente. Vi sono tentativi di insurrezione sia da parte dell'estrema sinistra ad Amburgo che da parte dell'estrema destra a Monaco, dove Hitler capeggia un *putsch* (colpo di Stato) il 23 novembre 1923, ma il governo riesce a sventarli entrambi e ad avviare una politica di stabilizzazione monetaria e di riconciliazione con la Francia. L'accordo con i vincitori viene infine trovato grazie alla mediazione del finanziere statunitense Charles G. Dawes, il quale presenta un piano finanziario, *Piano Dawes*, che, accettato sia dai francesi che dai tedeschi, dovrebbe consentire alla Germania di risollevarsi economicamente. Il successivo Patto di Locarno (1925) favorisce la distensione franco-tedesca, riconoscendo il mantenimento delle frontiere e la smilitarizzazione della Renania. La Germania, rinunciando ad ogni tentativo di riscossa, entra nel 1926 a far parte della Società delle Nazioni.

## 8) Il trionfo del nazismo in Germania

Dopo l'insurrezione di Monaco, Hitler è arrestato e condannato a cinque anni di reclusione. Ne sconta, però, solo uno, durante il quale scrive il libro *Mein Kampf* (*La mia battaglia*), in cui espone il suo credo nazionalista e razzista. Egli crede nell'esistenza di una razza superiore e conquistatrice, quella ariana, che identifica nei tedeschi; ebrei e comunisti, a loro volta, inquinano la purezza degli ariani e pertanto devono essere annientati. Il passo successivo sarebbe stato il recupero dei territori perduti (colonie) e l'espansione verso Est a danno dei popoli slavi, fino alla realizzazione completa del pangermanesimo.

**L'ascesa di Hitler.** Hitler aveva già fondato il *Partito nazionalsocialista dei lavoratori tedeschi* (1920), ovvero il Partito nazista, che comincia a ottenere consensi solo negli anni '30, a seguito della grande crisi. È allora che la maggioranza dei tedeschi perde ogni fiducia nella repubblica e nei partiti democratici e presta ascolto alla propaganda del nazismo, che promette un ritorno della Germania alla passata grandezza.

Nelle elezioni che si tengono tra il 1930 e il 1932, il Partito nazista diviene il primo partito tedesco e il maresciallo Hindenburg, presidente della Repubblica, convoca Hitler per formare il governo (30 gennaio 1933). La trasformazione della repubblica tedesca in dittatura avviene nel giro di pochi mesi. Il pretesto è l'incendio del *Reichstag* (il parlamento tedesco), per il quale viene accusato e arrestato un comunista olandese. Hitler mira all'eliminazione del parlamento e costringe il Reichstag, appena eletto, ad approvare una legge che conferisce pieni poteri (compreso quello di modificare la Costituzione) al governo.

Il governo, poco dopo, vara una legge che proclama il Partito nazionalsocialista unico partito tedesco, tanto che, nelle successive elezioni, esso ottiene il 92% dei voti. Restano solo due ostacoli: il primo è costituito dall'ala estrema del partito, rappresentata dalle SA (reparti d'assalto o camicie brune) di Ernst Röhm che vogliono una seconda rivoluzione; il secondo è costituito dalla vecchia destra conservatrice impersonata da Hindenburg e dall'esercito.

Hitler, intanto, ha provveduto a creare una sua milizia personale, le SS (reparti di difesa), che nella notte fra il 30 giugno e il 1° luglio 1934 — la cosiddetta «notte dei lunghi coltelli» — assassinano tutto lo stato maggiore delle SA compreso Röhm, la cui testa era richiesta anche dall'esercito che, alla morte di Hindenburg, nomina Hitler capo dello Stato.

Nasce così il *Terzo Reich*, cioè il terzo impero dopo il Sacro Romano Impero e la Germania di Bismarck, a capo del quale c'è il *führer* (duce), fonte suprema del diritto e guida del popolo. Al partito nazista e agli organismi ad esso collegati spettano il coinvolgimento e l'amma-estramento delle masse. In quest'attività si distingue Joseph Paul Go-ebbels, che assume la guida del settore propaganda: stampa tedesca, produzioni cinematografiche e lavori teatrali, sono asserviti ai voleri del regime attraverso la censura.

**La persecuzione degli ebrei.** Nel 1933, vengono promulgate alcune leggi in nome della superiorità della razza ariana. Una di esse prevede la sterilizzazione **eugenetica** forzata per chi è affetto da malattie eredita-rie, per i delinquenti e per i condannati per crimini a sfondo sessuale. Il 15 settembre del 1933 vengono varate le leggi di Norim-berga, che negano agli ebrei la cittadinanza tedesca e li escludono dalla vita politica.

> **Eugenetica:** disciplina che si propone il miglioramento ge-netico della specie umana. Si tratta però di un campo di stu-di molto pericoloso, che si presta facilmente a manipola-zioni e distorsioni ideologi-che, come nel caso della Ger-mania di Hitler, in cui l'euge-netica fu messa al servizio delle discriminazioni razziali.

Queste leggi provocano una massiccia fuga dal paese di migliaia di intellettuali e di artisti.

L'antisemitismo contagia tutti gli strati della società tedesca, dif-fondendosi particolarmente nella piccola borghesia. Il ceto medio tedesco aveva sofferto nel dopoguerra, e continuava a soffrire, enor-mi sacrifici e l'inflazione aveva vanificato in un lampo i piccoli rispar-mi accumulati in anni di lavoro. L'antisemitismo, col suo bagaglio di pregiudizi pseudoculturali, permette uno sfogo ai risentimenti accu-mulati: l'ebreo è finalmente il capro espiatorio sul quale poter sfoga-re il proprio astio; il «giudeo» è colui contro il quale ci si può sentire tutti tedeschi indipendentemente dalle proprie convinzioni politiche. Convinzioni di questo tipo portano moltissimi tedeschi ad aderire al nazismo.

**La politica estera hitleriana.** Hitler si pone, in campo estero, tre obiettivi fondamentali:

— l'annullamento di tutte le clausole del *Trattato di Versailles* che ha posto la Germania in una condizione di inferiorità rispetto alle altre potenze europee;

— l'accorpamento di tutti i tedeschi in un unico Stato, annettendo alla Germania l'Austria e i territori di altri paesi (come i Sudeti in Cecoslovacchia) abitati da minoranze tedesche;

— la creazione, in Europa orientale, del cosiddetto «spazio vitale» (*Lebensraum*) da cui la Germania avesse potuto ricavare materie prime e prodotti agricoli.

Dopo il riarmo della nazione tedesca, nel marzo 1938, l'Austria viene occupata militarmente e, nel giugno successivo, un plebiscito ne sancisce l'annessione (*Anschluss*) alla Germania. Di lì a poco, Hitler risolve anche la questione dei Sudeti, che, in seguito agli esiti della *Conferenza di Monaco* (29-30 settembre 1938), che pure era stata convocata dai principali capi di Stato europei con l'obiettivo di arginare la spinta espansionistica della Germania nazista, possono essere tranquillamente occupati dalle truppe tedesche tra il 1° e il 10 ottobre. Alcuni mesi dopo, il 15 marzo 1939, l'esercito nazista entra a Praga e occupa la Cecoslovacchia.

Al tempo stesso, Hitler ha provveduto a rafforzare i legami con gli altri regimi totalitari. Il 25 novembre 1936, infatti, è stato sottoscritto, con il Giappone, il Patto antiComintern, che, formalmente rivolto contro la Terza Internazionale, impegna i contraenti a concordare misure comuni per fronteggiare la minaccia comunista. Nel novembre 1937, aderisce al Patto anche l'Italia, con cui la Germania nazista ha già rafforzato i legami creando l'Asse Roma-Berlino (1936), seguito, dal Patto d'acciaio (1939), mediante il quale le due nazioni si impegnano a fornirsi totale e reciproco appoggio in caso di coinvolgimento in una guerra.

## 9) Medio Oriente, Cina e Giappone nel primo dopoguerra

**Lo scacchiere mediorientale.** Durante la guerra, le potenze dell'Intesa avevano tentato di strumentalizzare il nazionalismo dei popoli arabi soggetti all'impero ottomano. Tra il 1915 e il 1916 la Gran Bretagna si accorda con lo sceicco della Mecca Hussein promettendo, in cambio di una collaborazione militare, l'appoggio inglese alla creazione di un grande regno arabo indipendente. Hussein si impegna, quindi, in una guerra santa contro i turchi con l'aiuto del consigliere inglese T.E. Lawrence (il leggendario Lawrence d'Arabia), ma alla fine del conflitto il sogno del regno arabo è accantonato e, per placare gli animi, la Gran Bretagna crea due nuovi Stati nella sua zona d'influenza: l'Iraq e la Transgiordania.

Nel 1917 il governo inglese aveva riconosciuto, con una dichiarazione ufficiale del ministro degli Esteri Balfour, il diritto del movimento sionista di creare una sede nazionale per il popolo ebraico in Palestina. Benché la dichiarazione di Balfour salvaguardi i diritti civili e religiosi delle comunità non ebraiche, non fa alcuna menzione dei diritti politici, cosicché nel 1920-21 cominciano i primi scontri violenti tra coloni ebrei e residenti arabi.

Il **sionismo**, comunque, determina un notevole flusso immigratorio di ebrei in Palestina, tanto che, dopo che essa viene assegnata in mandato all'Inghilterra (1923), si parla a lungo, ma senza risultati concreti, della eventuale costituzione di uno Stato ebraico.

> **Sionismo:** il termine deriva dal nome ebraico *Sion*, che indicava una piccola collina compresa nella cinta fortificata di Gerusalemme, anche se gli ebrei se ne servivano pure per indicare la «città santa». Il movimento sionista, a sua volta, nasce nel 1897, fondato dallo scrittore ungherese Theodor Herzl, il quale gli dà forza e vigore animandolo col motivo tipicamente messianico del ritorno degli ebrei alla «terra promessa»: la Palestina.

**L'ascesa di Mao Tse-tung.** Alla fine del primo conflitto mondiale, il governo centrale cinese non è in grado di controllare l'immenso territorio posto sotto il suo dominio e si crea una situazione di semianarchia che risveglia l'agitazione nazionalista guidata dal Kuomintang con a capo Sun Yat Sen che, nel 1921, fonda un proprio governo a Canton con l'appoggio dei comunisti. Intanto le idee del Partito comunista cinese, guidato da Mao Tse-tung, si diffondono tra i contadini, tanto che nel novembre del 1931, nella regione del Kiang-si, viene proclamata la Repubblica cinese degli operai e dei contadini, di stampo sovietico, e Mao ne diventa il presidente.

Il 1° ottobre 1949, infine, dopo la lunga guerra civile tra comunisti e nazionalisti, Mao proclama la *Repubblica popolare cinese*, con un regime a partito unico e capitale Pechino.

## Test di verifica

### 1. Cos'è il *New Deal*?

❏ **a)** Il piano di pace redatto dal presidente statunitense Wilson nel 1918.

❏ **b)** Una nuova organizzazione del lavoro di fabbrica che si sviluppa negli anni venti del Novecento.

❏ **c)** Un piano finanziario proposto dall'amministrazione americana nel 1924 per risolvere la questione delle riparazioni di guerra alla Germania.

❏ **d)** L'insieme delle riforme adottate dal presidente americano Roosevelt per risolvere i problemi creati dalla crisi del 1929.

❏ **e)** L'espressione americana per definire il regime sovietico in Russia.

### 2. Cos'è la *Lega di Spartaco*?

❏ **a)** Un accordo segreto stipulato nel 1915 da Francia, Inghilterra, Russia e Italia.

❏ **b)** Un movimento rivoluzionario nato in Germania tra il 1914 e il 1915, nucleo del Partito comunista tedesco.

❏ **c)** Un giornale socialista che, alla vigilia della prima guerra mondiale, organizza una campagna per la neutralità dell'Italia.

❏ **d)** La corrente moderata del Partito socialdemocratico russo che si oppone alla rivoluzione sovietica del 1917.

❏ **e)** Un'associazione americana in difesa dei diritti dei neri.

### 3. Con quale espressione è ricordato l'assassinio, da parte delle SS, nella *notte tra il 30 giugno e il 1° luglio del 1934*, di tutto lo stato maggiore delle SA, le formazioni paramilitari del Partito nazista?

❏ **a)** Il «giovedì nero».

❏ **b)** La «grande purga».

❏ **c)** La «notte dei lunghi coltelli».

❑ **d)** La «grande svolta».
❑ **e)** La «notte dei cristalli».

4. **Quale patto l'Italia stringe *nel maggio 1939* con la Germania nazista?**

❑ **a)** Patto antiComintern
❑ **b)** Patto d'acciaio.
❑ **c)** Asse Roma-Berlino.
❑ **d)** Accordi di Locarno.
❑ **e)** La Triplice Alleanza.

5. **Cosa negano le *leggi di Norimberga*?**

❑ **a)** La libertà di stampa.
❑ **b)** L'esistenza di altri partiti all'infuori di quello nazionalsocialista.
❑ **c)** La cittadinanza tedesca agli ebrei.
❑ **d)** La procreazione ai delinquenti.
❑ **e)** La libertà di riunione e di associazione.

## Soluzioni e commenti

1. Risposta: **d)**. Il New Deal è il «**nuovo corso**» promosso dal democratico Roosevelt all'indomani della crisi del 1929.
2. Risposta: **b)**. Frange rivoluzionarie da cui nascerà il **Partito comunista tedesco**.
3. Risposta: **c)**. La notte dei **lunghi coltelli**.
4. Risposta: **b)**. Il **Patto d'acciaio**, preceduto, nel 1936, dall'Asse Roma-Berlino.
5. Risposta: **c)**. La **cittadinanza tedesca** agli ebrei, riservata solo agli ariani e affini.

# 12. L'Italia nel ventennio 1919-1939

## Di cosa parleremo

Nella seconda metà degli anni '20 l'Italia è soggetta ad un regime totalitario. La dittatura di Mussolini mostra immediatamente il suo volto violento con il delitto di Giacomo Matteotti e la soppressione di ogni libertà (*leggi fascistissime*). Il duce firma poi con la Chiesa i Patti lateranensi, per sancire i rapporti tra regime e Santa sede. Il fascismo attua una politica interna basata sul protezionismo, sul corporativismo e l'intervento statale a sostegno dell'industria. In politica estera, Mussolini manifesta le mire espansionistiche fasciste con l'invasione dell'Etiopia. Il regime poi si allontana dalle potenze democratiche per schierarsi con la Germania di Hitler (Asse Roma-Brerlino, Patto d'Acciaio).

### TAVOLA CRONOLOGICA

**1919** Nascita del partito popolare italiano. Costituzione dei Fasci di combattimento. D'Annunzio occupa Fiume.
**1920** Trattato di Rapallo e fine dell'occupazione di Fiume.
**1921** Nascita del Partito comunista italiano. Nascita del Partito nazionale fascista.
**1922** Marcia su Roma. Governo Mussolini. Istituzione del Gran consiglio del fascismo.
**1924** Delitto Matteotti e secessione dell'Aventino.
**1925** Inizio del regime fascista.
**1926** Leggi fascistissime. Arresto di Gramsci.
**1929** Patti lateranensi. Nascita a Parigi del movimento antifascista «Giustizia e libertà».
**1935** Invasione dell'Etiopia. Asse Roma-Berlino.
**1938** Legislazione antisemita in Italia.
**1939** Annessione dell'Albania all'Italia. Patto d'acciaio tra Italia e Germania.

## 1) Il malcontento italiano all'indomani del primo conflitto mondiale

Nel primo dopoguerra in Italia si assiste alla crisi della classe dirigente liberale, che favorisce la nascita nel 1919 del Partito Popolare

Italiano, fondato dal sacerdote don Luigi Sturzo, e l'incremento del Partito socialista che si afferma come primo partito d'Italia.

La divisione interna del PSI in tre schieramenti (gruppo riformista, gruppo massimalista e gruppo comunista) rende più debole la sinistra, incapace di superare la crisi sociale.

La situazione è resa ancor più difficile dall'insoddisfazione per i territori che l'Italia avrebbe dovuto ottenere nella Conferenza di Parigi (*vittoria mutilata*). La protesta sfocia nell'occupazione di Fiume da parte di D'Annunzio e di alcuni militari ribelli che proclamano l'annessione della città all'Italia e vi istituiscono una reggenza provvisoria.

Tra le organizzazioni di ispirazione nazionalistica si distinguono i Fasci di combattimento, un movimento fondato nel 1919 da Benito Mussolini, cui aderiscono soprattutto ex combattenti disoccupati.

## 2) Tensioni sociali e governi liberali

Tra il 1919-1920 l'Italia è attraversata da un'ondata di agitazioni sociali che determina una serie di scioperi organizzati dai sindacati sia nell'industria che nel settore dei servizi pubblici. Nel 1919 si verificano anche occupazioni delle terre dei latifondisti: i contadini, organizzati in leghe (*rosse* a guida socialista e *bianche* a guida cattolica), chiedono la riforma agraria, ma vengono facilmente sedati.

Le elezioni del 1919 sono le prime ad essere svolte con il *sistema di voto proporzionale*, fondato sul principio della corrispondenza tra i voti ottenuti dai diversi partiti e i seggi ad essi attribuiti. I risultati sono disastrosi per la vecchia classe dirigente e vedono l'affermazione dei socialisti come primo partito, seguiti dai popolari.

In campo estero, invece, vengono appianati i contrasti di confine con la Iugoslavia mediante la stipulazione del *Trattato di Rapallo* (12 novembre 1920), in virtù del quale l'Italia si vede assegnare parte delle Alpi Giulie e la città di Zara con le isole Cherso, Lussino, Lagosta e Pelagosta, mentre la Iugoslavia ottiene la Dalmazia. Fiume è dichiarata città libera. Nel settembre del 1920, la FIOM (Federazione italiana operai metalmeccanici) ordina ai suoi iscritti di occupare le fabbriche. Sul piano sindacale l'occupazione è un successo, ma su quello politico le aspettative non sono minimamente soddisfatte. Tale conclusione accentua le divisioni all'interno del PSI, sicché, durante il congresso socialista del 1921, a Livorno, la corrente di sinistra guidata da Gramsci e Togliatti si scinde per fondare il *Partito comunista*.

## 3) L'avvento del fascismo

Il 23 marzo 1919 Benito Mussolini fonda il movimento dei *Fasci di combattimento*, che inizialmente si schiera a sinistra dichiarandosi repubblicano e chiedendo riforme sociali. L'esaltazione della forza e della violenza rimane una costante del nuovo movimento che, nel 1919, si struttura militarmente: i militanti, vestiti di una camicia nera, sono inquadrati in squadre di azione. Ha inizio, così, il fenomeno dello *squadrismo*, in virtù del quale le «camicie nere» cominciano a compiere spedizioni punitive contro le organizzazioni socialiste e popolari, sostenute dagli industriali e da vari organi dello Stato. Nelle elezioni del 1921, l'inserimento dei fascisti nella lista «blocco nazionale» permette a 35 di essi l'ingresso in parlamento. Nello stesso anno Mussolini fonda il *Partito nazionale fascista* (PNF) per meglio inserirsi nel gioco politico ufficiale.

Durante il congresso fascista tenutosi a Napoli pochi mesi dopo, viene decisa una *marcia su Roma* che ha luogo il 28 ottobre. Il governo Facta dichiara lo stato d'assedio: l'esercito potrebbe facilmente sbarazzarsi delle squadre fasciste, ma il re Vittorio Emanuele III si rifiuta di firmare la proclamazione dello stato d'assedio e, dopo le dimissioni di Facta, incarica Mussolini di formare un nuovo governo. Il 30 ottobre migliaia di «camicie nere» entrano a Roma.

## 4) La dittatura di Mussolini

Una volta al potere, Mussolini crea il *Gran consiglio del fascismo* — principale organo ispiratore delle politiche del governo — e inquadra le squadre fasciste nella *Milizia volontaria per la sicurezza nazionale*, un vero corpo armato del partito che attacca con violenza ogni forma di opposizione. Può poi contare sull'appoggio del potere economico e sul sostegno della Chiesa: il nuovo papa Pio XI, infatti, riconosce al fascismo il merito di aver fermato l'ondata rivoluzionaria socialista. Per rafforzare la propria maggioranza parlamentare, il governo Mussolini, in occasione delle elezioni del 1924, cambia la legge elettorale passando al *sistema di voto maggioritario*, in base al quale il candidato che ottiene il maggiore numero di voti si attribuisce il seggio. Il nuovo meccanismo elettorale attribuisce ben il 65% dei suffragi alla lista di Mussolini, il quale ne approfitta per intensificare le aggressioni contro i deputati dell'opposizione.

**La secessione dell'Aventino.** Il 10 giugno 1924, pochi giorni dopo aver pronunciato in parlamento una dura requisitoria contro il fascismo, il segretario del Partito socialista unitario, Giacomo Matteotti, viene rapito a Roma da un gruppo di squadristi e ucciso a pugnalate: il suo cadavere verrà ritrovato solo due mesi dopo. Le responsabilità di Mussolini vengono coperte dall'immunità di cui gode. In segno di protesta, i deputati dell'opposizione abbandonano il parlamento dando luogo alla cosiddetta secessione dell'Aventino, così denominata in analogia con l'episodio avvenuto nel 494 a.C., quando i plebei si ritirarono sull'Aventino per protesta contro gli aristocratici.

Nel 1926, Mussolini riacquista il controllo completo della situazione e decreta la soppressione di ogni libertà attraverso i seguenti provvedimenti, denominati leggi fascistissime: «fascistizzazione» della stampa, persecuzione degli antifascisti, rafforzamento dei poteri del capo del Governo, reintroduzione della pena di morte e scioglimento di tutti i partiti, tranne quello fascista.

## Spunti di **interdisciplinarità**

**L'ARTE DEL CONSENSO**
La dittatura intraprende la costruzione della città fascista, espressione dell'architettura razionalista e della nuova organizzazione ideologica del territorio con la creazione di uno stile fascista, magniloquente e statista (Stracittà). Agli artisti

vengono offerte molte committenze pubbliche, tutte volte ad esaltare retoricamente il nuovo regime, le colonie conquistate e infine il risorto impero romano: è *l'arte del consenso* sostenuta da artisti convinti assertori dell'ideologia fascista. Agli oppositori non rimane altra possibilità che il tacere.

Per l'arte del consenso notevole importanza assume l'opera del pittore Mario Sironi, che, al di là della sua convinta adesione al fascismo e del suo impegno per costruire un'arte al servizio dell'ideologia di regime, riesce a connotare una concezione pessimistica del destino dell'uomo e un'esaltazione dei valori della civiltà. Nel *Manifesto della pittura murale* del 1933, pubblicato con Carrà, Campigli e Funi, Sironi dichiara che la pittura murale è l'espressione più autentica dello «stile fascista» e in essa deve prevalere l'elemento stilistico su quello emozionale: questo stile deve essere «antico e allo stesso tempo nuovissimo». Sironi partecipò attivamente alla «Mostra della rivoluzione fascista» a Roma nel 1933, i cui aspetti peggiori diventarono i canoni di riferimento per una vasta schiera di operatori artistici, tutti accomunati da un grande conformismo ideologico e da una produzione propagandistica interessante solo come documento storico.

## 5) L'Italia fascista

**La conciliazione tra Stato e Chiesa.** Nel 1929 Mussolini firma con la Santa Sede i *Patti lateranensi*, che rappresentano, per il fascismo, un grande successo politico. I Patti lateranensi si articolano in tre parti: un *trattato internazionale* con cui la Santa Sede riconosce lo Stato italiano, mentre il governo italiano, a sua volta, riconosce lo Stato della Città del Vaticano; una *convenzione finanziaria* con cui l'Italia si impegna a pagare un'indennità per risarcire il Vaticano dei territori persi; un *Concordato* che regola i rapporti tra regno d'Italia e Chiesa: esonero dal servizio militare per i sacerdoti, validità civile del matrimonio religioso, insegnamento della religione nelle scuole pubbliche, libertà di azione per le organizzazioni cattoliche.

**I poteri del duce.** Altro limite al totalitarismo fascista è rappresentato dal re, cui spettano il comando supremo delle forze armate, la scelta dei senatori, la nomina e la revoca del capo del Governo. In realtà, pur lasciando formalmente in vigore lo Statuto albertino, Mussolini lo priva di ogni significato. Inoltre, il potere legislativo viene delegato al governo, mentre assume una valenza istituzionale il Gran consiglio del fascismo, il cui parere, a partire dal 1928, diventa obbligatorio per le questioni di carattere costituzionale.

**Il controllo sulla società.** Nonostante l'aumento dell'urbanizzazione e del numero degli occupati, la società resta arretrata. Il fascismo, trova i suoi sostenitori tra la borghesia medio-piccola e soprattutto tra i giovani inquadrati nelle organizzazioni di regime (Comitato olimpico nazionale, i Fasci giovanili, i Gruppi universitari fascisti, l'Opera nazionale Balilla, i Figli della Lupa) e controlla nella scuola anche mediante la *riforma scolastica Gentile* (1923), che cerca di accentuare la severità degli studi privilegiando le discipline umanistiche e rafforzando il controllo sugli insegnanti, cui viene imposto il giuramento di fedeltà al regime. Nel 1931, entra in vigore anche un nuovo codice penale, il *Codice Rocco*, col quale viene ripristinata la pena di morte anche per i reati non politici.

> **Corporativismo:** teoria politica che mira a superare i conflitti tra capitale e lavoro, organizzando lo Stato e la società civile sulla base della rappresentanza degli interessi economici e professionali. Nell'Italia fascista il sistema corporativo fu realizzato tramite un intervento autoritario dello Stato, che impose la costituzione di corporazioni a base economica e di mestiere.

**La politica interna.** Il fascismo crede di individuare nel **corporativismo** la terza via tra capitalismo e socialismo.

Il corporativismo fascista, i cui principi generali sono enunciati, nel 1927, nella *Carta del lavoro*, vengono poi istituzionalizzati con la creazione delle *corporazioni* (1934), raggruppanti imprenditori e lavoratori nelle diverse categorie, e con la fondazione della *Camera dei fasci e delle corporazioni* (1939), che sostituisce la Camera dei deputati.

Nel 1925, intanto, lo Stato è già passato a una linea protezionistica, puntando sulla **deflazione**, sulla stabilizzazione della lira e su un maggiore coinvolgimento del settore pubblico in campo economico (Stato imprenditore).

L'intervento statale maggiore si ha in campo industriale e creditizio con la creazione dell'IMI (*Istituto mobiliare italiano*) e dell'IRI (*Istituto per la ricostruzione industriale*): il primo ha il compito di sostituire

> **Deflazione:** la deflazione è una fase economica caratterizzata dalla contrazione o da un sensibile rallentamento della produzione, dei redditi e dell'occupazione. Per politica deflazionistica si intende l'adozione di misure monetarie o di bilancio miranti a ridurre la liquidità, cioè la quantità di denaro circolante, col fine di ridurre l'inflazione.

le banche nel sostegno all'industria; il secondo, valendosi di fondi statali, rileva le partecipazioni industriali dalle banche in crisi, acquisendo il controllo di alcune importanti imprese.

**La politica estera.** Le aspirazioni coloniali dei nazionalisti portano, senza alcuna dichiarazione di guerra, all'invasione dell'Etiopia (1935), uno Stato indipendente, appartenente alla Società delle Nazioni. Francia e Gran Bretagna condannano l'invasione e adottano sanzioni nei confronti dell'Italia consistenti nel divieto di esportarvi merci a uso bellico. Dopo sette mesi in cui gli etiopici, sotto la guida del negus Hailé Selassié, resistono agli attacchi, il 5 maggio 1936 le truppe italiane comandate dal maresciallo Badoglio entrano in Addis Abeba. La conquista dell'Etiopia non produce risvolti economici positivi per il nostro paese, ma si traduce in un enorme successo politico di Mussolini. L'avvicinamento alla Germania e il varo della legislazione **antisemita** (1938) suscitano però dissensi tra la popolazione, diffidente anche a causa della politica dell'autarchia, orientata all'autosufficienza dello

> **Antisemitismo:** l'ostilità verso gli ebrei è un sentimento fortemente diffuso nella società europea, soprattutto a partire dalla diffusione del cristianesimo. Nei secoli XIX e XX ha acquistato una dimensione nuova con l'avvento del nazionalismo e dei fascismi. L'antisemitismo, analogamente ad altre forme di razzismo, si è spesso manifestato in forma estremamente violenta, dai pogrom allo sterminio scientificamente programmato della Shoah. Recentemente l'antisemitismo sopravvive in ruolo marginale sia nel vicino Oriente, per contrapposizione allo stato di Israele, sia nei paesi dell'Est europeo.

Stato dall'estero mediante la riduzione di esportazioni e importazioni.

## Test di verifica

**1. Quale episodio è denominato _secessione dell'Aventino_?**

- ❑ **a)** La scissione dal PSI, durante il congresso socialista del 1921, della corrente di sinistra guidata da Gramsci e Togliatti.
- ❑ **b)** La sostituzione, nel 1939, della Camera dei deputati con la «Camera dei fasci e delle corporazioni».
- ❑ **c)** L'abbandono del parlamento, nel 1924, da parte dei deputati dell'opposizione al governo Mussolini, in segno di protesta per l'uccisione di Giacomo Matteotti.
- ❑ **d)** L'introduzione, nel 1924, di un nuovo meccanismo elettorale.
- ❑ **e)** La condanna del fascismo da parte di un nutrito gruppo di intellettuali italiani.

**2. Chi nel 1919 in segno di protesta per la _vittoria mutilata_ occupa la città di Fiume?**

- ❑ **a)** Mussolini.
- ❑ **b)** D'Annunzio.
- ❑ **c)** Nitti.
- ❑ **d)** Gentile.
- ❑ **e)** Gramsci.

**3. Quale gruppo politico _nel 1921_ si distacca dal PSI?**

- ❑ **a)** Il gruppo comunista.
- ❑ **b)** Il gruppo massimalista.
- ❑ **c)** Il gruppo riformista.
- ❑ **d)** Il gruppo socialnazionalista.
- ❑ **e)** Il gruppo fascista.

**4. In che anno le truppe italiane entrano in Addis Abeba?**

- ❑ **a)** 1928.
- ❑ **b)** 1936.

**12.** L'Italia nel ventennio 1919-1939

- ❑ **c)** 1938.
- ❑ **d)** 1926.
- ❑ **e)** 1922.

**5. Chi, tra i seguenti uomini politici, *non è costretto all'esilio*?**

- ❑ **a)** Togliatti.
- ❑ **b)** Pertini.
- ❑ **c)** Saragat.
- ❑ **d)** Gramsci.
- ❑ **e)** Tutti.

## Soluzioni e commenti

1. Risposta: **c)**. Indignati per il feroce assassinio di **Giacomo Matteotti**, i deputati dell'opposizione abbandonano il parlamento (secessione dell'Aventino) come fecero nel 494 a.C. i plebei ritirandosi sull'Aventino per protestare contro i patrizi.
2. Risposta: **b)**. Lo scrittore **Gabriele D'Annunzio**.
3. Risposta: **a)**. Il gruppo comunista capeggiato da Gramsci e Togliatti fonda il **PCI** e aderisce alla Terza Internazionale.
4. Risposta: **b)**. Nel **1936**.
5. Risposta: **d)**. **Antonio Gramsci**, che muore in carcere.

# 13. La seconda guerra mondiale

## Di cosa parleremo

Lo scontro che divampa tra il 1939 e il 1945 è stato definito «totale» per il coinvolgimento di tutte le nazioni ed anche della popolazione civile. Uno scontro anche ideologico, tra «democrazie» occidentali e totalitarismi fascisti, che mobilita migliaia di partigiani nei movimenti di resistenza. L' Europa assiste impotente allo sterminio degli ebrei da parte dei nazisti.

### TAVOLA CRONOLOGICA

**1939** Allo scoppio della seconda guerra mondiale, Mussolini dichiara la non belligeranza dell'Italia. Le truppe tedesche invadono la Polonia. Patto di non aggressione Molotov-Ribbentrop. Francia e Inghilterra dichiarano guerra alla Germania. L'URSS invade la Polonia orientale.

**1940** L'Italia entra in guerra a fianco della Germania e invade la Grecia. L'Italia stipula un patto con Giappone e Germania. Fine della II Repubblica in Francia e nascita del governo collaborazionista di Vichy.

**1941** L'Italia e la Germania dichiarano guerra agli USA. I tedeschi invadono l'URSS. Il Giappone dichiara guerra agli USA ed attacca Pearl Harbor. Gli USA entrano in guerra.

**1943** Sbarco anglo-americano in Sicilia. Caduta di Mussolini e nascita del governo Badoglio. Armistizio dell'Italia con gli Alleati. Formazione del Comitato di liberazione nazionale (CLN). Proclamazione della Repubblica di Salò. I tedeschi si arrendono a Stalingrado.

**1944** Liberazione di Roma. Sbarco alleato in Normandia. Liberazione di Parigi.

**1945** Fucilazione di Mussolini. Conferenza di Jalta. L'Armata Rossa occupa Berlino. Suicidio di Hitler e resa della Germania. Gli USA sganciano bombe atomiche su Hiroshima e Nagasaki.

## 1) La Germania nazista all'assalto dell'Europa

Causa principale della seconda guerra mondiale sono le mire egemoniche della Germania di Hitler, decisa a riconquistare il predominio su Francia e Gran Bretagna che, d'altronde, non sono disposte a rinunciare ai privilegi ottenuti con la pace di Parigi. Anche il dissidio tra Giappone e Stati Uniti per la supremazia nel Pacifico e gli attriti dell'Italia con le democrazie europee giocano un ruolo importante.

Lo scoppio del conflitto è innescato dalle pretese che Hitler avanza sulla Polonia: la cessione di Danzica e del «corridoio polacco» (che divideva in due il Reich). In risposta alle mire tedesche, Francia e Gran Bretagna stringono un accordo con la Polonia, che rifiuta l'ultimatum di Hitler. Assicuratosi con il patto Molotov-Ribbentrop l'approvazione dell'URSS, Hitler invade la Polonia il 1° settembre 1939. Il 3 settembre Francia e Gran Bretagna dichiarano guerra alla Germania, mentre lo stesso giorno Mussolini annuncia la non belligeranza dell'Italia.

**L'Europa alla vigilia della seconda guerra mondiale (1939)**

## 2) Vicende e protagonisti del secondo conflitto mondiale

**Il fronte orientale.** La Polonia è sottomessa con una «guerra lampo», grazie alle operazioni congiunte di aviazione e forze corazzate. Nel frattempo i russi, in base al *Patto Molotov-Ribbentrop*, occupano la zona est del paese e, il 30 novembre, l'URSS attacca la Finlandia, mentre la Germania dichiara guerra alla Danimarca e alla Norvegia: nella primavera del 1940, Hitler controlla gran parte dell'Europa centro-settentrionale, mentre l'Unione Sovietica occupa le repubbliche baltiche (Estonia, Lettonia e Lituania).

**Il fronte occidentale.** Il 10 maggio 1940 Hitler attacca la Francia e, con una nuova «guerra lampo», i tedeschi aggirano la linea fortificata Maginot, occupando Olanda e Lussemburgo (15 maggio) e poi il Belgio (28 maggio). Contemporaneamente i tedeschi attaccano lo schieramento franco-britannico sulle *Ardenne* sconfiggendo i francesi a *Sedan*. L'esercito franco-inglese, preso in una morsa, si imbarca a *Dunkerque* e ripara in Inghilterra. Il 14 giugno 1940 i tedeschi entrano a Parigi. L'armistizio sottoscritto dal generale francese Pètain presenta condizioni gravose: la Francia settentrionale, con Parigi, è sotto il potere militare tedesco, quella meridionale, con capitale a Vichy, è guidata dal collaborazionista Pètain. Il generale Charles De Gaulle lancia, da Londra, un appello per incitare i francesi a continuare a combattere a fianco degli alleati. Solo la Gran Bretagna, guidata da Winston Churchill, decide di resistere ad oltranza alla Germania che, il 1° settembre, inizia massicci bombardamenti sulle città britanniche. I tedeschi subiscono la prima sconfitta ad opera della *Royal Air Force* (RAF), che si serve del radar, da poco inventato.

**L'intervento italiano.** Il 10 giugno 1940, credendo che la guerra stia per finire, Mussolini si schiera a fianco della Germania nazista, ma l'Italia non è preparata ad affrontare un conflitto, sicché l'offensiva delle Alpi, sferrata contro i francesi si rivela un fallimento e l'armistizio chiesto dalla Francia apporta solo lievi rettifiche ai confini. Esito analogo ha l'attacco sferrato dalle truppe italiane in Libia contro l'Egitto. Nel dicembre 1940, gli inglesi conquistano parte del territorio libico, Mussolini è costretto a chiedere aiuto alle truppe tedesche del generale Rommel, che riescono a scacciare gli inglesi. Il 28 ottobre 1940, l'esercito italiano attacca la Grecia ma viene respinto sulle posizioni di partenza. Nel 1941, l'Italia perde poi anche i suoi possedimenti in Africa orientale.

**Il Patto tripartito.** Il 27 settembre 1940, Germania, Italia e Giappone sottoscrivono a Berlino il *Patto tripartito*, con cui fissano le rispettive sfere d'influenza in Europa e in Asia. Inoltre, si garantiscono reciproca assistenza economica e militare nel caso di un attacco degli USA, finora neutrale.

**La campagna russa.** Non avendo più rivali in Europa, Hitler decide avviare l'«operazione Barbarossa», cioè l'invasione dell'URSS, congiuntamente all'alleato italiano, alla Finlandia e ai paesi europei satelliti della Germania.

Nonostante i successi iniziali, che causano lo sterminio di milioni di prigionieri ed ebrei caduti nelle mani dei tedeschi, l'avanzata nazista si arresta alle porte di *Stalingrado* sul Volga.

**L'intervento americano.** Durante l'incontro tra il presidente americano Roosevelt e il ministro inglese Churchill (14 agosto 1941) sulla corazzata *Prince of Wales*, nell' Atlantico, viene stilata la *Carta atlantica*, un documento in otto punti che indica l'orientamento degli USA a schierarsi a fianco dell'Inghilterra, in difesa della libertà contro il nazifascismo. Ad accelerare l'entrata degli USA in guerra è l'attacco alla flotta americana ancorata a Pearl Harbor, nelle Hawaii, da parte del Giappone. Subito dopo, anche Germania e Italia dichiarano guerra agli USA.

**La svolta del 1942-43.** L'esercito britannico sconfigge a *El Alamein*, in Egitto, il contingente italo-tedesco che, chiuso in una morsa dallo sbarco degli alleati, è costretto alla resa. I capi di Stato dei paesi alleati (Gran Bretagna, Stati Uniti, Unione Sovietica) si incontrano a *Washington* (gennaio 1942) e sottoscrivono il *Patto delle Nazioni Unite*, con cui si impegnano a rispettare la Carta atlantica e a combattere il nazifascismo. Si apre la strada per uno sbarco degli anglo-americani in Italia (giugno 1943). Da Pantelleria, gli alleati passano alla conquista della Sicilia, salutati dalla popolazione come liberatori.

## 3) Lo sterminio degli ebrei

La campagna antisemita si estende in tutta Europa, dove peggiorano le condizioni di vita degli ebrei, costretti a portare una stella gialla di riconoscimento e privati di ogni segno di dignità umana. Con l'occupazione tedesca della Russia inizia il massacro ebraico e le deportazioni nei campi di concentramento dove si compie l'**olocausto**.

> **Olocausto:** genocidio degli ebrei. Nella religione ebraica il termine indicava il rito consistente nel sacrificio di una vittima mediante combustione completa.

Ad Auschwitz migliaia di ebrei muoiono all'interno delle camere a gas o per le torture subite, in esperimenti definiti «scientifici» dalle SS, altri sono costretti ai lavori forzati. Muoiono nei campi di concentramento anche zingari, detenuti politici, omosessuali e malati di mente. La «soluzione finale» è applicata anche nella Repubblica Sociale Italiana: la deportazione più massiccia avviene a Roma il 16 ottobre 1943, quando vengono rastrellate 1259 persone, deportate ad Auschwitz.

## 4) La caduta del fascismo e la Resistenza in Italia

La destituzione di Mussolini è determinata da una congiura tra moderati, conservatori e corona. Il 24 luglio 1943, il duce è costretto a convocare il Gran consiglio del fascismo, da cui viene messo in minoranza. Appena il giorno dopo è arrestato su ordine del re, Vittorio Emanuele III, che riprende il comando supremo delle forze armate e nomina capo del Governo il maresciallo *Pietro Badoglio*. Il Partito fascista, con tutte le sue organizzazioni collaterali, scompare nel nulla prima ancora che Badoglio lo sciolga d'autorità: un crollo inglorioso, spiegabile con le debolezze interne del sistema e con il discredito che le sconfitte hanno portato.

13. La seconda guerra mondiale

**L'armistizio.** L'8 settembre 1943 viene annunciato l'armistizio tra Italia e alleati. Il re e Badoglio fuggono a Brindisi sotto la protezione degli angloamericani, abbandonando la parte centro-settentrionale dell'Italia sotto l'occupazione germanica; le truppe italiane, prive di direttive, non riescono a opporsi ai tedeschi: 600.000 militari sono fatti prigionieri e deportati nella patria del nazismo.

**Il Comitato di liberazione nazionale.** Il 12 settembre 1943 un commando tedesco libera Mussolini che dà vita, nell'Italia centro-settentrionale uno Stato fascista dipendente dai tedeschi, con lo scopo di combattere il movimento partigiano.

Quest'ultimo, articolato in formazioni armate, compie azioni di disturbo e di sabotaggio ai danni dei tedeschi, i quali rispondono a ogni attacco con dure rappresaglie. Nate come associazioni spontanee, le brigate organizzate dai partigiani si dividono successivamente in base all'orientamento politico.

Il CLN si trova presto in contrasto con il governo Badoglio che, nell'ottobre 1943, dichiara guerra alla Germania; tale contrasto è risolto dall'intervento del comunista Palmiro Togliatti — rientrato in Italia dopo un esilio in URSS durato vent'anni — che propone la formazione di un governo di unità nazionale. Vittorio Emanuele III trasmette i suoi poteri al figlio Umberto, che dopo la liberazione di Roma, nel giugno 1944, assume la luogotenenza generale del Regno; Badoglio allora si dimette e il nuovo governo, presieduto da *Ivanoe Bonomi*, è più direttamente legato al movimento partigiano.

**La Resistenza.** Soltanto nel 1945 la *Resistenza*, anche grazie all'offensiva alleata, riuscirà a liberare l'Italia definitivamente dall'occupazione tedesca. Il 25 aprile, il CLN dà l'ordine dell'insurrezione generale, mentre Mussolini, che cerca di fuggire in Svizzera dopo avere inutilmente tentato di trattare la resa con il CLN, viene bloccato a Dongo da un gruppo di partigiani ed è giustiziato assieme alla sua amante, Claretta Petacci (28 aprile), dopodiché il suo cadavere, impiccato per i piedi, viene esposto in piazzale Loreto a Milano. La Resistenza dà al popolo italiano il giusto riscatto, ma il prezzo pagato è comunque altissimo: 45.000 deportati nei lager nazisti, 35.000 partigiani caduti, stragi terribili come quelle della cascina Benedicta, delle Fosse Ardeatine, di Cuminiana.

## Spunti di **interdisciplinarità**

### PRIMO LEVI

Lo scrittore torinese Primo Levi, nato nel 1919 da una famiglia ebraica, è una delle più importanti voci dell'antifascismo nella letteratura italiana. Si laurea in chimica e, nel 1941, trova lavoro a Milano presso una fabbrica di medicinali, prende contatto con esponenti dell'antifascismo e nel 1942 entra nel Partito d'Azione. Dopo la caduta del fascismo fa il partigiano in Val d'Aosta dove, nel dicembre 1943, viene catturato e deportato nel campo di sterminio di Auschwitz, dove rimane dal febbraio 1944 al gennaio 1945. Rientrato a Torino dopo un viaggio di circa cinque mesi che descriverà ne *La tregua*, Levi trova lavoro presso una fabbrica di vernice e cerca di inserirsi nella vita normale, dopo la disumana esperienza del lager; intanto scrive il suo più famoso romanzo, *Se questo è un uomo*. Nelle sue opere ritornano le esperienze traumatiche del lager, cui non è forse arbitrario legare la sua tragica fine: muore suicida a Torino nel 1987.

## 5) La disfatta hitleriana e gli attacchi atomici contro il Giappone

Nella *Conferenza di Teheran* (1943) Stalin incontra Roosevelt e Churchill, ottenendo l'impegno di uno sbarco alleato sulle coste francesi. Il 6 giugno 1944, il *D Day*, gli alleati, guidati dal generale statunitense Eisenhower, sbarcano in Normandia sfondando le difese tedesche: il 25 agosto i reparti del generale De Gaulle entrano a Parigi, già liberata dai partigiani.

Alla fine del 1944, la Germania è virtualmente sconfitta. L'alleanza tra Stati capitalisti e paesi socialisti è consolidata dalla *conferenza di Mosca* (ottobre 1944), dove Stalin e Churchill decidono le future sfere d'influenza nel dopoguerra. Nella *Conferenza di Jalta* (febbraio del 1945), Churchill, Stalin e Roosevelt si accordano sulla sistemazione

13. La seconda guerra mondiale

politico-territoriale del mondo dopo la vittoria, stabilendo la costituzione di una organizzazione internazionale per la difesa della pace e della sicurezza mondiale, l'*ONU* (Organizzazione delle Nazioni Unite).

Il 28 aprile 1945, i russi conquistano Berlino. Due giorni dopo Hitler si suicida e la Germania firma l'atto di capitolazione. Solo i giapponesi rifiutano la resa, ricorrendo anche all'uso dei kamikaze (letteralmente «vento divino»): gli aerei nipponici carichi di esplosivo che si lanciano contro obiettivi navali nemici. Il 6 agosto 1945 il presidente statunitense Harry Truman ordina di sganciare il primo ordigno nucleare su *Hiroshima* e il 9 agosto su *Nagasaki*: le due città sono completamente distrutte e la contaminazione tocca tutti i sopravvissuti, con effetti devastanti per intere generazioni. Il 15 agosto, quando l'URSS dichiara guerra al Giappone, l'imperatore Hirohito firma, il 2 settembre 1945, l'armistizio che segna la fine della seconda guerra mondiale.

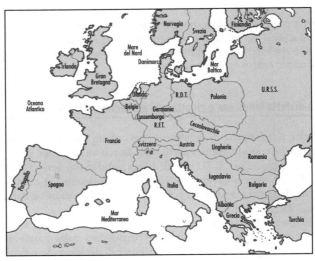

**L'Europa dopo la seconda guerra mondiale**

## Test di verifica

1. **Quale evento determina il vero e proprio intervento degli *Stati Uniti* nel secondo conflitto mondiale?**

   - ❏ **a)** L'invasione della Russia da parte della Germania.
   - ❏ **b)** L'aggressione giapponese alla flotta americana ancorata a Pearl Harbor, nelle Hawaii.
   - ❏ **c)** L'attacco alla Grecia da parte dell'esercito italiano.
   - ❏ **d)** La sottoscrizione del *Patto tripartito* tra Germania, Italia e Giappone.
   - ❏ **e)** L'intensificarsi delle persecuzioni contro gli ebrei.

2. **Chi è il *presidente statunitense* che nell'agosto del 1945 dà l'ordine di usare la bomba atomica su due città nipponiche?**

   - ❏ **a)** Harry Spencer Truman.
   - ❏ **b)** David Dwight Eisenhower.
   - ❏ **c)** Franklin Delano Roosevelt.
   - ❏ **d)** Thomas Woodrow Wilson.
   - ❏ **e)** Richard Nixon.

3. **Chi subentra a Mussolini dopo l'armistizio dell'*8 settembre*?**

   - ❏ **a)** Vittorio Emanuele III.
   - ❏ **b)** Crispi.
   - ❏ **c)** Badoglio.
   - ❏ **d)** Umberto II.
   - ❏ **e)** Bonomi.

4. **In che anno Mussolini dà vita alla *Repubblica Sociale Italiana* con capitale Salò?**

   - ❏ **a)** 1945.
   - ❏ **b)** 1944.
   - ❏ **c)** 1926.

13. La seconda guerra mondiale

□ **d)** 1922.

□ **e)** 1943.

5. **Dopo la** *liberazione di Roma* **(giugno 1944) da chi è presieduto il nuovo governo?**

□ **a)** Gentile.

□ **b)** Badoglio.

□ **c)** De Gasperi.

□ **d)** Bonomi.

□ **e)** Togliatti.

## Soluzioni e commenti

1. Risposta: **b)**. L'aggressione subita dalla flotta americana a **Pearl Harbor**, da parte del Giappone (7 dicembre 1941).

2. Risposta: **a)**. Il presidente statunitense **Harry Truman**.

3. Risposta: **c)**. Il maresciallo **Pietro Badoglio**.

4. Risposta: **e)**. Il **12 settembre 1943**, quando Mussolini viene liberato dai tedeschi.

5. Risposta: **d)**. Da **Ivanoe Bonomi**, legato al movimento di liberazione dei partigiani.

# 14. Il secondo dopoguerra

## Di cosa parleremo

Negli anni '50 si assiste alla «guerra fredda» tra USA ed URSS, agli interventi americani per risollevare l'economia europea (*Piano Marshall*) e alla nascita di organizzazioni atte a regolamentare i rapporti economici e politici mondiali (ONU, CEE, FAO, UNESCO etc.) e militari (NATO). La Germania, uscita sconfitta dalla guerra, viene divisa in due Stati (Repubblica Federale Tedesca e Repubblica Democratica Tedesca).

In Italia i cittadini votano per la prima volta con suffragio universale per la Costituzione della repubblica (1 gennaio 1948). La Gran Bretagna avvia la politica assistenziale (Welfare State) mentre in Russia Krusciov quella di destalinizzazione. Nel 1947 l'ONU vota la spartizione della Palestina: nasce lo Stato d'Israele.

### TAVOLA CRONOLOGICA

**1946** Abdicazione di Vittorio Emanuele III. Referendum istituzionale e proclamazione della Repubblica italiana (2 giugno). Conferenza di pace a Parigi.

**1948** Entrata in vigore della Costituzione italiana. Successo elettorale della Democrazia Cristiana. Luigi Einaudi presidente della Repubblica. Approvazione del *Piano Marshall*.

**1949** Divisione della Germania in Repubblica Federale e Repubblica Democratica. Nascita della NATO. Mao Tse-tung fonda la Repubblica popolare cinese.

**1954** Restituzione di Trieste.

**1957** Nascita della CEE e dell'EURATOM.

**1958** De Gaulle è presidente della Repubblica in Francia.

## 1) La divisione del mondo in sfere d'influenza

Alla fine del conflitto l'Europa si ritrova divisa in due: nella parte orientale, sotto l'influenza russa, sono istituiti regimi comunisti, mentre nella parte occidentale, sotto l'influenza americana, si rafforza la consistenza delle repubbliche democratiche.

L'Europa ha ormai perso la propria centralità politica ed economica per lasciare spazio alle due superpotenze, USA e URSS, divise da una *cortina di ferro*, come la definisce Churchill. L'avvicinamento degli USA agli Stati minacciati dall'URSS e la messa a punto della bomba atomica da parte degli URSS porta alla cosiddetta *guerra fredda*, una sorta di conflitto incruento e non dichiarato che provoca tensione nel mondo.

## 2) La guerra di Corea

Il primo conflitto «indiretto» tra le due superpotenze mondiali è la *guerra di Corea* (1950-53) tra la Corea del nord, comunista ed appoggiata dall'URSS, e la Corea del sud, filoamericana.

La crisi coreana si conclude il 27 luglio 1953, quando Corea del Nord e Corea del Sud firmano l'*Armistizio di Panmunjom*, in virtù del quale viene ristabilita la linea di confine lungo il 38° parallelo, si delimita una zona-cuscinetto smilitarizzata ed entrambi i paesi vengono riconosciuti dall'ONU, rimandando agli anni successivi la sottoscrizione di una pace vera e propria.

## 3) L'economia europea e il *Piano Marshall*

Nel secondo dopoguerra la ripresa economica europea avviene grazie al flusso di aiuti americani: tra il 1946-1947 ne beneficia anche l'Unione Sovietica, mentre nel 1948 gli interventi diventano più cospicui e prendono il nome di *European Recovery Program* (ERP) o, più comunemente, *Piano Marshall*, dal nome del segretario di Stato americano George Catlett Marshall che, in un discorso tenuto all'università di Harvard nel giugno del 1947, invita gli Stati europei a elaborare un programma di ricostruzione economica che gli USA avrebbero finanziato. Il *Piano Marshall* riversa sulle economie europee 13 miliardi di dollari fra materie prime, beni di consumo, risorse energetiche e prestiti a fondo perduto. Come contropartita, gli Stati beneficiari hanno l'obbligo di acquistare una certa quantità di forniture industriali americane e sottoporsi al controllo sull'impiego dei fondi e sui piani adottati dai singoli paesi. Il Piano rafforza l'egemonia politico-economica degli USA.

## 4) La collaborazione internazionale tra la fine degli anni '40 e gli anni '50

Nel venticinquennio successivo alla guerra, gli Stati più avanzati dell'area capitalistica (Europa occidentale, America del nord, Giappone) cominciano a mettere in atto una serie di politiche economiche che portano al boom degli anni '50.

In questo periodo si avviano strategie per la *globalizzazione dell'economia*, grazie a una serie di accordi commerciali e finanziari internazionali che incentivano gli scambi. Nell'ottobre 1947 viene stipulato il GATT («Accordo generale sulle tariffe doganali e il commercio»), con cui i paesi firmatari si impegnano a mantenere le tariffe doganali basse per liberalizzare i commerci. I contenuti dell'accordo hanno portato, nel 1995, alla trasformazione del GATT in *WTO* («Organizzazione mondiale del commercio»).

**Gli accordi di Bretton Woods.** Fin dal 1944, tutti i paesi delle Nazioni Unite hanno provveduto a stabilire il futuro ordine monetario internazionale postbellico con gli *Accordi di Bretton Woods*, che portano alla costituzione del Fondo monetario internazionale e della Banca internazionale per la ricostruzione e lo sviluppo. Seguono l'unione doganale del Benelux (Belgio, Olanda, Lussemburgo, 1948), la nascita della CECA (Comunità europea del carbone dell'acciaio, 1951), della CEE (Comunità economica europea, 1957) e dell'EURATOM (Comunità europea per l'energia atomica).

## 5) La nascita delle organizzazioni internazionali moderne

**Organizzazione delle Nazioni Unite.** Il 26 giugno 1945 nasce l'ONU, l'*Organizzazione delle Nazioni Unite*, cui aderiscono 50 paesi che si definiscono Stati pacifici. Nel dicembre 1955 entra a farne parte anche l'Italia. Scopo dell'Organizzazione, che ha sede a New York, è la garanzia di relazioni pacifiche tra i vari Stati del mondo, tramite la creazione di istituzioni sovranazionali atte a regolamentare i rapporti economici e politici mondiali.

Organi principali della struttura dell'ONU sono: l'*Assemblea generale*, il *Consiglio di sicurezza*, il *Segretario generale*. Tra le organizzazioni che dipendono dalle Nazioni Unite vi sono la *FAO* («*Organizzazione per l'alimentazione e l'agricoltura*»), istituita nel 1945 con lo scopo di risolvere i problemi alimentari mondiali stimolando la produzione agricola; l'*UNESCO* («*Organizzazione educativa, scientifica e culturale delle Nazioni Unite*»), fondata nel 1945 con l'obiettivo di favorire scambi culturali, scientifici ed educativi tra i popoli; la *WHO* («*Organizzazione mondiale della sanità*»), costituita nel 1948 allo scopo di promuovere la cooperazione internazionale per la tutela della salute; l'*UNICEF* («*Fondo internazionale delle Nazioni Unite per l'infanzia*»), sorto nel 1946 per promuovere progetti e interventi utili all'infanzia.

**Comunità economica europea.** Il 25 marzo 1957 viene firmato a Roma il trattato che dà vita alla *CEE* (Comunità Economica Europea). I 6 Stati fondatori — Italia, Germania, Francia, Belgio, Olanda e Lussemburgo (cui si uniscono, in seguito, Gran Bretagna, Irlanda, Danimarca, Grecia, Spagna, Portogallo, Austria, Svezia e Finlandia) — danno vita a un'organizzazione politica sovranazionale il cui obiettivo è quello di ricostruire la potenza europea in modo da formare un terzo blocco da contrapporre alle due superpotenze USA e URSS.

**COMECON.** Nato nel 1949 come risposta al *Piano Marshall*, il COMECON («Consiglio di mutua assistenza economica») ha la funzione di stimolare e aiutare le economie dei paesi del blocco comunista per incentivare l'industrializzazione dell'Europa dell'Est. Travolto anch'esso dal crollo dei regimi comunisti, il COMECON viene sciolto nel 1991.

**NATO.** Il 4 aprile 1949 nasce la NATO (*North atlantic treaty organization*, «Organizzazione del Patto dell'Atlantico settentrionale»), un'organizzazione militare che sancisce l'alleanza a scopo difensivo tra i paesi occidentali.

Attualmente ne fanno parte:

— dal 4 aprile 1949: Belgio, Canada, Danimarca, Francia (ritiratasi unilateralmente dal Comando Militare Integrato nel 1966, per poi essere riammessa nell'Alleanza dopo l'annuncio ufficiale di rientro nel 2009), Islanda (unico membro a non essere dotato di un proprio esercito, tanto da aver aderito all'Alleanza a condizione di non doverne creare uno), Italia, Lussemburgo, Paesi Bassi, Norvegia, Portogallo, Regno Unito, Stati Uniti;

— dal 18 febbraio 1952: Grecia e Turchia;

— dal 9 maggio 1955: Germania (intesa come Repubblica Federale Tedesca, ovvero Germania Ovest);

— dal 30 maggio 1982: Spagna;

— dal 12 marzo 1999: Repubblica Ceca, Polonia, Ungheria;

— dal 29 marzo 2004: Bulgaria, Estonia, Lettonia, Lituania, Romania, Slovacchia, Slovenia;

— dal 4 aprile 2009: Albania e Croazia.

**Patto di Varsavia.** Nel 1955, in conseguenza dell'ingresso della Repubblica Federale Tedesca nella NATO, viene sottoscritta un'alleanza militare tra i paesi socialisti dell'Europa orientale. Dotato di un comando unico con sede a Mosca e guidato da un generale sovietico, il Patto è stato poi sciolto nel 1991 in seguito alla caduta dei regimi socialisti nell'Est europeo, con conseguente ritiro delle truppe dell'Armata Rossa di stanza nei paesi alleati.

## 6) Il secondo dopoguerra nei paesi sconfitti

**Germania.** Nella conferenza internazionale tenutasi a Potsdam, in Germania, nel 1945, Truman, Stalin e Churchill decidono la divisione di Berlino e della Germania in quattro zone sotto l'amministrazione militare francese, britannica, statunitense e sovietica. Venuta meno la possibilità di un'intesa con i sovietici sul futuro della Germania, USA e

Gran Bretagna, all'inizio del 1947, unificano le proprie zone, attuandovi una riforma monetaria, liberalizzando l'economia e rivitalizzandola attraverso gli aiuti economici disposti dal *Piano Marshall*; l'anno successivo nasce la *Repubblica Federale Tedesca* con capitale Bonn. Stalin reagisce a queste iniziative prima con il «blocco di Berlino» (giugno 1948 - maggio 1949), chiudendo, cioè, gli accessi via terra tra Berlino e la Germania occidentale, poi con la creazione, nella zona orientale del paese, della *Repubblica Democratica Tedesca* (1949) con capitale Pankow. L'8 agosto 1945 viene istituito un *Tribunale militare internazionale* per giudicare i criminali nazisti, con processi che si tengono nella città di *Norimberga*.

**Giappone.** Nei primi anni del dopoguerra, il presidente statunitense Truman affida il governo del Giappone al generale MacArthur, che provvede alla demilitarizzazione del paese e alla destituzione di tutti i responsabili politici nazionalisti. Alla fine degli anni '50, la ripresa economica, favorita dall'assistenza americana, e la stabilità politica conducono il Giappone a recuperare l'antico ruolo di grande potenza.

**Italia.** Subito dopo la liberazione del paese, nel giugno 1945, i partiti antifascisti formano un governo di unità nazionale presieduto da Ferruccio Parri, uno dei più prestigiosi leader della Resistenza e del Partito d'azione. Il suo governo dura solo pochi mesi perché è osteggiato dall'apparato burocratico e dalle forze moderate, finché Parri è sostituito dal democristiano **Alcide De Gasperi**, che pone le basi del lungo predominio della DC.

Il primo problema che il nuovo esecutivo deve affrontare è quello istituzionale: il **2 giugno 1946** i cittadini vengono chiamati alle urne sia per eleggere l'assemblea costituente, incaricata di redigere la nuova Costituzione che avrebbe sostituito lo *Statuto* albertino, sia per esprimersi a favore della repubblica o della monarchia. Le due consultazioni si svolgono per la prima volta in Italia a **suffragio universale**, poiché votano anche le donne. Prevalgono i sostenitori della repubblica e il re **Umberto II** — che poco prima del referendum istituzionale era salito al trono in seguito all'abdicazione del padre Vittorio Emanuele III — lascia l'Italia senza abdicare ritirandosi in esilio in Portogallo. La vittoria dei partiti di massa è schiacciante: emerge una sinistra forte con il Partito comunista italiano (PCI) e il Partito socialista italiano di unità proletaria (PSIUP), fronteggiata dalla Democrazia cristiana quale partito di maggioranza relativa; i partiti laici vengono ridimensionati; De Gasperi è confermato Presidente del Consiglio, carica che mantiene sino al 1953.

Inizialmente, per garantire un ampio consenso al nuovo testo costituzionale e alla firma del trattato di pace con gli alleati, il governo si serve della collaborazione delle sinistre. Gli accordi di pace, sottoscritti a Parigi il 10 febbraio 1947, stabiliscono condizioni particolarmente onerose per l'Italia che, oltre a dover versare 360 milioni di dollari a titolo di risarcimento, perde sia le isole del Dodecaneso (che passano alla Grecia), sia Zara, Fiume e l'Istria (a vantaggio della Iugoslavia), nonché Briga e Tenda (attribuite alla Francia). A ciò si aggiunge la rinuncia forzata a tutte le colonie, fatta eccezione per l'amministrazione fiduciaria della Somalia (rimasta in vigore fino al 1960), mentre Trieste, trasformata in territorio libero sotto la tutela dell'ONU, sarebbe poi stata restituita al nostro paese solo nel 1954.

L'alleanza tra i democristiani e le sinistre è comunque destinata a durare poco. Divergenze sulla politica economica e sulla collocazione internazionale dell'Italia inducono De Gasperi ad allontanare le sinistre dall'esecutivo, creando in tal modo forti dissapori ai quali si cerca di porre rimedio con la formazione di un nuovo governo di centro comprendente democristiani, liberali e indipendenti moderati. Il nuovo orientamento in senso moderato e filoamericano è determinato da quanto accade nella politica internazionale: per godere dei considerevoli aiuti finanziari previsti dal *Piano Marshall* è infatti necessaria una precisa scelta di campo, prendendo le distanze dalle forze politiche (comunisti e socialisti) vicine all'Unione Sovietica. Con il nuovo governo centrista di De Gasperi, che entra in carica nel maggio del 1947, tramonta definitivamente l'iniziale collaborazione governativa tra i partiti antifascisti.

Il 1° gennaio 1948, dopo essere stata approvata dall'assemblea costituente con grande spirito unitario, entra in vigore la **Costituzione della Repubblica**, per la quale viene raggiunto un accordo quasi unanime sia sui principi di fondo sia sull'assetto istituzionale da dare allo Stato.

Dopo le elezioni svoltesi il 18 aprile 1948 — che vedono da una parte la Democrazia cristiana (con il 48% dei voti) che difende i valori delle società occidentali e dei cattolici, dall'altra le sinistre, unite nel Fronte democratico popolare (con il 31% dei suffragi), che si presentano come sostenitrici delle istanze di rinnovamento dei lavoratori — il problema più urgente da affrontare diventa la ricostruzione economica del paese.

De Gasperi, contando sui consistenti aiuti del *Piano Marshall*, affida al liberale Luigi Einaudi (futuro Presidente della Repubblica) la direzione della politica economica, che si propone di frenare l'inflazione attraverso una politica monetaria restrittiva e di lasciare mano libera alle imprese per garantire profitti e investimenti. In breve tempo la lira si stabilizza, l'inflazione scende e le imprese ricominciano a produrre, anche se tutto ciò avviene ai danni delle classi meno abbienti. Infatti, aumenta la disoccupazione perché le industrie, per sopravvivere, devono licenziare numerosi dipendenti; le campagne diventano sempre più misere; la classe operaia si indebolisce a causa della rottura dell'unità sindacale.

Ne scaturiscono forti tensioni sociali guidate dalle forze politiche di sinistra: a partire dal 1949 il movimento contadino occupa le terre lasciate incolte dai latifondisti e rivendica la riforma agraria. Il governo risponde inizialmente con una dura repressione, successivamente vara una serie di provvedimenti per il Meridione che nel 1950 portano alla riforma auspicata dalla manodopera rurale e all'istituzione della **Cassa per il Mezzogiorno**. In quello stesso anno nascono anche i sindacati **CISL** (**Confederazione italiana sindacati lavoratori**), di estrazione cattolica, e **UIL** (**Unione italiana del lavoro**), di estrazione socialista.

> **Costituzione:** la Costituzione della repubblica italiana si basa sui principi di libertà e democrazia e sulla separazione dei poteri: il *potere legislativo* (affidato al *parlamento*), il *potere esecutivo* (del *governo*, formato dal presidente del Consiglio e dai ministri) e il *potere giudiziario* (attribuito alla *magistratura*). Il *presidente della Repubblica* è il capo dello Stato, eletto dal parlamento ogni 7 anni.

Agli inizi del 1953, lo stesso anno in cui **Enrico Mattei** fonda l'**ENI** (**Ente nazionale idrocarburi**), il parlamento approva una legge elettorale maggioritaria, propugnata da De Gasperi, considerata dalle sinistre **legge truffa**, in quanto prevede che alla lista o all'insieme delle liste che, essendosi «apparentate» tra loro, ottengano più del 50% dei voti validi, tocchi il 65% dei seggi disponibili alla Camera dei deputati.

Tuttavia, in occasione delle elezioni che si tengono nel giugno di quello stesso anno, i partiti di governo non ottengono suffragi sufficienti per potersi procacciare l'auspicato premio di maggioranza: ciò provoca una grave instabilità politica, in conseguenza della quale De Gasperi rinuncia alla carica di Presidente del Consiglio e assume quella di segretario della DC, mentre la «legge truffa» è abrogata nel 1954.

Nel 1955 viene poi eletto Giovanni Gronchi, terzo dei Presidenti della Repubblica italiana, i quali, dal 1946 in poi, sono stati:

— Enrico De Nicola (1946-1948);
— Luigi Einaudi (1948-1955);
— Giovanni Gronchi (1955-1962);
— Antonio Segni (1962-1964);
— Giuseppe Saragat (1964-1971);
— Giovanni Leone (1971-1978);
— Sandro Pertini (1978-1985);
— Francesco Cossiga (1985-1992);
— Oscar Luigi Scalfaro (1992-1999);
— Carlo Azeglio Ciampi (1999-2006);
— Giorgio Napolitano (2006-).

Sempre nel corso degli anni Cinquanta l'Italia, che già il 4 aprile 1949 aveva fatto il suo ingresso nella NATO, prima entra a far parte, nel 1955, dell'ONU, poi aderisce anche alla Comunità europea dell'energia atomica (EURATOM o CEEA) e alla Comunità economica europea (CEE), i cui trattati istitutivi vengono entrambi firmati ufficialmente a Roma il 25 marzo 1957.

Il 1958, invece, è l'anno in cui, oltre alla nascita del **CSM** (**Consiglio superiore della magistratura**), ha luogo l'ascesa al soglio pontificio di papa **Giovanni XXIII** (al secolo, Angelo Giuseppe Roncalli), il quale conferisce alla Chiesa cattolica un forte indirizzo progressista destinato a culminare nel **Concilio Vaticano II** (1962-1965) e si rende autore, nel 1961, dell'enciclica ***Mater et magistra*** sulla questione sociale.

## Spunti di **interdisciplinarità**

**LA TELEVISIONE IN ITALIA**

In Italia, nel 1934 cominciano le prime trasmissioni sperimentali della televisione. Bisognerà attendere altri vent'anni, precisamente le ore 11 del 3 gennaio 1954, per assistere alla prima trasmissione della RAI. La televisione era considerata un bene di lusso che pochi italiani potevano permettersi: la gente si riuniva nei bar per seguire le trasmissioni di successo come il primo telequiz italiano, «Lascia o raddoppia». Il ritardo dello sviluppo televisivo italiano, rispetto agli altri paesi europei, è enorme: solo nel 1961 iniziano le trasmissioni del secondo canale RAI, il colore arriva nel 1977 e la terza rete tv nel 1979. Nel decennio successivo si affermano le emittenti private.

## 7) Il secondo dopoguerra nei paesi vincitori

**Francia.** Dopo la liberazione (1944), il generale Charles De Gaulle costituisce un esecutivo provvisorio, incaricato di dare inizio ai lavori che avrebbero portato alla proclamazione della IV Repubblica (la Terza aveva cessato di esistere sotto l'occupazione tedesca). Nel 1945, De Gaulle, confermato capo del primo governo della nuova repubblica, cerca di attuare una riforma presidenziale dello Stato, ma fallisce il suo obiettivo ed è costretto a dimettersi. De Gaulle, allora, forma un nuovo partito che si pone all'opposizione fino al 1958, quando egli torna al governo per risolvere la crisi causata dai movimenti indipendentisti algerini e per preparare una nuova Costituzione, basata sul presidenzialismo (V Repubblica). Charles De Gaulle domina la scena politica della Francia fino al 1969, anno del suo ritiro.

Nel 1981 il governo passa dai gollisti alle sinistre, con la presidenza di François Mitterrand.

**Gran Bretagna.** Alla fine della guerra, si tengono le prime elezioni dopo dieci anni, che vedono la sconfitta di Winston Churchill e dei conservatori.

Nel 1945 viene formato un governo laburista che dà inizio al ***Welfare State***.

*Welfare State*: Stato del benessere o Stato sociale. Insieme di leggi ed istituzioni pubbliche create dagli Stati al fine di garantire ai cittadini il soddisfacimento di necessità primarie come l'assistenza sanitaria, il lavoro, la casa, l'istruzione e la pensione. Il *welfare state* si diffuse in Inghilterra nel secondo dopoguerra, grazie alla politica avviata dai governi laburisti.

**Unione Sovietica.** Dopo la guerra, l'URSS si afferma come la superpotenza mondiale egemone in tutta l'Europa orientale. La scena politica è dominata da Stalin e dalla sua politica repressiva. Il dittatore sovietico mantiene il potere assoluto fino alla sua morte, avvenuta nel 1953.

In quell'anno Nikita Krusciov, membro del Comitato centrale del PCUS, riesce a farsi nominare segretario generale del partito. La sua politica di distensione nei confronti degli USA e di *destalinazzazione* è tesa a dare stabilità al paese. Krusciov in economia sostiene il rapido incremento del settore industriale, in particolare della produzione di beni di consumo per migliorare la vita dei cittadini. L'URSS sperimenta in questi anni un notevole progresso scientifico e tecnologico, che avrebbe visto i sovietici lanciare il primo satellite artificiale, lo *Sputnik*. Quattro anni dopo, l'astronauta Yuri Gagarin è il primo uomo a compiere un volo orbitale intorno alla Terra.

In politica estera, dopo lo scioglimento del *Cominform*, Krusciov incontra a Ginevra il presidente degli Stati Uniti, Eisenhower, per avviare una fase di dialogo tra le due superpotenze.

**USA.** All'indomani del secondo conflitto mondiale, gli Stati Uniti si sono affermati come la potenza militare, industriale ed economica più forte del globo. Il «manifesto programmatico» della politica statunitense è contenuto nella cosiddetta *Dottrina Truman* (presidente succeduto a Roosevelt, morto nel 1945), che decide di sostenere l'economia dei Paesi amici per «contenere» l'espansionismo sovietico e comunista. Ciò porta gli Stati Uniti ad appoggiare le forze anticomuniste che lottano in Vietnam contro il regime di Ho Chi-minh, a sponsorizzare il riarmo della Germania occidentale, come pure a favorire l'instaurazione di un governo conservatore e anticomunista in Giappone.

Tuttavia, le conseguenze della guerra di Corea e la consapevolezza che, a partire dal 1949, anche l'URSS si è ormai dotata di armi atomiche, influiscono pesantemente sulla situazione civile e ideologica interna. Nel corso degli anni '50, il senatore repubblicano Joseph McCarthy ne approfitta per scatenare una poderosa campagna anticomunista, fenomeno conosciuto come *maccartismo*, che, in un vero e proprio clima di «caccia alle streghe», culmina nel processo e nella condanna a morte dei coniugi Rosenberg (1953), accusati di spionaggio a favore dei sovietici.

Le elezioni presidenziali del 1952 sono vinte dal candidato democratico, il generale Dwight Eisenhower, il cui governo dura otto anni. I suoi due mandati sono segnati dall'inasprirsi della guerra fredda, dall'acuirsi dei problemi razziali e dall'inizio della recessione economica.

Al lancio sovietico del primo satellite artificiale, lo *Sputnik* (4 ottobre 1957), gli USA rispondono nel 1958, anno della creazione dell'ente spaziale NASA, con un proprio satellite: l'*Explorer.*

## 8) La Spagna di Franco

Dopo la guerra civile (1936-1939), il vincitore Francisco Franco, che nel 1937 è proclamato capo dello Stato dai nazionalisti e l'anno successivo assume il titolo di *caudillo* (duce), instaura un regime di stampo fascista.

Nel 1945, una legge sostituisce definitivamente le elezioni con i referendum, il primo dei quali viene indetto nel 1947 per varare una legge che avrebbe dovuto regolare le modalità di successione nella carica di capo dello Stato: in Spagna viene proclamata la monarchia e, alla fine del mandato di Franco, il suo successore sarà un re con poteri limitati dalle altre istituzioni.

La Spagna si trova isolata politicamente a causa della condanna del regime franchista da parte dell'ONU nel 1946, isolamento che si conclude solo nel 1955, quando viene ammessa all'ONU.

Per avere maggiore stabilità, Franco decide di incorporare nel governo i cattolici. Il 25 agosto 1953, il *caudillo* firma un *Concordato* con il Vaticano in base al quale la Chiesa ottiene grossi privilegi, restando comunque soggetta allo Stato.

## 9) La nascita dello Stato d'Israele

Le atrocità del genocidio perpetrato dai nazisti, che provoca circa 6.000.000 di vittime, riaccendono l'aspirazione a creare uno Stato sionista autonomo in Palestina, già promesso agli ebrei dalla Gran Bretagna (*Dichiarazione di Balfour*, 1917), che nel 1922 ottiene il mandato su quel territorio. Di conseguenza, migliaia di ebrei migrano nella regione palestinese, ma la convivenza con le popolazioni arabe si rivela tutt'altro che facile, tanto da sfociare spesso in violenti conflitti.

Nel novembre 1947, l'assemblea delle Nazioni Unite vota la spartizione della Palestina e dà via libera alla creazione di uno Stato ebraico indipendente, con Gerusalemme vincolata a rimanere sotto l'amministrazione dell'ONU. Il 14 maggio 1948, un governo provvisorio con a capo Ben Gurion proclama la nascita dello Stato d'Israele, che, in quello stesso giorno, viene attaccato dagli eserciti di Arabia Saudita, Giordania, Libano, Siria ed Egitto, riuniti nella Lega araba. Alla fine della guerra, essendo riusciti a respingere gli attacchi nemici, gli israeliani si trovano in possesso di un'area superiore a quella prevista dal piano di spartizione dell'ONU, ma i rapporti restano ugualmente tesi e vengono caratterizzati da una serie di rappresaglie nei territori di frontiera con Egitto, Giordania e Libano.

Il conflitto riprende quando, nel 1956, l'Egitto decide di nazionalizzare il canale di Suez, controllato dalla Gran Bretagna e dalla Francia,

14. Il secondo dopoguerra

la qual cosa avrebbe obbligato le navi israeliane a circumnavigare tutto il continente africano, essendo difficile un accordo tra gli egiziani e lo Stato ebraico. Così, il 29 ottobre, Gran Bretagna, Francia e Israele attaccano l'Egitto («campagna del Sinai») e occupano in pochi giorni la zona di Suez, lasciando il controllo del canale ai caschi blu delle Nazioni Unite. Israele ottiene forniture militari dalla Gran Bretagna e dalla Francia, aiuti economici dagli USA e un reattore nucleare per poter produrre armi atomiche; l'Egitto, invece, conserva il controllo del canale e ottiene aiuti dall'URSS per la costruzione della diga di Assuan.

La resistenza palestinese, a sua volta, è tutt'altro che doma: nel 1956, su iniziativa di Yasser Arafat, nasce il movimento denominato *Al-Fatah*, che poi diventa la principale formazione militare dell'OLP, l'*Organizzazione per la liberazione della Palestina* costituita a Gerusalemme il 28 maggio 1964.

## 10) Il processo di decolonizzazione

I movimenti indipendentisti, già presenti da tempo nei paesi afroasiatici, acquistano forza con la seconda guerra mondiale anche grazie all'appoggio delle grandi potenze. A guerra finita, un ruolo decisivo in questo processo è svolto dalle contrapposizioni ideologiche scaturite dalla «guerra fredda». Le due potenze vincitrici, liquidando il vecchio ordine mondiale fondato sull'eurocentrismo, cercano di eliminare il dominio europeo sui paesi dell'Asia e dell'Africa per poi imporre la loro egemonia sul Terzo Mondo.

Nello specifico, mentre la Gran Bretagna mette in atto un graduale processo di allentamento del proprio dominio coloniale, concedendo Costituzioni e trasformando l'impero in una comunità di nazioni sovrane (*Commonwealth*), la Francia oppone una violenta resistenza ai movimenti indipendentisti. Ciò spiega, quindi, l'accanimento con cui i francesi si impegnano, a partire dal 1954, in una sanguinosa lotta contro il movimento di liberazione algerino, risultato vittorioso, infine, nel 1962. Per il resto, occorre comunque sottolineare che, tra gli anni '50 e l'inizio degli anni '60, il processo di decolonizzazione ha modo di svilupparsi in maniera imponente, tanto che riescono a conseguire l'indipendenza quasi tutti i popoli africani e asiatici.

Tuttavia, l'indipendenza politica non risolve i problemi delle ex colonie. Spesso si tratta di un'indipendenza poco più che formale, perché di fatto la direzione dell'economia resta saldamente nelle mani delle classi dirigenti occidentali e i rapporti di sfruttamento restano inalterati, mentre il divario complessivo tra il Nord e il Sud del mondo aumenta sempre più.

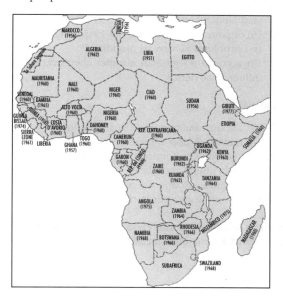

**La decolonizzazione in Africa dopo la seconda guerra mondiale**

## Test di verifica

### 1. Cos'è il *Piano Marshall*?

- ❏ **a)** Un accordo con cui molti Stati, dopo la seconda guerra mondiale, si impegnano a mantenere le tariffe doganali basse per liberalizzare i commerci.
- ❏ **b)** Un'alleanza a scopo difensivo che i paesi occidentali stipulano nel 1949.
- ❏ **c)** Il piano di aiuti economici all'Europa messo a punto dagli Stati Uniti all'indomani della seconda guerra mondiale.
- ❏ **d)** Un'organizzazione istituita nel 1945 con lo scopo di risolvere i problemi alimentari mondiali.
- ❏ **e)** Un accordo tra gli Stati europei che rientrano nell'area di influenza sovietica.

### 2. Cos'è la *NATO*?

- ❏ **a)** Un'alleanza militare tra i paesi comunisti.
- ❏ **b)** Un trattato di non aggressione tra Stati Uniti e Russia.
- ❏ **c)** Un accordo economico per gli aiuti ai paesi vincitori della seconda guerra mondiale.
- ❏ **d)** Un'alleanza a scopo difensivo tra i paesi occidentali.
- ❏ **e)** L'ente americano per la ricerca spaziale.

### 3. Dove viene istituito l'8 agosto 1945 il *Tribunale militare internazionale* per giudicare i criminali nazisti?

- ❏ **a)** Berlino.
- ❏ **b)** Birkenau.
- ❏ **c)** Pankow.
- ❏ **d)** Auschwitz.
- ❏ **e)** Norimberga.

### 4. Cos'è il *Comecon*?

- ❏ **a)** Un'organizzazione economica con l'obiettivo di ricostruire la potenza europea.
- ❏ **b)** L'organizzazione educativa, scientifica e culturale delle Nazioni Unite.
- ❏ **c)** Il Consiglio di mutua assistenza economica per aiutare le economie del blocco comunista.
- ❏ **d)** La Comunità europea del carbone e dell'acciaio.
- ❏ **e)** La prima associazione sindacale nata in Italia.

### 5. Quale uomo politico russo è protagonista del processo di *destalinizzazione*?

- ❏ **a)** Breznev.
- ❏ **b)** Krusciov.
- ❏ **c)** Ždanov.
- ❏ **d)** Gorbaciov.
- ❏ **e)** Trotzkij.

## Soluzioni e commenti

1. Risposta: **c)**. Un piano di aiuti di cui beneficia l'Europa per la ricostruzione economica. Il Piano Marshall prende il nome del segretario di Stato americano **Gorge Catlett Marshall**.
2. Risposta: **d)**. Un'alleanza a scopo difensivo tra i **paesi occidentali** (letteralmente «Organizzazione del Patto dell'Atlantico settentrionale»).
3. Risposta: **e)**. Nella città tedesca di **Norimberga**.
4. Risposta: **c)**. Letteralmente «Consiglio di mutua assistenza economica», per stimolare l'industrializzazione nei **Paesi dell'Est**.
5. Risposta: **b)**. **Nikita Krusciov**, succeduto nel 1953 a Stalin.

**14.** Il secondo dopoguerra

# 15. Dagli anni Sessanta agli anni Ottanta del Novecento

## Di cosa parleremo

Nel ventennio che va dal 1960 al 1980, una serie di eventi sconvolgono il mondo. La contrapposizione del blocco sovietico a quello statunitense, e delle rispettive ideologie, provoca tensioni e conflitti (guerra del Vietnam, Muro di Berlino), assassinii di leader politici (Kennedy, Malcolm X, Martin Luther King) e strategie della tensione.

Contro i valori tradizionali e la società consumistica, dilaga, negli stessi anni del boom economico, un fenomeno culturale mondiale promosso dal movimento studentesco, il '68, che rivendica la libertà dell'uomo dai ritmi imposti dal processo produttivo. Il terrorismo si affaccia come uno spettro durante gli anni '70, nei cosiddetti «anni di piombo», mietendo centinaia di vittime. La democrazia italiana subisce duri attacchi anche dalle organizzazioni criminali mafiose.

In Medio Oriente scoppia la guerra tra Iran ed Iraq per gli interessi petroliferi. Alla fine degli anni '80, si assiste al ritiro delle truppe sovietiche dai paesi socialisti, alla caduta del «muro di Berlino» e dei regimi comunisti nell'Est europeo.

### TAVOLA CRONOLOGICA

**1959** Successo della rivoluzione di Fidel Castro a Cuba.

**1960** J.F. Kennedy è presidente degli Stati Uniti. Nasce l'OPEC.

**1961** Costruzione del Muro di Berlino. Gagarin compie il primo volo umano nello spazio. Fallimento dell'operazione anticastrista nella Baia dei Porci a Cuba.

**1962** Crisi dei missili a Cuba.

**1963** Assassinio del presidente della repubblica americano J.F. Kennedy a Dallas.

**1964** Intervento USA in Vietnam. Nascita dell'OLP.

**1965** Assassinio di Malcom X negli USA e manifestazioni contro l'intervento militare in Vietnam.

**1967** Colpo di Stato dei colonnelli in Grecia. Uccisione di Ernesto Che Guevara in Bolivia.

**1968** Agitazioni studentesche in Europa. Assassinio di Martin Luther King e del senatore Robert Kennedy negli USA.

**1969** Strage di piazza Fontana a Milano. Scontri tra cattolici e protestanti in Irlanda. Arafat presidente dell'OLP.

**1970** Legge sul divorzio.

**1972** Scandalo Watergate in USA. «Domenica di sangue» a Londonderry (30 gennaio).

**1974** Referendum sul divorzio, che rimane in vigore.

**1978** Le Brigate Rosse rapiscono e uccidono Aldo Moro. Accordi di Camp David tra Egitto e Israele.

**1980** Ronald Reagan viene eletto presidente degli USA. Guerra Iran-Iraq.

**1981** Attentato a Giovanni Paolo II. Scandalo P2.

**1986** L'Italia entra nel G7. Perestrojka di Gorbaciov in Russia. Incidente nucleare di Chernobyl.

**1989** Caduta dei regimi comunisti in tutta l'Europa orientale. Crollo del Muro di Berlino e riunificazione della città. Repressione di Tien-An-Men.

**1990** Riunificazione delle due Germanie.

**1991** L'URSS diventa CSI.

## 1) Il Muro di Berlino

Nel 1961, Krusciov e J.F. Kennedy si incontrano a Vienna per giungere a un accordo sulla riunificazione della Germania. Nel frattempo, poiché la parte occidentale della Germania è più ricca e quindi più allettante di quella orientale comunista, comincia un vero e proprio esodo verso la Repubblica Federale Tedesca. Per impedire la continua fuga di cittadini orientali verso occidente, sul confine tra le due zone di Berlino viene innalzato un muro, difeso da guardie armate con l'ordine di sparare sui fuggiaschi. Il Muro resta in piedi fino al 1989, quando entra in crisi il mondo comunista.

## 2) La guerra del Vietnam

L'Indocina, nel dopoguerra, è teatro di uno dei più sanguinosi conflitti del periodo: la guerra del Vietnam. Dal 1946, da quando i giapponesi lasciano il paese, occupato durante la guerra in quanto colonia francese, la Francia è impegnata nella guerra contro gli indipendentisti guidati da Ho Chi Minh, leader della formazione comunista dei

**15. Dagli anni Sessanta agli anni Ottanta del Novecento**

*Vietminh* («Fronte per l'indipendenza del Vietnam»), che proclama l'indipendenza della *Repubblica democratica del Vietnam del Nord*, con capitale Hanoi. Nel Vietnam del Sud, con capitale Saigon, i francesi invece istaurano un regime fantoccio, guidato dall'imperatore *Bao Dai*.

Nel 1950, il presidente americano Truman invia aiuti economici e militari in Vietnam per sostenere la Francia. Quando, nel 1954, i *Vietminh* conquistano la città di Dien Bien Phu, difesa dai francesi, Francia, USA e URSS si riuniscono a Ginevra, dove decidono la divisione del Vietnam in due Stati: la Repubblica democratica guidata dai comunisti a Nord, con capitale Hanoi, e il Vietnam del Sud, sotto l'influenza delle potenze occidentali, con capitale Saigon. Il regime del Vietnam del Sud viene affidato a Ngo Dinh Diem, appoggiato dagli americani, che il 26 ottobre 1955 detronizza l'imperatore Bao Dai, proclama la repubblica e si autonomina presidente.

La neonata repubblica inizia una dura campagna di repressione anticomunista e la situazione si fa così difficile che gli oppositori del regime devono rifugiarsi nel Nord. Nel 1961, il presidente statunitense J.F. Kennedy decide di inviare aiuti americani nel Vietnam del Sud, formando un vero e proprio corpo di spedizione contro il *Fronte nazionale di liberazione* (*Vietcong*), guidato dai comunisti e appoggiato dai nordvietnamiti. Alla morte di Kennedy, con un pretesto, il senato americano autorizza il presidente Johnson a intervenire militarmente contro il Vietnam del Nord (7 agosto 1964). Le città del Nord vengono ripetutamente bombardate, mentre i marines si scontrano con i Vietcong alla frontiera con la Cambogia e all'altezza del 17° parallelo. Questa situazione rimane invariata fino al 1° gennaio 1968, quando i Vietcong giungono a Saigon. Il 31 marzo il presidente Johnson ordina la fine dei bombardamenti e si ritira dalla scena politica, dando chiara dimostrazione del fallimento militare e politico di Washington. Il nuovo presidente, Richard Nixon, pressato dalle manifestazioni dei pacifisti, organizza i negoziati di pace a Parigi nel 1968, ma solo il 27 gennaio 1973 viene firmata la pace che stabilisce il ritiro degli americani, che lasciano al suo destino il regime di Saigon, abbattuto nel 1975 dai guerriglieri Vietcong e dalle truppe nordvietnamite. Si arriva così all'unificazione del paese, nella *Repubblica democratica del Vietnam* con capitale Hanoi.

## 3) Società e politica negli USA

**L'assassinio di Kennedy.** Il presidente americano democratico John Fitzgerald Kennedy viene assassinato il 22 novembre 1963 a Dallas, nel Texas. Il vicepresidente Lyndon B. Johnson assume quindi le funzioni di presidente.

Le indagini portano all'arresto di Harry Lee Oswald, che durante gli interrogatori si professa colpevole. Pochi giorni dopo, lo stesso Oswald è ucciso. Il rapporto della Commissione d'inchiesta (Commissione Warren), pubblicato nel 1964, afferma che Oswald aveva agito da solo ed esclude la possibilità di una cospirazione. Tali conclusioni, però, non sono accettate da tutti coloro che continuano a sostenere l'ipotesi di un complotto ordito da gruppi di estrema destra, dalla CIA e appoggiato dallo stesso Johnson. Ancora oggi l'assassinio di Kennedy è circondato da un fitto alone di mistero.

**Martin Luther King.** Negli anni '40 si rafforzano i movimenti di lotta da parte degli afroamericani che rivendicano l'uguaglianza razziale. La lotta dei neri è segnata da un episodio accaduto in Alabama: una donna di colore viene arrestata perché si è permessa di sedere, in autobus, nella parte riservata ai bianchi. Immediatamente, gli afroamericani, guidati dal pastore *Martin Luther King*, iniziano a protestare, finché una sentenza della Corte Suprema proibisce qualunque tipo di discriminazione razziale a bordo degli autobus. Nel 1964, il reverendo King riceve il *premio Nobel per la pace*. Il suo sogno, che espone in un discorso (*I have a dream*) davanti a milioni di persone, è una società che garantisca l'uguaglianza dei diritti a tutti i cittadini, a partire dai neri, che non hanno il diritto al voto. La legge contro la discriminazione razziale, già proposta da Kennedy, ma non approvata al Congresso, è invece varata durante la presidenza di Lyndon B. Johnson.

**Malcolm X.** Tuttavia, anziché rafforzarsi, il movimento per l'emancipazione dei neri si divide sui metodi di lotta da adottare. Nascono due schieramenti, quello violento delle «*pantere nere*» e quello pacifista dei «*musulmani neri*». Se il primo viene fisicamente annientato dalla polizia e dai servizi segreti, il secondo, guidato da *Malcolm X* (al secolo, Malcolm Little), poggia sull'orgoglio di appartenere alla razza nera e sull'intento di collegare la lotta dei paesi terzomondisti con quella dei neri americani: un'iniziativa troppo audace, che porta all'uccisione di Malcolm X (21 febbraio 1965). Tre anni dopo, vengono assassinati Martin Luther King (1968) ed il senatore Robert Kennedy, mentre alla Casa Bianca fa il suo ingresso il nuovo presidente Richard Nixon.

**L'Apollo 11.** L'anno successivo, in risposta all'impresa compiuta nel 1961 dal sovietico Jurij Gagarin, il primo astronauta a compiere un volo orbitale attorno alla Terra, gli USA fanno atterrare due uomini sulla Luna (21 luglio 1969): si tratta di Neil Armstrong e Edwin Aldrin, a bordo dell'*Apollo 11*.

## Spunti di **interdisciplinarità**

### L'APOLLO 11

L' «Apollo 11» partì dalla base spaziale di Cape Canaveral in Florida. L'equipaggio era composto da tre uomini: Neil Armstrong (comandante della missione), Edwin Aldrin e Michael Collins. Tutto funzionò perfettamente e, dopo un viaggio di tre giorni, il 20 luglio 1969 (di domenica alle 22.23) il «LEM», chiamato *Eagle* (Aquila), si appoggiò sul suolo lunare nel «mare della tranquillità». Il primo a scendere sulla Luna fu Armstrong (alle 4,57 ora italiana del 21 luglio 1969) ed appena scese pronunciò la famosa frase: «Questo è un piccolo passo per un uomo, ma un passo gigantesco per l'umanità». Poco dopo discese dal «LEM» anche Aldrin, mentre Collins restò in orbita attorno alla Luna con il modulo di comando «Columbia». I due astronauti eseguirono foto, prelevarono campioni lunari e lasciarono sulla Luna 77 kg di strumenti scientifici per la rilevazione dell'attività sismica, della temperatura, del magnetismo; venne anche installato un riflettore laser per le misurazioni della distanza Terra-Luna. Dopo 21 ore e 36 minuti, gli astronauti risalirono col «LEM» fino al modulo «Columbia» ed il 24 luglio avvenne il loro recupero nell'Oceano Pacifico. Quella notte storica ed interminabile fu seguita in tv da milioni di persone: si apriva la nuova frontiera dell'uomo verso lo spazio.

**Lo scandalo *Watergate*.** Nel 1972, pochi mesi prima che scada il suo mandato, il presidente repubblicano Nixon cerca di procurarsi illegalmente informazioni riservate sul Partito democratico, suo avversario nelle ormai imminenti elezioni presidenziali. Nel giugno di quello stesso anno, cinque persone sono arrestate nella sede dei democratici situata nel palazzo *Watergate* di Washington e dalle indagini emerge che alcuni uomini vicini al presidente hanno compiuto azioni di spionaggio contro i democratici. Nixon viene rieletto, ma nello stesso tempo iniziano le indagini che portano in breve tempo alla caduta di Nixon, il quale è costretto a dimettersi nel 1974 anche grazie a una memorabile inchiesta giornalistica condotta da due reporter del «Washington Post», Carl Bernstein e Bob Woodward.

## 4) Il regime di Fidel Castro e la «crisi dei missili» a Cuba

A partire dalla fine dell'Ottocento, gli USA avevano favorito l'insediamento a Cuba di governi-fantoccio, da poter facilmente manovrare, come la dittatura di Machado, che viene rovesciata dal golpe del generale Batista, presidente cubano dal 1940 al 1944. Sconfitto dai democratici, Batista torna al potere con un colpo di Stato, appoggiato dagli USA, instaurando, nel 1952, un regime di terrore. Dopo il golpe, un gruppo di giovani oppositori decide di passare all'azione e il *26 luglio* 1953, sotto la guida di Fidel Castro, tenta di assaltare la caserma Moncada di Santiago di Cuba. Le truppe di Batista sedano nel sangue la rivolta, i sopravvissuti vengono arrestati e imprigionati, Castro è condannato a 15 anni di prigione.

Esiliato poi in Messico, Fidel Castro incontra Ernesto Guevara, detto il *Che*, un medico che ha lottato contro il regime di Peròn, in Argentina, suo paese natio, e ora si è spostato in America latina, per combattere miseria e sfruttamento.

Insieme organizzano la rivoluzione contro il regime dittatoriale di Batista fondando il movimento «*26 luglio*», in memoria dell'assalto alla caserma Moncada.

Nel 1956, Guevara e Castro, con 84 uomini, riescono a entrare a Cuba, ma i soldati di Batista li localizzano. Sopravvivono solo in 12, di cui Castro e il Che. Ben presto, la guerriglia diventa guerra civile, il dittatore fugge da Cuba e i rivoluzionari entrano all'Avana (1° gennaio 1959) istituendo un governo con a capo Fidel Castro.

Dopo aver assunto varie cariche nel governo rivoluzionario, Guevara, ormai in dissidio con Castro, parte per l'ex Congo belga e la Bolivia, dove in seguito ad altri tentativi insurrezionali viene catturato e ucciso nell'ottobre del 1967.

> **Embargo:** blocco economico disposto nei confronti di uno Stato con cui vengono vietati gli scambi commerciali. Viene stabilito per motivi politici, per penalizzare l'economia di un paese, isolandolo dal punto di vista commerciale.

Gli USA reagiscono al nuovo governo di Castro con l'**embargo** totale (1960), seguito nel 1961 da un'operazione, organizzata dalla CIA, che prevede lo sbarco nella Baia dei Porci di 1.500 esuli cubani simpatizzanti di Batista, duramente sconfitti dalle truppe castriste.

Nel 1962, la situazione sembra precipitare: l'URSS impianta sull'isola le sue basi missilistiche, minacciando il territorio americano. J.F. Kennedy reagisce attuando il *blocco di Cuba* e inviando migliaia di soldati statunitensi e 180 navi da guerra nei Caraibi. Al discorso alla nazione Kennedy annuncia un'azione militare contro i sovietici. Tutto fa pensare a una terza guerra mondiale, scongiurata grazie anche all'intervento dell'Onu. I due leader giungono a un accordo: Krusciov si impegna a ritirare i missili da Cuba, mentre Kennedy sospende l'embargo e ritira i missili statunitensi dalla Turchia.

Il regime di Fidel Castro a Cuba dura fino al 19 febbraio 2008, quando il *Líder máximo* annuncia pubblicamente la propria rinuncia all'incarico di presidente e di capo delle forze armate, cosicché cinque giorni dopo, il 24 febbraio, gli succede il fratello Raúl.

## 5) Lo scacchiere mediorientale

**La guerra dei 6 giorni.** All'inizio del 1967, alcuni cacciabombardieri siriani vengono abbattuti da Israele, il che porta a un'alleanza tra Egitto, Siria e Giordania. Alla richiesta del presidente egiziano Nasser di ritirare i caschi blu da Gaza, dal Sinai e dalle isole di Tiran e Sanafir, l'ONU acconsente. Israele, il 5 giugno 1967, con l'«operazione Focus», attacca a sorpresa la Giordania, l'Egitto e la Siria. Inizia così la guerra dei 6 giorni, la quale, in realtà, dura 6 ore e porta all'occupazione israeliana di Gerusalemme est (in Giordania), del Sinai (in Egitto), della Cisgiordania, delle alture del Golan e del canale di Suez.

Nonostante le pressioni dell'ONU (risoluzione 242) lo Stato ebraico non abbandona i territori occupati, nei quali peggiora la situazione dei palestinesi, molti dei quali sono costretti a fuggire negli altri paesi arabi, soprattutto in Giordania. I contrasti tra israeliani e arabo-palestinesi si inseriscono nel contesto della «guerra fredda», dal momento che gli USA si schierano dalla parte di Israele, mentre gli Stati arabi si avvicinano all'URSS.

**Il terrorismo palestinese.** All'occupazione dei propri territori i palestinesi reagiscono con la resistenza (*intifada*) e con il terrorismo contro obiettivi ebraici. La Giordania di re Hussein si distanzia dai terroristi e dopo pochi giorni attacca i campi profughi palestinesi uccidendo 10.000 persone. L'OLP sposta le proprie basi in Libano, dove Israele comincia le sue incursioni aeree per colpire le basi della guerriglia palestinese.

**La guerra del Kippur.** Nel 1972, durante le Olimpiadi di Monaco, un commando palestinese prende in ostaggio e poi uccide due atleti israeliani. Sale la tensione in Libano che, nel 1975, sfocia in guerra civile. Gli Stati arabi si uniscono contro Israele, sotto la guida dell'Egitto e del suo nuovo presidente *Anwar al-Sadat.* Il 6 ottobre 1973, giorno della festività ebraica dello Yom Kippur, l'Egitto e la Siria attaccano le postazioni israeliane per riconquistare il Sinai e il Golan: scoppia così la quarta guerra arabo-israeliana, conclusasi con il successo dell'Egitto che riottiene il Sinai e il canale di Suez, aperto al traffico il 5 giugno 1975 sotto la vigilanza dell'ONU. Sadat decide allora di riaprire un dialogo con USA e Israele per tentare la strada della pace. Nel settembre del 1978, grazie anche alla mediazione del presidente americano Jimmy Carter, Egitto e Israele (nella persona del primo ministro Menahem Begin) firmano gli accordi di Camp David (Usa settembre 1978), che restituiscono il Sinai all'Egitto. Per la sua scelta, Sadat è comunque osteggiato da tutto il mondo arabo e, nel 1981, perde la vita in un attentato.

**La guerra Iran-Iraq.** Nel 1979, in Iraq, viene eletto presidente della Repubblica Saddam Hussein.

15. Dagli anni Sessanta agli anni Ottanta del Novecento

In Iran, caduta la monarchia dello scià Muhammad Reza Pahlavi, prende il potere l'ayatollah R.M. Khomeini, leader religioso che, fautore dell'**integralismo islamico**, instaura la repubblica islamica fondata sui rigidi principi sciiti e su un forte odio contro l'Occidente, culminato nell'eclatante sequestro del personale dell'ambasciata statunitense di Teheran su iniziativa di studenti appoggiati dal regime (settembre 1979).

È ancora in corso il sequestro quando Saddam Hussein invade il territorio iraniano (22 settembre 1980) per combattere il regime religioso sciita che sta per conquistare l'Huzestan, regione ricca di petrolio. Nonostante Saddam sia appoggiato dagli USA, dai paesi occidentali e dall'URSS, non riesce a piegare l'Iran e la guerra si trascina fino al 1990, provocando più di un milione di morti.

Alla guerra tra Iran e Iraq si collega anche lo scandalo dell'*Irangate*, scoppiato nel 1986 negli Stati Uniti, quando si scopre che l'amministrazione Reagan, tramite Israele, ha venduto armi agli iraniani per trattare la liberazione di ostaggi americani prigionieri in Libano e per sovvenzionare la guerriglia dei *contras* in Nicaragua.

Intanto in Iran, morto Khomeini (1989), gli succede come capo spirituale Ali Khameney, mentre il moderato Rafsanjani diventa presidente della Repubblica.

## 6) La Libia di Gheddafi

Nel 1951, la Libia, colonia italiana dal 1911, ottiene l'indipendenza e diventa uno Stato monarchico. Nel 1969, scoperte le ricchezze petrolifere, Muhammar el-Gheddafi, nazionalista arabo, con un colpo di Stato militare pone fine alla monarchia e instaura la repubblica, smantellando le basi militari americane e britanniche e nazionalizzando i pozzi di petrolio, fino ad allora gestiti dal capitale straniero. Alla morte del presidente egiziano Nasser, Gheddafi si schiera contro Israele, offrendo rifugio ai terroristi palestinesi e appoggiando diversi tentativi di colpi di Stato nel Sudan e in Egitto. Nel 1986, il presidente statunitense Ronald Reagan, dopo gli ennesimi attentati terroristici contro obiettivi americani, ordina di bombardare le città di Tripoli e Bengasi, provocando la morte di numerosi civili. All'attacco statunitense, Gheddafi risponde lanciando due missili verso Lampedusa. Ma la crisi internazionale, almeno momentaneamente, viene scongiurata.

## 7) La società dei consumi e il '68

All'inizio degli anni '60 l'Europa gode di un intenso periodo di ripresa produttiva che sfocia in un vero e proprio ***boom economico***, a partire dal quale si sarebbe poi fatto strada un nuovo fattore in grado di cambiare, per il futuro, stili di vita e modi di pensare: il ***consumismo***. Le industrie hanno prodotto una quantità di beni di consumo che supera di gran lunga il fabbisogno primario della popolazione, sicché per evitare un collasso economico i paesi più avanzati creano nuovi bisogni «superflui», allo scopo di consumare i prodotti in eccesso.

I riflessi del *boom* economico si riscontrano anche in Italia, dove contemporaneamente alla nazionalizzazione dell'industria elettrica e all'istituzione della scuola media unica il processo di industrializzazione si è ormai compiuto, producendo effetti positivi che tuttavia si concentrano essenzialmente nel «**triangolo industriale**» (Torino, Milano, Genova), tanto da non riuscire a bloccare neppure la persistente e consistente emigrazione dal Sud.

In questo stesso contesto storico matura poi un fenomeno culturale mondiale promosso dal movimento studentesco: il cosiddetto ***'68***, che pur caratterizzandosi in modo differente nei vari paesi propugna un radicale mutamento dei valori tradizionali e, criticando la società consumistica, rivendica la libertà dell'uomo dai ritmi imposti dal processo produttivo. La rivolta studentesca inizia nei *campus* americani, ma ben presto dilaga in tutta Europa: in Francia e in Italia, in particolare, il movimento ha conseguenze politiche e sociali sconosciute ad analoghi movimenti degli altri Stati.

Nel nostro paese la protesta giovanile fa il suo esordio nel dicembre del 1967 con l'occupazione dell'università di Torino e successivamente si estende agli atenei delle altre città e persino nelle scuole. Anche in Italia le rimostranze studentesche si irradiano a tutti i settori della società, con la differenza che, contrariamente a quanto accade in Francia, il Partito comunista italiano instaura un dialogo con gli studenti, giovandosene in termini elettorali.

I giovani contestano i contenuti culturali trasmessi dalla scuola e negli istituti occupati sperimentano nuovi metodi di studio e forme di sapere più libere, arrivando a mettere in discussione finanche la famiglia tradizionale e la morale corrente, considerata ipocrita e repressiva. Condannano, inoltre, l'intervento americano in Vietnam, divenuto il simbolo dell'arroganza capitalista, così come idealizzano il medico rivoluzionario argentino Ernesto «Che» Guevara e la rivoluzione culturale cinese.

Il movimento studentesco italiano assume ben presto una forte carica politica, collegandosi alle lotte sindacali della classe operaia che nell'autunno del 1969, definito *«autunno caldo»*, dà vita ad una serie di scioperi e manifestazioni in tutto il paese per rivendicare non soltanto salari più alti, ma anche una migliore qualità dei luoghi e delle modalità di lavoro: si chiede, fra le altre cose, di rendere più sicuri gli ambienti lavorativi e di eliminare le disparità di trattamento fra operai e impiegati in caso di infortunio e malattia. Tali vertenze si concludono positivamente per gli operai, tanto che già l'anno successivo, nel 1970, viene approvato lo *Statuto dei diritti dei lavoratori*, che sancisce importanti garanzie a tutela e protezione della manodopera salariata.

## 8) La crisi petrolifera del 1973

La guerra del Kippur produce enormi ripercussioni sull'intera economia mondiale. Il 17 ottobre 1973, infatti, i paesi arabi produttori di petrolio raggruppati nell'OPEC («Organizzazione dei paesi esportatori di petrolio», 1960) decidono di punire l'occidente, che ha sostenuto economicamente Israele, aumentando del 70% il prezzo del greggio e imponendo addirittura il blocco delle esportazioni petrolifere contro gli Stati Uniti. In poco tempo, il costo della benzina aumenta in Europa e negli USA del 400%, con conseguenze tali da portare addirittura alla recessione. Ciò porta a un significativo mutamento dell'orientamento internazionale: l'ONU ribadisce più volte il diritto dei palestinesi di ritornare nella propria terra, l'UNESCO sospende l'invio di aiuti a Israele e la Commissione per i diritti civili condanna il «terrorismo di Stato» di Tel Aviv. Dal 1975, i 7 Stati più industrializzati (USA, Giappone, Germania, Gran Bretagna, Francia, Canada, Italia) cominciano a riunirsi periodicamente per coordinare le loro politiche commerciali, finanziarie e occupazionali. Nasce così il **G7** (abbreviazione di «**Gruppo dei Sette**»), i cui incontri sono poi stati informalmente allargati, a partire dal 1992, anche alla Russia (G8).

## 9) Le nuove democrazie nell'Europa mediterranea

**Grecia.** In Grecia, nel 1967, un *golpe* militare inaugura la cosiddetta «dittatura dei colonnelli», mandando al governo Georgios Papadopulos e costringendo all'esilio il re Costantino. Un nuovo *golpe* militare rovescia lo stesso Papadopulos, nel 1974; viene poi richiamato dall'esilio il conservatore Karamanlis, il quale forma un governo democratico che è accolto positivamente dal popolo, mentre un referendum provvede ad abolire la monarchia, dopodiché, nel 1975, entra in vigore una nuova Costituzione democratica.

**Portogallo.** In Portogallo, dopo l'uscita di scena del dittatore Salazar (1968) ed il regime di Caetano, un colpo di Stato porta al governo un gruppo di militari progressisti («rivoluzione dei garofani», 1974), finché, nel 1976, viene poi approvata una Costituzione democratica e le elezioni attribuiscono la presidenza della Repubblica ad Antonio Ramalho Eanes, confermando il Partito socialista di Soares come partito di maggioranza relativa.

**Spagna.** In Spagna, infine, all'indomani della morte di Franco (1975), ascende al trono il re Juan Carlos I di Borbone, che indice, nel 1977, le prime elezioni libere. Perde, allo stesso tempo, il consenso dei partiti di sinistra l'*ETA* («Terra basca e libertà»), un'organizzazione terroristica nata nel 1958 per sostenere l'indipendenza delle province basche dallo Stato spagnolo e che ha cessato la propria attività (non quella politica) il 20 ottobre 2011.

## 10) L'Italia nella seconda metà del XX secolo

**La crisi degli anni Settanta.** Al fermento sociale manifestatosi alla fine degli anni Sessanta segue una crisi economica che si protrae fino alla fine degli anni Settanta. Emblema di questo particolare momento di difficoltà diventa la **FIAT**, la principale industria italiana, penalizzata da una forte caduta della domanda sul mercato internazionale dell'automobile.

Intanto, nel 1974 il referendum con cui viene mantenuta in vigore la **legge sul divorzio** (approvata nel 1970) segna un ulteriore successo a vantaggio delle forze progressiste, impegnate ad imprimere una forte spinta al processo di modernizzazione del paese.

Il 1976, invece, sarà l'anno del terribile **terremoto in Friuli**.

**Gli «anni di piombo».** L'attentato del dicembre 1969 alla banca dell'Agricoltura di piazza Fontana a Milano dà il via al fenomeno noto come *strategia della tensione*, mirante a suscitare nella società italiana una richiesta di ordine e ad arrestare l'avanzata delle forze progressiste. Sulle principali stragi di quel periodo (piazza della Loggia a Brescia e treno *Italicus*, entrambe del 1974) come di quelle del decennio successivo (non ultima l'esplosione che il 27 giugno 1980 distrugge un DC9 dell'Itavia in volo sui cieli di Ustica, causando la morte di 81 persone), non è stata fatta ancora piena luce.

Dalla metà degli anni Settanta, ricordati come «**anni di piombo**», accanto al terrorismo di estrema destra emerge quello di estrema sinistra, soprattutto ad opera delle **Brigate Rosse**, che il 16 marzo 1978 rapiscono e — dopo due mesi — uccidono lo statista democristiano **Aldo Moro**.

Segretario della DC, Moro era stato dal 1958 al 1963 Presidente del Consiglio ed era candidato alla Presidenza della Repubblica. Fautore di una politica di mediazione tra i diversi partiti, aveva intuito che per superare la grave crisi economica, politica e istituzionale del paese era necessario coinvolgere nel governo le forze di sinistra, senza per questo rinunciare al primato della DC nel sistema politico italiano. Diventato nel '76 presidente della DC, aveva tentato di concretizzare la sua proposta attuando un dialogo con Enrico Berlinguer, segretario del Partito comunista e fautore del cosiddetto «**compromesso storico**», ma proprio la mattina in cui si stava recando in parlamento per il voto di fiducia che avrebbe consentito la partecipazione al governo del PCI viene rapito dalle Brigate Rosse che massacrano la sua scorta. Pro-

> Il «**compromesso storico**» è la strategia politica, elaborata nel 1973 dal segretario del PCI Enrico Berlinguer, imperniata sulla convinzione secondo cui le sinistre, essendo impossibilitate a governare in Italia con una maggioranza troppo esigua, pena il rischio di destabilizzazioni antidemocratiche, dovevano puntare a creare un'alleanza fra le tre grandi componenti popolari: comunisti, socialisti e cattolici. Da qui la necessità di pervenire a un accordo con la Democrazia cristiana per garantire un'ampia base di consensi per le riforme necessarie al rilancio dell'Italia.

prio il «compromesso storico», interpretato da alcuni come una sorta di tradimento degli ideali marxisti, innesca una nuova ondata di incursioni terroristiche, che da quel momento diventano sempre più ricorrenti.

**Nascita del *pentapartito* e primi Capi di Governo non democristiani.** Il caso Moro, scoppiato poco prima dell'entrata in vigore della **legge che legalizza l'aborto** (6 giugno 1978), movimenta ulteriormente una situazione politica già di per sé ricca di tensioni, peraltro acuite dalle dimissioni del Presidente della Repubblica Giovanni Leone, coinvolto in una serie di scandali, al posto del quale viene eletto Sandro Pertini (8 luglio 1978).

Le elezioni anticipate del 1979 segnano il ridimensionamento dell'ascesa della sinistra — il Partito comunista esce dalla maggioranza e torna all'opposizione — e inaugurano una nuova formula di governo, il ***pentapartito*** (DC, PSI, PSDI, PRI, PLI), destinata a durare anche per il decennio successivo. Con il ritorno all'opposizione del

PCI l'ondata terroristica degli anni Ottanta va lentamente esaurendosi. Molti esponenti di spicco del movimento eversivo vengono arrestati, anche se ciò non basta per evitare la strage del *Rapido 904*, avvenuta nel 1984 sulla linea ferroviaria Napoli-Milano (la cosiddetta «strage di Natale»).

Ai due governi Cossiga del 1980, funestati dalla strage compiuta alla stazione centrale di Bologna il 2 agosto di quell'anno (in cui si verifica anche un tremendo terremoto in Campania e Basilicata), fa seguito l'esecutivo presieduto da Forlani, anch'egli costretto, però, a dare le dimissioni dopo lo scandalo della **loggia P2**, ovvero la loggia massonica «Propaganda 2» (a cui aderiscono personaggi della TV, dell'editoria, del mondo militare e degli apparati dello Stato sotto la guida del «gran maestro» Licio Gelli), la quale, accusata di scandali finanziari e di oscure trame eversive, viene sciolta su iniziativa del governo nel 1981 (anno in cui si verifica anche un attentato a papa Giovanni Paolo II ad opera del terrorista turco Ali Agca).

A quel punto viene nominato Presidente del Consiglio **Giovanni Spadolini** (1981), segretario del PRI e primo Capo di Governo non democristiano nella storia della repubblica, il quale scioglie la P2, cerca di contenere l'inflazione e, per contrastare la mafia, affida l'incarico di prefetto di Palermo al generale dei Carabinieri **Carlo Alberto Dalla Chiesa**, a sua volta assassinato — assieme a sua moglie e ad un agente della scorta — in un attentato mafioso compiuto il 3 settembre 1982. Nel frattempo il *pool* della Procura di Palermo, di cui fanno parte Antonino Caponnetto, Giovanni Falcone e Paolo Borsellino individua la struttura organizzativa di «Cosa Nostra», ma il CSM si rifiuta di nominare Falcone giudice istruttore di Palermo, carica che avrebbe consentito al magistrato di avere maggiori poteri nella lotta alla mafia. Contrasti tra DC e PSI fanno infine cadere il governo Spadolini.

Nelle elezioni del 1983 la DC perde molti voti mentre il PSI passa dal 9,8 all'11,4% delle preferenze. La guida dell'esecutivo viene affidata al socialista **Bettino Craxi** in un periodo positivo dal punto di vista economico sebbene si registrino un aumento della spesa pubblica e del disavanzo dello Stato. Nel 1984 Craxi firma un nuovo ***Concordato*** con la Chiesa, in base al quale la religione cattolica cessa di essere religione di Stato, dopodiché si impegna a difendere, attraverso una serie di decreti, l'emittenza privata televisiva, consentendo alla Fininvest di Berlusconi di trasmettere su tutto il territorio nazionale.

Nel 1987, anno dei referendum sulla giustizia e sulle centrali nucleari, il governo Craxi cade e si ritorna alle elezioni anticipate che vedono un'ulteriore crescita del PSI, mentre la DC rimane stabile. Dopo i ministeri Goria e De Mita, nel 1989 un'alleanza tra la DC, guidata da Arnaldo Forlani, e il PSI porta al quarto governo di Giulio Andreotti, mentre rimane all'opposizione il PCI, che fino al 1984 era stato guidato da Enrico Berlinguer. Questi, deceduto precocemente a causa di un ictus, è sostituito nella carica di segretario da Alessandro Natta, che tuttavia non riesce a risolvere la grave crisi del più consistente partito della sinistra, per cui nel 1988 è sostituito da Achille Occhetto.

**La mafia e le sue vittime.** Il 16 dicembre 1987 si conclude a Palermo il maxiprocesso contro 474 persone accusate di associazione mafiosa. È la prima volta che viene ufficialmente chiarita l'organizzazione della **mafia**.

A paritre dal 1° maggio 1947, anno in cui la banda di **Salvatore Giuliano** spara sulla folla che festeggia la vittoria delle sinistre nelle prime elezioni regionali, la mafia interviene spesso assassinando coloro che le sono ostili e, coalizzandosi con alcuni esponenti dei partiti locali cerca di avere sotto controllo la Sicilia anche dal punto di vista politico: esemplare il caso di **Salvo Lima**. Tuttavia, è solo nel 1992 che un uomo politico viene condannato per associazione mafiosa: si tratta di **Vito Ciancimino**, ex sindaco DC di Palermo. Nonostante già nel 1962 sia stata istituita una commissione d'inchiesta sulla mafia in Sicilia che tenta di introdurre le misure necessarie per debellarla, né questa né le commissioni successive hanno particolare successo.

Per tutta risposta la mafia comincia a compiere, negli anni, una serie di delitti eccellenti, giornalisti, membri delle forze dell'ordine e politici che nel corso della loro vita hanno apposto una decisa resistenza a tale organizzazione criminale. Particolare eco ebbe dapprima il delitto di Giovanni Falcone, procuratore aggiunto della Repubblica di Palermo che, fin dall'inizio della sua attività di magistrato, concentra le indagini sui rapporti tra mafia e politica. Dopo l'assassinio del generale

Dalla Chiesa, scoperti i mandanti (Riina, Provenzano, i fratelli Greco, Santapaola, Vernengo), coordina un *pool* di giudici che si occupano di criminalità organizzata e attraverso le confessioni del pentito Tommaso Buscetta riesce ad avere informazioni su Cosa Nostra, che non è, come si pensava, un insieme di bande, ma ha una struttura unica e gerarchizzata con a capo una «cupola». Ben presto, però, Falcone diventa un magistrato scomodo per il potere politico e per quello mafioso. Infine, il 23 maggio 1992, giorno della tristemente famosa «strage di Capaci», la mafia lo fa saltare in aria insieme con i componenti della sua scorta. Poco dopo, tocca al collega Paolo Borsellino, ucciso nella strage di via d'Amelio il 19 luglio 1992 sotto casa della madre.

Fin qui le vittime più note, anche se il numero di morti provocati dalla mafia è molto più consistente, peraltro ampliato dalle vere e proprie «esecuzioni» con cui sono stati assassinati numerosi parenti dei pentiti.

Bisogna inoltre ricordare che durante le guerre di mafia non vengono risparmiati colpi per nessuno, dal momento che le varie cosche si contendono il dominio della «cupola» di Cosa Nostra e il controllo del territorio. In particolare, negli anni Ottanta si scatena una delle lotte di mafia più violente in assoluto, conclusasi con la vittoria del clan dei corleonesi capeggiato da Salvatore (Totò) Riina catturato dopo una lunga latitanza il 15 gennaio 1993 e condannato all'ergastolo.

## 11) La riunificazione delle due Germanie

Dopo la politica di apertura verso Est, inaugurata dal ministro degli Esteri della Germania Federale, Willy Brandt (1966), il processo di distensione tra le due Germanie prosegue, finché, nel 1989, la Repubblica Democratica Tedesca di Erich Honecker vara una serie di misure restrittive per arginare la fuga di migliaia di cittadini verso la Germania ovest. Il successore di Honecker, Egon Krenz, tenta, a sua volta, di arginare il fenomeno promettendo l'apertura delle frontiere. Il 4 novembre 1989, più di un milione di persone si riuniscono a Berlino e, inaspettatamente, la notte del 9 novembre vengono aperte le frontiere lungo il Muro, attraverso le quali inizia l'esodo di tedeschi orientali verso l'Occidente.

Le prime elezioni libere (1990) vedono la vittoria del partito del cancelliere della Germania ovest, Helmut Kohl, che chiede la riunificazione delle due Germanie con un trattato approvato dai due parlamenti (20 settembre 1990).

## 12) L'URSS dall'era Brežnev alla disgregazione dell'impero sovietico

**La politica brezneviana.** Leonid Il'ič Brežnev succede a Krusciov come segretario generale del PCUS nel 1964, affermandosi come «uomo forte» del nuovo gruppo dirigente.

**L'invasione dell'Afghanistan.** L'URSS, temendo che l'integralismo islamico si possa estendere anche ai musulmani delle repubbliche sovietiche, decide di invadere, nel 1979, l'Afghanistan assumendo il controllo del golfo Persico e scontrandosi con gli interessi occidentali nella zona. L'invasione si risolve con la repressione dei guerriglieri musulmani e con il ritiro delle truppe sovietiche (1988).

**La perestrojka di Gorbaciov.** Alla morte di Brežnev, nel 1982, seguono due brevi governi: quello di *Yurij Andropov*, capo del KGB, morto nel 1984, e quello di *Konstantin Černenko*, un vecchio conservatore, che muore nel 1985. La vittoria dei riformatori all'interno del PCUS porta alla presidenza *Michail Gorbaciov*, che dà inizio a una rilevante trasformazione della struttura dello Stato che prende il nome di **perestrojka** («ristrutturazione»).

Sul piano economico, Gorbaciov attua una parziale liberalizzazione, puntando all'aumento della produzione e al miglioramento del tenore di vita della popolazione.

> **Perestrojka:** politica di trasformazione del sistema produttivo sovietico attuata da Gorbaciov nel 1987 per risollevare la stagnazione in cui versava 'economia dell'URSS.
> I dirigenti del partito comunista avevano, infatti, guidato la creazione di un nuovo ordine economico in un processo di continua sperimentazione alla ricerca di soluzioni nuove che spesso si rivelavano inadeguate o produttive di effetti distorti.

Sul piano politico, invece, afferma il diritto della popolazione a essere informata sulla gravità della situazione reale attraverso la *glasnost* («trasparenza»). Ma le riforme non riescono a risollevare l'economia e il popolo appoggia i movimenti nazionalisti che ottengono grossi successi alle elezioni locali. Ciò porta, nel 1989, al ritiro delle truppe sovietiche dai paesi socialisti e alla caduta dei regimi comunisti nell'Est europeo.

**La fine dell'URSS.** Nel 1990, Gorbaciov viene eletto presidente dell'URSS e riceve il premio Nobel per la pace, ma ben presto alcune repubbliche proclamano l'indipendenza. Nel 1991 Gorbaciov è costretto a sottoporre a referendum il trattato dell'Unione per decidere sulla sopravvivenza dell'URSS: Estonia, Lettonia, Lituania, Georgia, Moldavia e Armenia diventano indipendenti, le rimanenti popolazioni restano nell'URSS, ma approvano una nuova Costituzione fissando la data per elezioni libere.

Il presidente della Repubblica federativa russa diventa *Boris Eltsin*, mentre Gorbaciov è costretto a rassegnare le dimissioni e il 31 dicembre 1991 l'URSS viene sciolta, mentre si costituisce la *Comunità degli stati indipendenti* (CSI), una nuova associazione che raggruppa le repubbliche ex sovietiche proclamatesi indipendenti.

## 13) La caduta dei regimi comunisti nell'Est europeo

Già prima della disgregazione dell'Unione Sovietica, vere e proprie insurrezioni erano divampate in Ungheria (1956) e a Praga (1968), entrambe stroncate nel sangue dall'intervento dell'Armata Rossa. Tra la fine degli anni '80 e l'inizio degli anni '90, il ricambio politico in Europa orientale diventa un'esigenza improrogabile che si afferma ancor prima dello smembramento dell'impero sovietico.

**Polonia.** Il primo Stato a emanciparsi dal controllo dell'URSS è la Polonia, dove le forze di opposizione, guidate dal sindacato cattolico *Solidarność* capeggiato da *Lech Walesa*, riescono ad affermarsi, portando, nelle elezioni del 4 giugno 1989, alla sconfitta dell'ex Partito comunista. Nel 1990 Walesa viene eletto presidente della Repubblica.

**Ungheria.** Il crollo definitivo del regime filosovietico ungherese avviene pacificamente il 7 ottobre 1989, quando il Congresso stabilisce che il Partito comunista si trasformi in PSU (Partito socialista). Le prime elezioni libere decretano poi l'affermazione del *Forum democratico* di J. Antall, di ispirazione democratico-cristiana e moderata.

**Bulgaria.** Il 10 novembre 1989 anche il capo di Stato bulgaro Živkov, esponente del partito comunista filosovietico, è costretto a dimettersi, sostituito da Mladenov. Dopo la riforma della Costituzione, attuata nel 1991, si svolgono le prime elezioni libere che vedono l'affermazione dell'*Unione delle forze democratiche*.

**Cecoslovacchia.** Già nel 1968, il segretario del Partito comunista *Dubček* cerca, attraverso una serie di riforme, di liberalizzare la vita politica, economica e culturale del paese («primavera di Praga»), ma l'intervento militare sovietico pone drammaticamente fine alle sue iniziative. Negli ultimi mesi del 1989, il regime comunista è infine travolto da un'ondata di manifestazioni che provocano le dimissioni in blocco dei vertici comunisti e riportano in auge Dubček (eletto presidente del parlamento) e lo scrittore Vaclav Havel (eletto presidente della Repubblica), il cui partito, il *Forum civico*, risulta poi vittorioso alle elezioni svoltesi nel giugno 1990.

Il 1° gennaio 1993, la Cecoslovacchia si scinde in due Stati indipendenti: la *Repubblica slovacca* e la *Repubblica ceca*.

**Romania.** Nel dicembre 1989 si scatena in Romania una sanguinosa guerra civile contro il regime filosovietico di *Nicolae Ceausescu*. Nello stesso tempo, viene creato un *Fronte di salvezza nazionale* che prende le redini della rivolta, culminata nell'arresto, nel processo e nell'esecuzione sommaria di Ceausescu e sua moglie Elena. Messo al bando il Partito comunista, le nuove elezioni (1990) vedono l'affermazione del Fronte di salvezza nazionale, in cui assume il ruolo di leader *Ion Iliescu*, eletto presidente della Repubblica.

## 14) La Cina da Mao Tse-tung alla strage di Tien-An-Men

A partire dal 1956 *Mao Tse-tung* avvia la politica del «grande balzo in avanti», con l'obiettivo di potenziare l'agricoltura e l'industria. La creazione delle «comuni del popolo» (raggruppamenti socio-economici e amministrativi di base) avrebbe dovuto realizzare un rapido sviluppo economico a tappe forzate. In realtà, carestie e recessione causano una preoccupante crisi politica.

**La rivoluzione culturale.** Dopo aver rafforzato il peso militare della Cina con la dotazione della bomba atomica (1964), Mao dà inizio alla cosiddetta «rivoluzione culturale» che consiste in una vasta mobilitazione delle masse giovanili e del proletariato urbano tesa a stroncare corruzione e privilegi dei funzionari all'interno dello Stato e del Partito comunista cinese. Il movimento, che assume forme paramilitari (*Guardie Rosse*), finisce quasi per paralizzare la vita del paese e le attività produttive, e si conclude nel 1976, alla morte di Mao Tse-tung.

**Gli anni '80.** Negli anni '80, sotto la guida di *Deng Xiaoping*, la Cina ritorna ad un'economia di mercato e adotta misure di penalizzazione fiscale per le famiglie con più di un figlio, per fermare l'aumento della popolazione, che supera un miliardo e centomila persone. Dal punto di vista politico, Deng Xiaoping difende l'autorità assoluta del partito contro ogni prospettiva di liberalizzazione. Jan Qing, moglie di Mao, nel 1981 è espulsa dal partito, processata e incarcerata insieme con i suoi più stretti collaboratori («banda dei quattro»). Il nuovo leader nel 1989 sostiene una sanguinosa repressione delle manifestazioni studentesche in *Piazza Tien-An-Men* a Pechino.

**La strage di Tien-An-Men.** La visita di Gorbaciov, proprio nel giugno del 1989, nella capitale cinese stimola ulteriormente la mobilitazione degli studenti. Deng, una volta partito il leader sovietico, invia l'esercito su piazza Tien-An-Men uccidendo centinaia di persone. La repressione si estende agli oppositori, molti dei quali vengono incarcerati e condannati a morte. Il 9 giugno Deng elogia pubblicamente l'operato dell'esercito, destituisce il segretario del partito che era in disaccordo con la linea adottata e definisce i dimostranti «controrivoluzionari».

## Test di verifica

1. **Quale conflitto è passato alla storia come la *guerra dei sei giorni*?**
   - ❏ **a)** L'attacco di Israele all'Egitto, alla Siria e alla Giordania nel 1967.
   - ❏ **b)** La battaglia, nel 1956, tra i soldati del dittatore cubano Batista e i rivoluzionari capeggiati da Guevara e Castro.
   - ❏ **c)** L'invasione da parte degli argentini delle isole Falkland nel 1982.
   - ❏ **d)** L'invasione del Kuwait da parte dell'Iraq nel 1990.
   - ❏ **e)** La guerra Iran-Iraq del 1980.

2. **Qual è la causa della *crisi tra USA e URSS* nel 1962?**
   - ❏ **a)** Lo sbarco di esuli cubani nella Baia dei Porci.
   - ❏ **b)** L'annuncio di una nuova arma progettata dai sovietici.
   - ❏ **c)** L'installazione di basi missilistiche russe a Cuba.
   - ❏ **d)** L'installazione di basi missilistiche americane in Turchia.
   - ❏ **e)** L'intervento degli USA in Vietnam.

3. **In che anno avviene la *riunificazione* delle due Germanie?**
   - ❏ **a)** 1993.
   - ❏ **b)** 1990.
   - ❏ **c)** 1987.
   - ❏ **d)** 1985.
   - ❏ **e)** 1989.

4. **Da chi è siglato il nuovo *Concordato* tra lo Stato italiano e la chiesa cattolica?**
   - ❏ **a)** Spadolini.
   - ❏ **b)** Andreotti.
   - ❏ **c)** Forlani.
   - ❏ **d)** De Mita.
   - ❏ **e)** Craxi.

15. Dagli anni Sessanta agli anni Ottanta del Novecento

**5. In che anno viene costruito il *muro di Berlino*?**

- ❏ **a)** 1948.
- ❏ **b)** 1946.
- ❏ **c)** 1989.
- ❏ **d)** 1961.
- ❏ **e)** 1945.

## Soluzioni e commenti

1. Risposta: **a)**. L'attacco aereo **israeliano** ad Egitto, Siria e Giordania (1967).
2. Risposta: **c)**. L'installazione di basi missilistiche sovietiche a **Cuba** sono sentite come una minaccia dagli Stati Uniti. La crisi è tanto grave che si sfiora la terza guerra mondiale.
3. Risposta: **b)**. Nel **1990**, con le prime elezioni libere e la sconfitta degli ex comunisti.
4. Risposta: **e)**. Dal socialista **Bettino Craxi**.
5. Risposta: **d)**. Nel **1961** alcuni operai cominciano a mettere filo spinato lungo la linea di separazione, poi sostituito da larghi muri di cemento con reti metalliche elettrificate, mine e torri di controllo con guardie armate.

# 16. L'età contemporanea

## Di cosa parleremo

Nell'ultimo decennio del Novecento il mondo vive avvenimenti molto importanti: la fine dell'*apartheid* in Sudafrica, il fallimento degli interventi ONU in Somalia e in Ruanda, il conflitto nel Darfur, la caduta delle dittature in America latina, il difficile processo di pace in Palestina, il perdurante stato di tensione in Iraq e in Afghanistan denotano una realtà internazionale in continua e imprevedibile trasformazione. Intanto, in un'Europa tormentata dalla guerra nella ex Iugoslavia, il cammino verso l'integrazione conosce un momento importante con la traduzione in atto dei contenuti del *Trattato di Maastricht*, che spianano la strada alla definitiva e completa affermazione delle politiche comunitarie. Lo scenario mondiale subisce una nuova grave scossa dalle stragi terroristiche dell'11 settembre 2001 che ha colpito gli stati Uniti.

### TAVOLA CRONOLOGICA

**1990** L'Iraq invade il Kuwait. Liberazione di Nelson Mandela in Sudafrica.

**1991** Guerra del Golfo e liberazione del Kuwait. Abolizione dell'*apartheid* in Sudafrica. B. Eltsin presidente della Russia.

**1992** Inchiesta giudiziaria «Mani pulite» e scoppio di *Tangentopoli* in Italia. O.L. Scalfaro nuovo presidente della Repubblica italiana. Iugoslavia: guerra civile nella Bosnia-Erzegovina e nascita della nuova Repubblica federale di Iugoslavia, composta da Serbia e Montenegro. *Trattato di Maastricht* e nascita dell'Unione europea (UE). Intervento ONU in Somalia.

**1993** Washington: annuncio della costituzione di un autogoverno palestinese (ANP) a Gaza e Gerico.

**1994** Ripristino delle relazioni diplomatiche tra Israele e il Vaticano. Mandela presidente del Sudafrica. Degenerazione della guerra civile fra *tutsi* e *hutu* in Ruanda.

**1995** Accordi di Dayton per la pace in Bosnia. Attentato a Rabin in Israele.

**1997** Hong Kong torna sotto la sovranità cinese.

**1998** Contesa dell'Ulster: *Accordo di Belfast* (o *Accordo del Venerdì Santo*) tra unionisti e cattolici.

**1999** C.A. Ciampi nuovo presidente della Repubblica italiana. Guerra del Kosovo. Nomina di Romano Prodi a Presidente della Commissione europea.

**2000** V. Putin presidente della Russia. G.W. Bush presidente degli Stati Uniti.

**2001** Attentati terroristici a New York (11 settembre). Approvazione del *Trattato di Nizza*. Arresto di Milošević, poi estradato all'Aia. Guerra in Afghanistan. Israele: A. Sharon primo ministro.

**2002** *Road map* per risolvere la questione israelo-palestinese.

**2003** Seconda guerra del Golfo. Strage di Nassiriya. Cattura di Saddam Hussein a Tikrit.

**2003-2009** Conflitto nel Darfur.

**2004** Approvazione della *Costituzione europea*. Attentati terroristici a Madrid. Morte di Y. Arafat.

**2005** Attentati terroristici di Londra e Sharm El Sheik. Abu Mazen nuovo presidente dell'ANP. Smantellamento delle colonie ebraiche a Gaza. Iran: ha inizio il mandato presidenziale di Mahmud Ahmadinejad.

**2006** G. Napolitano nuovo presidente della Repubblica italiana. Morte di Milošević in prigione. Scissione di Serbia e Montenegro. Russia: omicidi di A. Litvinenko e A. Politovskaja. Guerra tra Libano e Israele. Affermazione di *Hamas* alle elezioni per la formazione del parlamento palestinese. Iraq: ufficializzazione della vittoria elettorale dei partiti sciiti ed esecuzione di Saddam Hussein a Baghdad. Ritiro delle truppe italiane dall'Iraq (2 dicembre).

**2007** Formazione di un nuovo governo di unità nazionale in Palestina con membri di *Hamas* e *al-Fatah*. Approvazione in sede ONU di una prima bozza di sanzioni contro i programmi nucleari dell'Iran. Repressione cruenta delle manifestazioni antiregime in Birmania. Vertice di Pyongyang fra i leader delle due Coree (ottobre) e ufficializzazione degli accordi di Pechino (febbraio 2007) sul disarmo nucleare della Corea del Nord. In Pakistan viene assassinata Benazir Bhutto, leader dell'opposizione al presidente Musharraf.

**2008** Il governo provvisorio del Kosovo proclama unilateralmente la propria indipendenza dalla Serbia (17 febbraio). Dmitrij Medvedev nuovo presidente della Federazione Russa (7 maggio). In Colombia i ribelli delle FARC liberano, dopo oltre sei anni di prigionia, la giornalista e politica franco-colombiana Ingrid Betancourt (2 luglio). Olimpiadi di Pechino (8-24 agosto). La Russia riconosce unilateralmente l'indipendenza dell'Abcasia e dell'Ossezia del Sud (26 agosto), separatesi dalla Georgia. Fallimento della *Lehman Brothers* negli USA (settembre) e diffusione di una crisi economica globale. Barack Obama eletto presidente degli Stati Uniti (4 novembre).

**2009** Terremoto in provincia dell'Aquila, in Abruzzo (6 aprile). Mahmud Ahmadinejad rieletto presidente dell'Iran (13 giugno). Vertice G8 a L'Aquila (8-10 luglio). Hamid Karzai rieletto presidente dell'Afghanistan (20 agosto). Sei paracadutisti italiani della *Folgore* muoiono in un attentato a Kabul (17 settembre). Dichiarazione di incostituzionalità del cosiddetto *Lodo Alfano* (7 ottobre).

**2010** Terremoto ad Haiti che causa più di 200000 morti. La commissione Ecofin crea un fondo per salvare la Grecia dalla bancarotta. La corte internazionale dell'Aia dichiara legittima l'indipendenza del Kosovo dalla Serbia. Gli USA si ritirano dall'Iraq. Eta annuncia il cessate il fuoco. In Brasile viene eletta Dilma Rousseff, prima donna a ricoprire tale incarico nella storia del paese. San Sun Kyi viene liberata dopo 15 anni di reclusione.

**2011** L'Estonia adotta l'euro. Finisce la dittatura di Ben Ali in Tunisia. Terremoto in Giappone provoca decine di migliaia di morti e dispersi e un incidente alla centrale nucleare di Fukushima. Inizia la Guerra in Libia. Uccisione in Pakistan di Osama bin Iaden. Arresto di Ratko Mladic per crimini di guerra e contro l'umanità. Uccisione di Gheddafi. Dimissioni del Governo Berlusconi. Nascita del Governo Monti.

**2012** In Croazia passa il referendum per l'adesione del Paese all'UE. Rielezione di Putin a Presidente della Federazione Russa. Hollande è il nuovo Presidente della Repubblica francese. Barack Obama è rieletto Presidente degli Stati Uniti. Riconoscimento da parte dell'ONU della Palestina quale Stato non osservatore non membro. Dimissioni del Governo Monti. Scioglimento anticipato delle Camere. Termina la XVI legislatura.

**2013** Dimissioni di Joseph Ratzinger da Pontefice. Elezione del Cardinale argentino Jorge Mario Bergoglio a Papa col nome di Francesco. Rielezione di Napolitano a Presidente della Repubblica. Enrico Letta è il nuovo Presidente del Consiglio. Adesione della Croazia all'UE. Colpo di Stato in Egitto: deposizione del Presidente Morsi e assunzione del comando del Paese ad opera del generale Abd al-Fattah al-Sisi. Decadenza dalla carica di senatore di Berlusconi.

**2014** Adozione dell'euro da parte della Lettonia. Dimissione del Governo Letta. Nascita del Governo Renzi. Invasione della Crimea da parte della Russia. Annessione della Crimea alla Russia dopo un referendum che raggiunge più del 90% dei consensi. Sospensione della Russia dal G8. Presentazione da parte del Governo di un progetto di revisione della Costituzione. Colpo di stato militare in Libia. Colpo di stato militare in Thailandia. Abdicazione del re di Spagna Juan Carlos a favore del figlio Felipe. Invasione della Striscia di Gaza da parte di Israele.

## 1) Le vicende del continente africano

**La fine dell'*apartheid* in Sudafrica.** Durante gli anni '70, nonostante le ripetute condanne internazionali, il regime sudafricano non fa nulla per porre termine al fenomeno dell'*apartheid*. A fronte delle proteste del popolo di colore, guidato dall'ANC (*African national congress*), il governo dichiara lo stato d'assedio, provocando l'indignazione internazionale. A questo punto **Pieter Willem Botha**, l'ex primo ministro che nel 1984 diventa presidente del Sudafrica, decide di avviare una revisione dell'*apartheid* che viene portata a termine dal suo successore, **Frederik De Klerk**, il quale, oltre a legalizzare il *Partito comunista sudafricano* e l'*African national congress*, dispone anche la liberazione del le-

L'*apartheid* è la dottrina razzista adottata ufficialmente dal Partito nazionalista del Sudafrica dopo la sua vittoria alle elezioni del 1948. Impostasi come un regime di segregazione razziale a tutti gli effetti, prevedeva la totale esclusione della maggioranza nera dalla gestione politica del paese, traducendosi, sotto il profilo legislativo, in un insieme di norme tese a regolare i rapporti reciproci e gli ambiti di residenza, di vita e di lavoro fra i quattro gruppi etnici del paese (bianchi, neri, meticci, asiatici), con una pesante componente razzista funzionale alla completa emarginazione e alla più bieca discriminazione dell'etnìa nera.

16. L'età contemporanea

ader storico dell'ANC, **Nelson Mandela**, condannato all'ergastolo e in prigione dal 1964.

Nel 1991 Mandela e De Klerk pongono definitivamente termine alla legislazione dell'*apartheid*. Nel 1994 si svolgono le prime elezioni democratiche e multirazziali che conferiscono la carica di presidente della Repubblica allo stesso Mandela. Nel 1996 viene poi approvata dal parlamento una nuova Costituzione.

**L'intervento ONU in Somalia.** Resosi indipendente nel 1960, lo Stato somalo cade sotto la dittatura del generale **Siad Barre**, che nel 1969 conquista il potere con un golpe militare. Nel 1991 Barre viene estromesso e il Paese è ostaggio di sanguinosi scontri tra le milizie dei cosiddetti «**signori della guerra**», Mohammed Ali Mahdi e Mohammed Farad Aidid, capi militari di fazioni rivali. Le stesse truppe ONU nel 1995 abbandonano il paese, decretando il fallimento della missione *Restore Hope*, alla quale aveva partecipato anche l'Italia.

Nel 2000, tra maggio e settembre, si svolge ad **Arta** (Gibuti) la tredicesima conferenza di riconciliazione, che dà vita a un parlamento di 245 membri e sceglie come presidente **Abdulkassim Salad Hassan** (già ministro dell'ex dittatore Barre), dopodiché, nel 2004, i «signori della guerra» si accordano sulla necessità di votare un parlamento unitario e in agosto eleggono un parlamento federale, con presidente *ad interim* **Abdullahi Yusuf Ahmed**.

Nel 2006 le milizie delle *Corti islamiche* (organizzazioni politico-militari locali di stampo religioso) assumono il controllo della parte centro-meridionale del paese, cosicché a dicembre il Consiglio di Sicurezza delle Nazioni Unite approva un nuovo invio di caschi blu in Somalia. Intanto l'Etiopia si schiera al fianco del governo provvisorio nei combattimenti contro le Corti islamiche e nel giro di poche settimane, grazie anche al successivo intervento militare degli Stati Uniti, l'esecutivo provvisorio somalo riprende il controllo della capitale. La situazione precipita drammaticamente nell'autunno del 2007 con la popolazione esposta a epidemie e violenze di ogni genere. Nel giugno 2008, con la mediazione di alcuni esponenti delle Corti islamiche, il governo somalo, alcune frange dell'opposizione e l'Etiopia concordano la firma di un accordo di pace, che prevede un territorio liberato dai militari etiopi e presidiato da forze internazionali, oltreché, in tempi da definire, la ricostruzione della Somalia.

**L'intervento ONU in Ruanda.** Analogamente a quanto accaduto in Somalia, l'intervento delle Nazioni Unite non sortisce esiti neppure in Ruanda, altro Stato africano devastato dalla guerra civile. Indipendente dal 1962, il paese cade sotto la dittatura militare nel 1973, quando un colpo di stato porta al potere il generale **Juvénal Habyarimana**, esponente dell'etnìa *hutu* del nord, che instaura un regime autoritario a partito unico. Nel 1990 fazioni armate di esuli *tutsi* del **Fronte patriottico ruandese (FPR)**, provenienti dall'Uganda, invadono la parte settentrionale del Ruanda, innescando una guerra civile tra la minoranza *tutsi* e le forze governative *hutu*. La situazione degenera nel 1994, quando gli scontri etnici causano, in soli cento giorni, circa un milione di morti e due milioni di profughi. In particolare il genocidio dei *tutsi*, perpetrato dagli *hutu* col pretesto di vendicare la morte del presidente Habyarimana, il cui aereo era stato abbattuto, rimane senza dubbio uno dei più sanguinosi crimini umanitari che la storia abbia mai conosciuto. Nel maggio 2003, in seguito ad accordi intervenuti tra il FPR e gli *hutu* moderati, viene votata una nuova Costituzione che introduce il pluralismo e mette al bando i partiti che si rifanno a ideali razzisti ed etnici e, nella stessa occasione, eletto presidente **Paul Kagame**, esponente del FPR.

**Il conflitto nel Darfur.** Nel Darfur, situato nella parte occidentale del Sudan, da circa 50 anni si è combattuta una delle più sanguinose guerre civili della storia africana, che ha visto il nord del paese, abitato prevalentemente da musulmani di origine araba, contrapporsi al sud, in cui vivono essenzialmente cristiani e animisti di origine africana.

Il conflitto è scoppiato nel 2003, quando due movimenti ribelli (l'«Esercito per la liberazione del Sudan» e il «Movimento per la giustizia e l'eguaglianza») hanno attaccato postazioni militari del governo centrale, che ha scatenato contro di loro, e contro le persone sospettate di appoggiarli, i *janjawid*, letteralmente «diavoli a cavallo», miliziani appartenenti alle tribù di allevatori nomadi arabi. I contadini africani darfuriani, considerati inferiori dagli arabi perché discendenti degli schiavi, non hanno alcun potere politico e sono da sempre assoggettati al governo centrale di Karthoum, la capitale del paese.

Oltre un milione e 600mila persone hanno abbandonato le loro case per trasferirsi in giganteschi campi profughi, accampati in condizioni spaventose. Almeno 200mila hanno varcato clandestinamente i confini e si sono rifugiati nel Ciad, aggravando la già fragile economia di questo paese.

Il 4 marzo 2009 il presidente del Sudan Omar Hasan Ahmad al-Bashir è stato incriminato dalla Corte penale internazionale per crimini contro l'umanità, dando luogo al primo caso nella storia in cui è stato emesso un mandato di cattura nei confronti di un capo di Stato nell'esercizio delle sue funzioni. Il 27 agosto 2009 è stato dichiarato concluso, dopo sei anni e con 400.000 vittime, il conflitto nel Darfur.

## 2) La prima guerra del Golfo

Alla fine degli anni Ottanta il presidente iracheno **Saddam Hussein** entra in contrasto con i leader dell'Arabia Saudita e del Kuwait in merito alla politica petrolifera: parte dei paesi dell'OPEC vogliono aumentare le quote di estrazione del greggio, andando incontro a una diminuzione del prezzo del petrolio, sicché Saddam li accusa di essere subalterni all'Occidente. Inoltre, fin dalla prima guerra mondiale, l'Iraq rivendica il Kuwait come provincia. Su queste basi, il 2 agosto 1990 Saddam ordina l'invasione del Kuwait, intenzionato a impossessarsi dei pozzi di petrolio, ma l'ONU, dopo aver chiesto vanamente il ritiro immediato dell'esercito invasore, decreta l'embargo nei confronti dell'Iraq.

Intanto gli USA, d'accordo con l'Arabia Saudita, preparano un intervento militare nel golfo Persico, sia per l'interesse nei confronti dei pozzi petroliferi del Kuwait, sia perché un eventuale rafforzamento dell'Iraq metterebbe a repentaglio gli equilibri in Medio Oriente. Il fronte anti-iracheno impone all'Iraq un ultimatum per il ritiro dal Kuwait, scaduto il quale hanno inizio, nella notte tra il 16 e il 17 gennaio 1991, i bombardamenti su Baghdad. Comincia, così, l'operazione **«Tempesta nel deserto»**, che inaugura la guerra del Golfo, la quale si conclude nel febbraio successivo con la vittoria del contingente internazionale. Il Kuwait viene reintegrato nella legittima sovranità del suo territorio, senza, però, che venga ritirato l'embargo contro l'Iraq, al quale, anzi, vengono imposte una serie di sanzioni economiche da rispettare per almeno sette anni. Il 13 ottobre 1994 Saddam annuncia di essere disposto a riconoscere la sovranità del Kuwait e le frontiere stabilite al termine del conflitto, in cambio della fine dell'embargo. Dopo lunghe trattative diplomatiche, il 20 maggio 1996 viene sottoscritto un accordo tra Iraq e ONU che consente a Saddam di vendere il suo petrolio, in modo da poter acquistare cibo e medicinali per il suo popolo, affamato e stremato dalla guerra e dalle ulteriori conseguenze che ne erano derivate.

### 3) La guerra civile nella ex Iugoslavia

Al termine della seconda guerra mondiale la Iugoslavia è costituita in uno Stato federale, basato sulla convivenza di diverse etnie in passato in lotta tra loro. Facevano parte della Iugoslavia i territori di Slovenia, Croazia, Serbia, Bosnia-Erzegovina e Macedonia, mentre Kosovo e Montenegro erano organi amministrativi autonomi all'interno della Repubblica di Serbia. L'unificazione diventa possibile grazie all'opera di **Josip Broz**, detto **Tito**, il quale muore nel 1980, poco dopo l'esplosione di una rivolta della popolazione di origine albanese del Kosovo (provincia serba).

**Lo scoppio della guerra civile.** Nel 1990 in Croazia e Slovenia i nazionalisti vincono le elezioni e l'anno successivo proclamano l'indipendenza delle due repubbliche. Al loro interno vive una minoranza di origine serba le cui rivendicazioni d'indipendenza sono fomentate dal leader nazionalista della Repubblica serba, **Slobodan Milošević**. Queste tensioni portano allo scoppio di una guerra civile: da giugno a dicembre del 1991, si susseguono scontri fra truppe serbe e federali da un lato, croati e sloveni dall'altro.

Sul finire del '91 anche la Macedonia proclama la propria indipendenza, seguita, il 9 gennaio 1992, dalla Bosnia-Erzegovina. La situazione è particolarmente tesa in Bosnia, da sempre abitata da popolazioni di origini diverse (musulmani, serbi, croati) dove scoppia una sanguinosa guerra civile. Sempre nel '92 la Serbia e il Montenegro costituiscono una nuova repubblica federale di Iugoslavia, che persegue l'obiettivo di annettere i territori vicini nei quali vivono popolazioni serbe: a tal fine, vengono compiuti veri e propri massacri ai danni di popoli di altra etnia (*pulizia etnica*). A quel punto la popolazione serba di Bosnia fonda un nuovo Stato indipendente da unificare alla federazione di Milošević. Ciò rende indispensabile l'intervento prima dell'ONU, che infligge sanzioni alla Serbia e invia in Bosnia un contingente di «caschi blu», poi della NATO, che interviene anch'essa nel conflitto contro i serbi.

**Gli accordi di Dayton.** La pace diventa realtà soltanto nel novembre del '95, quando gli schieramenti in lotta firmano la fine delle ostilità a **Dayton**, per cui la Bosnia pur conservando i vecchi confini che le appartenevano, viene trasformata in uno Stato federale e deve accettare la divisione territoriale interna tra una repubblica serba di Bosnia e una federazione croato-bosniaca, sebbene la capitale, Sarajevo, rimanga unificata.

**L'intervento della NATO in Kosovo.** La crisi nella ex Iugoslavia si acuisce nel marzo 1999, allorquando, a fronte dei ripetuti massacri compiuti dai serbi di Milošević per reprimere le istanze indipendentiste della maggioranza albanese insediata nel Kosovo, la NATO scatena un attacco aereo contro obiettivi militari iugoslavi. I bombardamenti terminano la sera del 9 giugno, con la firma di un accordo militare tra le parti che prevede l'obbligo di ritiro delle truppe serbe dal Kosovo. Il giorno successivo il Consiglio di sicurezza delle Nazioni Unite approva (con la sola astensione della Cina) una risoluzione per il ripristino della pace con l'invio di una forza multinazionale, la **Kfor**, affidata al comando di paesi aderenti alla NATO (Gran Bretagna, Stati Uniti, Italia, Francia, Germania) e integrata dall'appoggio esterno di contingenti russi e di Stati non appartenenti all'Alleanza atlantica. Con la stessa risoluzione il Consiglio di sicurezza dell'ONU istituisce un'amministrazione civile internazionale (**UNMIK**) a cui viene affidato il compito di iniziare il lungo processo di costruzione della democrazia e dell'autogoverno in Kosovo, in modo da rendere possibile, nel 2001, lo svolgimento di elezioni parlamentari.

**La fine del regime di Milošević.** Nel luglio 2000 Milošević apporta una modifica alla Costituzione per candidarsi alla presidenza della Iugoslavia altre due volte. Nel settembre dello stesso anno si svolgono le elezioni parlamentari e presidenziali della federazione, che vedono anche la partecipazione dell'*Opposizione democratica di Serbia* (DOS), una coalizione guidata dal *Partito democratico di Serbia* (DDS) di **Vojislav Koštunica** e dal *Partito democratico* (DS) di Zoran Djindjić (poi ucciso in un agguato nel marzo 2003). Le elezioni presidenziali vengono vinte al primo turno da Koštunica, ma Milošević si rifiuta di riconoscere la propria sconfitta e tenta di far annullare il voto dalla Corte costituzionale iugoslava. A quel punto l'opposizione esprime tutta la sua rabbia il 5 ottobre, con un'imponente manifestazione a Belgrado durante la quale vengono occupati il parlamento federale, la televisione e i giornali di stato, nonché la sede del Partito socialista serbo di Milošević, che il giorno successivo è costretto ad accettare la vittoria dell'avversario.

Il 1° aprile 2001 Milošević viene arrestato con l'accusa di abuso di ufficio e crimini economici e il 28 giugno estradato all'Aia, dove verrà processato dal Tribunale penale internazionale per la ex Iugoslavia con le accuse di genocidio, crimini di guerra e crimini contro l'umanità. Il processo, iniziato nel 2002, non ha però una conclusione, perché l'11 marzo 2006 l'ex dittatore viene trovato senza vita nella sua cella.

Il 21 luglio 2008 viene arrestato a Belgrado, dopo dodici anni di latitanza, **Radovan Karadžić**, con le accuse di genocidio e crimini di guerra perpetrati durante il conflitto in Iugoslavia.

**L'indipendenza del Montenegro e del Kosovo.** Nel 2003 la Repubblica federale di Iugoslavia, formata da Serbia e Montenegro, si trasforma in Confederazione di Serbia e Montenegro, finché, a seguito di un referendum svoltosi il 21 maggio 2006, il Montenegro proclama la propria indipendenza.

Con lo scioglimento della Confederazione, Serbia e Montenegro divengono entrambi Stati sovrani. In questa fase la Serbia comprende ancora le due province autonome della Vojvodina e del Kosovo. Quest'ultimo, sottoposto all'amministrazione dell'ONU, vede prevalere nelle elezioni del 17 novembre 2007, indette per rinnovare parlamento e comuni, il Partito democratico (Pdk) dell'ex capo guerrigliero dell'Uck («Esercito di liberazione del Kosovo»), **Hashim Thaci**, che dà il via a un governo di grande coalizione per guidare il Kosovo verso l'indipendenza. Il 17 febbraio 2008 il Kosovo dichiara unilateralmente la propria indipendenza, riconosciuta, nei giorni seguenti, dagli Stati Uniti e da diversi Stati dell'Unione europea, tra cui l'Italia. Il 9 aprile 2008 il Parlamento kosovaro vota la nuova Costituzione che, entrata in vigore il successivo 15 giugno, dichiara il Kosovo uno Stato laico e garante dei diritti di tutti i gruppi etnici.

## 4) Il processo di pace in Palestina

**La nascita dell'*Autorità nazionale palestinese.*** Nei primi anni Novanta il processo di pace in Palestina sembra sulla buona strada, favorito dalla fine della «guerra fredda», dal successo dell'*Intifada* e dall'avvento dei laburisti al governo israeliano.

*Intifada* («sollevazione») è il termine arabo utilizzato per indicare la rivolta dei palestinesi nei territori occupati dagli israeliani in Cisgiordania e nella striscia di Gaza. Iniziata nel dicembre del 1987 come movimento popolare non violento, caratterizzato soprattutto dal lancio di pietre da parte di giovani e bambini contro i militari israeliani, l'*Intifada* è servita essenzialmente a riportare l'attenzione mondiale su quei territori, rendendo esplicita, agli occhi dell'opinione pubblica israeliana, l'emergenza del diritto all'autodeterminazione del popolo palestinese.

Pertanto vengono avviati negoziati — con la mediazione degli USA — tra Israele, l'OLP e la Giordania, culminati nell'inaugurazione della conferenza di pace di Madrid (aprile 1991). Nei mesi seguenti si verificano numerosi incontri tra israeliani e palestinesi, finché si giunge a una dichiarazione ufficiale sulla questione dei territori occupati, firmata il 13 settembre 1993 a Washington (alla presenza del presidente americano Bill Clinton) dal primo ministro laburista israeliano Yitzhak Rabin e dal leader dell'OLP (*Organizzazione per la liberazione della palestina*) Yasser Arafat. L'accordo prevede la costituzione di un autogoverno palestinese (**ANP, *Autorità nazionale palestinese***) nella striscia di Gaza e nella città di Gerico, da estendere ad altre zone, nonché il ritiro progressivo delle truppe israeliane.

Ulteriori negoziati proseguono per tutto il 1994-95, malgrado numerosi attentati sia da parte dei gruppi integralisti palestinesi (*Hamas* e la *Jihad* islamica), sia da parte di esponenti dell'estrema destra israeliana. Nel 1994, in particolare, Israele firma un patto con la Giordania che mette fine a 46 anni di stato di guerra. Il 28 settembre 1995 è invece la volta dell'***Accordo di Taba***, che prevede l'ampliamento dell'autogoverno palestinese a un terzo della Cisgiordania e la liberazione graduale di 5.000 prigionieri palestinesi.

**Le conseguenze dell'assassinio di Rabin.** Il 4 novembre 1995, al termine di un discorso in piazza a Tel Aviv, **Yitzhak Rabin** viene assassinato da uno studente integralista israeliano, pagando con la vita il suo impegno a favore del processo di pace. Gli succede **Shimon Peres**, che resta in carica fino alle elezioni del '96, vinte dal partito di destra del *Likud*, il cui massimo esponente, **Benjamin Netanyahu**, divenuto primo ministro, interrompe ogni trattativa con i palestinesi. Il suo successore, il socialdemocratico **Ehud Barak**, riprende i negoziati con Arafat, ma alle elezioni del 6 febbraio 2001 viene sconfitto dal leader del partito conservatore, l'ex generale **Ariel Sharon**, con l'avvento del quale gli sforzi per raggiungere la pace subiscono una forte battuta d'arresto.

**La *Road map*.** Nel marzo del 2002 gli Stati Uniti, l'ONU, la Russia e l'Unione europea predispongono un piano di pace per risolvere definitivamente la questione israelo-palestinese: la cosiddetta ***Road map***, un percorso di pacificazione che prevede, tra l'altro, la formazione di uno Stato palestinese indipendente entro il 2005. L'accordo, sottoscritto il 4 giugno 2003, impone ai palestinesi di porre fine a ogni forma di violenza terroristica e la stesura di una Costituzione e l'indizione di libere elezioni, mentre a Israele viene chiesto di ritirarsi dai territori

16. L'età contemporanea

occupati dal settembre 2000 e di restituire i fondi confiscati ai palestinesi. Tuttavia, a cominciare dal 2002, gli israeliani erigono un sistema di trincee e muraglie «a difesa del proprio territorio», un muro che attraversa la Cisgiordania e che divide ampi tratti dei territori palestinesi dallo Stato ebraico. I palestinesi lo chiamano **«muro della vergogna»** o «muro dell'*apartheid*», poiché impedisce loro la libertà di movimento nei territori e ne ostacola lo sviluppo economico, impedendo, di fatto, la nascita di uno Stato palestinese.

**L'elezione di Abu Mazen e il ritiro dei coloni ebrei da Gaza.** L'11 novembre 2004 muore il capo indiscusso del movimento di liberazione palestinese, Yasser Arafat. Con le successive elezioni del gennaio 2005 gli succede, in qualità di nuovo presidente dell'ANP, **Mahmoud Abbas**, meglio noto come **Abu Mazen**, col quale sembrano riaccendersi le speranze per la ripresa del dialogo con Israele. Il nuovo leader palestinese chiede al governo di Tel Aviv il ritiro dai territori occupati dal 1967, la creazione di uno Stato palestinese che comprenda la Striscia di Gaza e la Cisgiordania (con Gerusalemme est come capitale), il diritto al ritorno per i profughi nei luoghi in cui risiedevano nel 1948 o il pagamento di un indennizzo a chi non vuol tornare, nonché l'abbattimento del muro in Cisgiordania.

Intanto il premier israeliano Sharon propone il ritiro da Gaza di circa 8.000 coloni ebrei. Tale disimpegno, che nell'agosto del 2005 porta comunque allo smantellamento delle colonie ebraiche lungo la striscia di Gaza, non è ben visto dagli altri esponenti del *Likud*, il partito di cui era stato fondatore lo stesso Sharon, che infatti abbandona quella compagine politica per fondare un nuovo partito, il *Kadima*. Poche settimane più tardi, però, a causa di un improvviso malore, Sharon viene ricoverato in ospedale e il 4 gennaio 2006, dopo una grave emorragia cerebrale, entra in coma. Di conseguenza viene ufficialmente destituito dalla sua carica e il 14 aprile gli subentra, in qualità di primo ministro *ad interim*, **Ehud Olmert**.

**La vittoria elettorale di *Hamas* e il riconoscimento della Palestina da parte dell'ONU.** Una nuova fase dei rapporti tra Israele e Palestina ha inizio nel gennaio del 2006, quando le elezioni per la formazione del parlamento palestinese decretano la vittoria del movimento *Hamas*, noto per la sua natura terroristica e la forte ostilità nei confronti degli israeliani che nomina Ismail Haniya Primo Ministro della ANP. La comunità internazionale decide allora di interrompere gli aiuti economici destinati all'ANP, imponendo ad *Hamas*, fra le altre condizioni necessarie per il loro ripristino, il riconoscimento dello Stato di Israele e la fine della lotta armata. Tale situazione inasprisce il rancore del popolo palestinese, determinando, nello stesso tempo, sanguinosi scontri tra i sostenitori di *Hamas* e quelli della fazione moderata di *al-Fatah* (guidata da Abu Mazen).

Si giunge, così, alla Battaglia di Gaza, avvenuta fra il 12-14 giugno 2007, al termine della quale Hamas assume il controllo completo della Striscia di Gaza. Tuttavia, il 18 giugno 2007, il Presidente palestinese Abu Mazen emette un decreto che dichiara fuorilegge le milizie di Hamas e decaduto il governo presieduto da Ismail Haniya. A questo punto il governo è affidato a Salam Fayyad, cui è succeduto in seguito alle sue dimissioni (13 aprile 2013) Rami Hamdallah.

Da segnalare che l'ONU, il 29 novembre 2012, con 138 voti favorevoli, 41 astenuti e 9 contrari, ha dichiarato la Palestina Stato osservatore non membro.

**Il conflitto Israele-Striscia di Gaza del 2014.** Nell'estate del 2014 scoppia un nuovo conflitto tra Israele e Hamas nella Striscia di Gaza. L'episodio scatenante è causato dall'uccisione di tre ragazzi israeliani che facevano l'autostop nei pressi di Hebron, rapiti il 12 giugno 2014 e trovati morti il successivo 30 giugno. Il governo israeliano di Netanyahu accusa Hamas di aver eseguito le uccisioni che verrà formalmente rivendicata da uno dei suoi leader Salah Arouri solo il 21 agosto. L'8 luglio Israele vara l'operazione *Protective Edge*, per fermare i lanci di razzi da parte di Hamas e distruggere i tunnel utilizzati per raggiungere i kibbutz israeliani nella Striscia di Gaza. L'operazione va avanti fino al 26 agosto 2014 quando Moussa Abu Marzouk, capo negoziatore di Hamas al Cairo, dopo 51 giorni di guerra, annuncia una tregua con Israele, confermata da Abu Mazen, presidente dell'ANP.

16. L'età contemporanea

**La guerra tra Libano e Israele.** A rendere ancora più tesa la situazione in Medio Oriente è la guerra tra Libano e Israele scoppiata nell'estate del 2006. Al raid paramilitare condotto presso il confine israeliano ad opera di ***Hezbollah*** (movimento libanese sciita il cui nome in arabo significa «partito di Dio»), nel corso del quale due soldati israeliani vengono catturati e altri tre uccisi, lo Stato ebraico risponde, in meno di ventiquattr'ore, bombardando l'aeroporto internazionale di Beirut. La guerra che ne scaturisce dura poco più di un mese e termina il 14 agosto, dopo il «cessate il fuoco» siglato sotto l'egida delle Nazioni Unite. Israeliani e libanesi si trovano quindi ai lati della cosiddetta «linea blu», la frontiera appositamente tracciata dall'ONU, che delega all'**UNI-FIL** (*United Nations Interim Force in Lebanon*, «Forza di Interposizione in Libano delle Nazioni Unite») il compito di far rispettare la tregua e di garantire la sicurezza lungo la linea di confine.

## 5) La Russia da Eltsin a Putin

**L'ascesa di Eltsin.** Nel 1991 **Boris Eltsin**, eletto presidente della Repubblica federativa russa, dà il via a una liberalizzazione dell'economia che amplia le sacche di povertà ed emarginazione, consentendo la proliferazione dell'illegalità e della criminalità (mafia russa).

Nel 1993 Eltsin deve poi domare militarmente una rivolta di alcuni deputati (comunisti e nazionalisti) che si asserragliano nel palazzo che ospita la *duma* (Camera bassa), appoggiati dalle forze armate; il Cremlino considera quest'atto un tentativo di colpo di Stato, per cui Eltsin ordina di bombardare il parlamento. Lo scontro causa 140 morti e l'arresto dei deputati. Le elezioni del 1995 segnano una nuova sconfitta per Eltsin e la vittoria dei comunisti. La situazione peggiora anche a causa dei movimenti indipendentisti del Caucaso e della guerra in Cecenia, finché lo spettro della guerra civile porta alla rielezione di Eltsin nel 1996, nonostante le precarie condizioni di salute del presidente. L'aiuto maggiore gli viene dall'Occidente, che sovvenziona la Russia in cambio dell'impegno al disarmo nei luoghi più a rischio.

**Lo «zar» Putin e l'elezione di Medvedev.** Risale all'agosto del 1999 la destituzione da parte di Eltsin del primo ministro Sergej Stepashin e la nomina a nuovo premier di un ex agente del KGB, **Vladimir Putin**, che il presidente indica anche come suo successore. Il 31 dicembre dello stesso anno Eltsin si dimette, travolto da scandali finanziari, cosicché il 26 marzo 2000 viene eletto nuovo presidente della Federazione russa Putin. Sul piano della politica internazionale egli ribadisce l'avvicinamento agli Stati Uniti e all'Occidente, mentre nell'ambito della politica interna dà vita ad un'opera di riforma generale del paese, sebbene i suoi comportamenti suscitino in alcuni il timore di un'involuzione autoritaria del potere presidenziale.

Alle elezioni presidenziali del 2004 viene comunque rieletto con il 69% dei voti, sebbene la leadership dello «zar Putin», come qualcuno lo chiama, rimanga tutt'altro che esente da critiche, soprattutto per i metodi con cui affronta l'opposizione. L'omicidio politico dell'ex colonnello del KGB **Aleksandr Litvinenko**, morto il 23 novembre 2006 per avvelenamento da radiazioni di Polonio 210, e l'assassinio della giornalista **Anna Politovskaja**, fervente accusatrice del regime di Putin, uccisa nella sua casa di Mosca il 7 ottobre dello stesso anno, gettano ulteriori ombre sul capo di Stato russo. Non potendosi presentare alla scadenza del suo secondo e non più rinnovabile mandato, nell'ottobre 2007 Putin annuncia la propria candidatura come capolista del partito *Russia unita* alle elezioni politiche previste per il 2 dicembre 2008, con la palese intenzione di voler continuare a tenere sotto controllo le sorti del paese, stavolta nella nuova carica di primo ministro. Il 7 maggio 2008 **Dmitrij Medvedev**, candidato sostenuto da Putin, risultato vittorioso dopo le elezioni tenutesi il 2 marzo, assume la carica di presidente della Federazione russa. Nello stesso giorno nomina Vladimir Putin primo ministro.

**La guerra in Cecenia.** I primi scontri fra le truppe della Federazione russa e i ribelli che costituiscono il braccio armato del movimento indipendentista ceceno cominciano nel 1994 e si protraggono per due anni, concludendosi nel '96 con un accordo di pace che si rivelerà del tutto effimero. Infatti, dopo l'invasione da parte delle truppe cecene

16. L'età contemporanea

della Repubblica del Daghestan e alcuni attentati dinamitardi in diverse città russe, tutti attribuiti ai separatisti della Repubblica caucasica, il conflitto si riaccende nel settembre del 1999, allorquando la Russia intraprende una serie di attacchi aerei contro la Cecenia e invia l'esercito ad occupare militarmente il territorio del paese caucasico, la cui capitale, Grozny, viene praticamente rasa al suolo. Nel 2000, alla fine del secondo conflitto ceceno, gli indipendentisti vengono sconfitti e la Cecenia rimane Repubblica federata alla Federazione Russa, con la Russia che mantiene inalterato il proprio controllo sulla produzione petrolifera locale (che rappresentava il principale motivo di opposizione all'indipendentismo). Negli ultimi anni in Cecenia si sono succeduti governi appoggiati da Mosca, ma la completa pacificazione del paese non è stata ancora raggiunta.

**I conflitti separatisti in Georgia.** Dopo il dissolvimento dell'Unione Sovietica la Georgia ritorna ad essere uno Stato indipendente il 9 aprile 1991. In seguito al referendum del 31 marzo di quello stesso anno, che vede il 98,9% dei georgiani esprimersi in favore dell'indipendenza, l'ex repubblica sovietica adotta il nome di **Repubblica di Georgia**. Col conseguimento dell'indipendenza, però, si sviluppano forti conflitti separatisti nelle regioni dell'**Abcasia** e dell'**Ossezia del Sud**, che si autoproclamano indipendenti. Nell'agosto 2008 ulteriori scontri in Ossezia del Sud sfociano nell'avanzata delle forze georgiane nella regione e nella reazione dei militari russi che bombardano il porto di Poti, sito strategico per la distribuzione di carburante nel Mar Nero, allontanando le truppe georgiane. A sua volta, la Georgia dichiara lo stato di guerra. Dopo una missione diplomatica francese a Mosca e Tiblisi il 15 agosto 2008 viene firmato il «cessate il fuoco» che impegna la Russia a ritirarsi e la Georgia a rinunciare all'uso della forza contro l'Ossezia e l'Abcasia, ma dopo un iniziale arretramento la Russia si attesta su una nuova linea, comprendente al suo interno anche il porto di Poti. Il 26 agosto 2008 il presidente russo Medvedev firma il decreto di riconoscimento dell'indipendenza delle due repubbliche separatiste, adducendo come precedente il riconoscimento dell'indipendenza del Kosovo, ma sia l'Unione Europea che gli Stati Uniti condannano fortemente tale riconoscimento.

## Il conflitto Russia-Ucraina. L'indipendenza della Crimea

Il 30 marzo 2012 l'Unione europea e l'Ucraina avviano un accordo di associazione di libero scambio. Tuttavia, tale accordo prevedeva per la sua ratifica il cambiamento in senso democratico dell'Ucraina, compresa la detenzione di Julija Tymošenko e Jurij Lucenko. Tuttavia, nell'agosto 2013, la Russia cambia le proprie regole doganali sulle importazioni per bloccare tutte le merci provenienti dall'Ucraina e indurre quest'ultima a non firmare l'accordo con l'Unione europea. Il 21 novembre 2013 il governo ucraino sospende i preparativi per la firma dell'accordo di associazione, adducendo come motivazione il calo della produzione industriale e delle relazioni con i paesi della CSI. Il presidente Janukovy partecipa, quindi, al vertice UE del 28-29 novembre 2013 a Vilnius dove era prevista la sottoscrizione dell'accordo, senza tuttavia firmarlo e dichiarando di posticipare la firma in una data successiva. A seguito della sospensione dell'accordo, per favorire la ripresa delle relazioni economiche con la Russia, sono iniziate il 21 novembre 2013 numerose manifestazioni di protesta (cd. **Euromaidan**) contro il governo di Janukovy, accusato di corruzione, abuso di potere e violazione dei diritti umani in Ucraina. Le proteste sono durate circa 3 mesi con una grande partecipazione popolare. Violenti scontri sono iniziati il 1º dicembre e protratti fino al 25 gennaio 2014, in risposta ai tentativi di repressione della polizia e all'approvazione il 16 gennaio 2014 di leggi contro la libertà di manifestazione. Le proteste hanno raggiunto l'apice quando fra il 18 e il 20 febbraio 2014 sono stati uccisi in differenti occasioni decine di manifestanti. Il 21 febbraio 2014, dopo la fuga del Presidente Janukovy, la protesta termina e si instaura un governo filoeuropeo presieduto da **Oleksandr Turčynov**. Tuttavia, il nuovo governo non viene riconosciuto dal governo locale della Crimea, che sostiene l'illegittimità costituzionale di tale cambiamento, dichiarando la volontà di separarsi dall'Ucraina attraverso un referendum. La Russia, quindi, dichiarando di voler proteggere la popolazione di etnia russa in Crimea, invia alcuni soldati nella regione e blocca con navi da guerra il porto di Sebastopoli impedendo così i movimenti delle navi ucraine. L'Ucraina reagisce mobilitando il suo esercito. Il

6 marzo 2014 il Supremo Consiglio della Crimea invia una richiesta al Presidente Putin di entrare a far parte della Russia. L'11 marzo 2014, 4 giorni prima del referendum, il Parlamento della Crimea vota a favore dell'autonomia della Crimea dall'Ucraina. Il 16 marzo 2014, il 96,77% (l'80% degli aventi diritto al voto) dei cittadini della Crimea si esprime a favore della riunificazione con la Russia. La legittimità del referendum viene contestata da parte della comunità internazionale (OSCE, USA, UE). La situazione fra Ucraina e Russia è andata peggiorando portando a scontri armati fra i due Stati di vaste proporzioni definiti dal Ministro della Difesa ucraino Valeri Gheletei una grande guerra mai vista dall'Europa dai tempi della Seconda guerra mondiale.

## 6) L'America latina

**Cile.** Nel 1973 un golpe militare rovescia il governo socialista di **Salvador Allende** e impone il regime dittatoriale del generale **Augusto Pinochet**, a sua volta durato fino al 1989, anno in cui lo Stato cileno torna alla democrazia con l'elezione, nella carica di presidente, di **Patricio Aylwin**. Nel 1993 gli succede **Eduardo Frei-Ruiz Tagle**, che assume il potere l'11 marzo 1994. Alle elezioni presidenziali del gennaio 2000, ventisette anni dopo la morte di Salvador Allende, viene eletto un socialista, **Ricardo Lagos Escobar**. Il 22 settembre 1998, durante un viaggio a Londra, Pinochet (che in Cile era intanto diventato senatore a vita) viene finalmente arrestato su mandato del giudice spagnolo Baltasar Garzón per crimini contro l'umanità, con accuse che includono anche 94 casi di tortura contro cittadini spagnoli. Dopo alterne vicende giudiziarie l'ex dittatore muore, all'età di 91 anni, il 10 dicembre 2006, stroncato da un attacco di cuore, due mesi dopo la sua ultima condanna per i crimini avvenuti nel centro di detenzione clandestino "Villa Grimaldi". Tra i sopravvissuti alle torture subite durante la dittatura figura anche **Michelle Bachelet**, prima donna eletta alla presidenza del paese nel marzo 2006.

**Panamá.** Le istituzioni panamensi restano sotto il dominio delle forze armate fino al 20 dicembre 1989, giorno in cui gli Stati Uniti invadono militarmente il paese e procedono all'arresto del presidente, il generale **Antonio Noriega**, accusato di traffico di droga e violazione dei diritti umani (accuse che gli varranno una condanna a quarant'anni di prigione). Il potere passa allora ai civili e a maggio viene eletto presidente **Guillermo Endara**. Il 1° settembre 1999 viene invece eletta presidente **Mireya Moscoso**, un'imprenditrice di 53 anni, e nel dicembre dello stesso anno gli USA restituiscono al Panamá la sovranità sull'omonimo Canale, in ottemperanza ai *Trattati Carter-Torrijos* del 1977.

**El Salvador.** La storia recente del Salvador è contrassegnata da un susseguirsi di regimi militari, l'ultimo dei quali, a partire dal 1979, sotto la presidenza di **Napoleón Duarte**. Da quell'anno il paese è sconvolto da una sanguinosa guerra civile tra i componenti dell'opposizione di estrema sinistra, costituiti dai guerriglieri del *Fronte Farabundo Martì di liberazione nazionale* (FMLN), e le forze governative appoggiate dall'amministrazione Reagan, le quali, per mano dei militari e di gruppi civili di estrema destra (gli «squadroni della morte»), attuano una spietata repressione. La guerra civile si conclude con gli accordi di pace del 16 gennaio 1992 tra il governo e i guerriglieri del FMLN.

Nel marzo del 1994 viene eletto presidente **Calderón Sol**, membro del partito conservatore *Alleanza REpubblicana NAzionalista* (ARENA), al quale poi succede, il 1° giugno 1999, **Francisco Guillermo Flores Perez**, anch'egli candidato del partito ARENA. Sempre dallo stesso partito proviene, infine, il candidato che vince le elezioni della primavera del 2004, **Elías Antonio Saca Gonzales**, il cui nome è legato a episodi di sangue e violenza consumati durante la guerra civile. Il neoeletto presidente prosegue nella strada già battuta dai governi di estrema destra succedutisi dal 1994, adottando una politica che si fonda sul neoliberismo e sulla stretta amicizia con gli Stati Uniti, culminata nel Trattato di libero commercio fra USA e Centroamerica-Repubblica Dominicana (TLC-CAFTA), firmato a Washington il 6 agosto 2004 ed entrato in vigore in El Salvador nel marzo del 2006.

**Nicaragua.** Nel 1979 la rivoluzione «sandinista» (dal nome del rivoluzionario **Augusto Cesar Sandino**, ucciso nel 1934) fa cadere la dittatura di **Anastasio Somoza** e consente l'instaurazione di un regime socialista presieduto da **Daniel Ortega**, duramente contrastato, però, da vari gruppi armati anticomunisti (*contras*) appoggiati dagli Stati Uniti. Gli scontri si concludono nel 1990, quando si svolgono libere elezioni vinte dalla coalizione antisandinista e moderata capeggiata da **Violeta Chamorro**, presidentessa gradita agli americani. Cominciano così privatizzazioni (con conseguente smantellamento del servizio sanitario nazionale e dell'istruzione pubblica), impoverimento della popolazione e aumento della criminalità. Alla Chamorro subentrano, negli anni successivi, prima **Arnoldo Alemán** (1996), poi **Enrique Bolaños** (2001), candidato della destra, finché nel 2006 Ortega, dopo tre tentativi falliti e sedici anni di opposizione, riesce a vincere le elezioni. L'ex guerrigliero si pone così alla guida del paese, dando vita ad un'alleanza tra il *Fronte sandinista di liberazione* e una parte della destra.

**Haiti.** Nel 1986 una rivolta popolare rovescia la lunga dittatura della famiglia **Duvalier**, iniziata nel 1957. Il processo di democratizzazione, interrotto da due colpi di Stato militari nel 1988 e nel 1991, viene ripreso e concluso nel maggio 1994, allorquando, in seguito a un intervento militare degli USA (autorizzato da un apposito mandato delle Nazioni Unite), il potere è restituito al presidente **Jean-Bertrand Aristide**, la cui elezione, del tutto regolare, risaliva al 16 dicembre 1990. Tuttavia, agli inizi del 2004 l'isola viene nuovamente sconvolta da una rivolta popolare che costringe alla fuga il dimissionario Aristide. Si crea, così, un governo provvisorio, finché le elezioni presidenziali del 7 febbraio 2006 decretano la rielezione di **René Préval** (dopo quella del 1996), la cui vittoria è comunque offuscata dalle accuse di brogli rivoltegli dagli avversari. Nel 2011 gli è succeduto Michel Martelly, popolare musicista haitiano.

L'isola, colpita nel 2004 dall'uragano Jeanne e nel 2010 da un terremoto violento che ha provocato più di 200.000 morti, si trova in uno stato di emergenza umanitaria che l'ONU, attraverso una missione internazionale, sta cercando di arginare.

**La vicenda di Íngrid Betancourt.** Il 23 febbraio 2002 i guerriglieri delle **FARC** (Forze armate rivoluzionarie della Colombia) rapiscono **Íngrid Betancourt Pulecio**, una politica colombiana figlia di un ex ministro dell'educazione e di una ex senatrice, la quale ha vissuto all'estero la maggior parte della sua vita, soprattutto in Francia, dove ha avuto modo di studiare presso l'*Institut d'études politiques* di Parigi. Fervida militante nella difesa dei diritti umani, la Betancourt fonda lo schieramento di centro-sinistra *Partido Verde Oxígeno*, per poi essere rapita dalle FARC. Il 2 luglio 2008, dunque oltre sei anni dopo la data del sequestro, viene finalmente resa nota la notizia della sua liberazione. Non sono mancate le ipotesi circa un possibile riscatto di 20 milioni di dollari (non confermato, però, dalle FARC) pagato dagli Stati Uniti per il rilascio del gruppo di ostaggi in cui sarebbero stati presenti, oltre alla Betancourt, anche tre agenti del FBI.

## 7) La fine del regime di Pol Pot in Cambogia e la restituzione di Hong Kong alla Cina

Nell'aprile 1975, quando la Cambogia è già coinvolta nella guerra del Vietnam, i *khmer* rossi, guidati dal dittatore **Pol Pot**, instaurano nel paese un regime comunista che, in circa quattro anni, attua una repressione costata oltre un milione e mezzo di vittime. Nel 1979 il territorio cambogiano viene invaso dalle truppe vietnamite che creano un proprio governo, mentre i *khmer* rossi, appoggiati da Cina e Thailandia, si ritirano nel nord. Nel 1989, in concomitanza con il ritiro delle truppe vietnamite, ha inizio il processo di pace, che culmina negli accordi di Parigi (1991) e nel varo di una nuova Costituzione (1993), la quale, oltre a ripristinare la monarchia (abolita nel 1970), impone la cooperazione tra i diversi schieramenti politici. Su queste basi viene creato un governo di unità nazionale affidato alla guida di due co-primi ministri: il principe **Norodom Ranariddh** e il filovietnamita **Hun**

**Sen**, capo del *Partito del popolo cambogiano* (PPC). Ranariddh, figlio del re Sihanuk, accusato di complicità con i *khmer* rossi, viene deposto nel 1997 e condannato a trent'anni di reclusione. Le elezioni legislative del 1998 confermano quindi Hun Sen alla testa dell'esecutivo, mentre il re concede l'indulto a Ranariddh. Nel febbraio dello stesso anno muore Pol Pot. Nel 2001, infine, viene istituito un tribunale speciale incaricato di giudicare i *khmer* rossi.

Agli ultimi anni Novanta risale anche un altro evento particolarmente significativo verificatosi nel continente asiatico: il **ritorno di Hong Kong alla Cina**. Il 1° luglio 1997, infatti, sulla base di un trattato sottoscritto a Pechino il 19 dicembre 1984, l'ex colonia britannica ritorna alla Repubblica popolare cinese, che ne fa una regione speciale amministrativa, con l'impegno di mantenere comunque invariato, per 50 anni, il sistema economico e sociale vigente sotto l'amministrazione britannica.

## 8) L'Italia dagli anni Novanta del Novecento al primo decennio del XXI secolo

**Lo scenario dei primi anni Novanta.** Agli inizi degli anni Novanta lo scenario politico italiano, caratterizzato dall'alleanza tra DC e PSI, con il PCI all'opposizione, entra in una crisi profonda, fra cui la progressiva caduta delle ideologie politiche tradizionali, la globalizzazione dell'economia, la conseguente nascita di partiti da stampo populista, come la **Lega Nord** che fonda il proprio consenso sulla lotta contro gli immigrati e i meridionali e la **seccessione** delle Regioni del Nord dall'Italia.

Nel 1991 il congresso del PCI a Rimini mette in atto un radicale cambiamento del partito, proposta dal segretario Achille Occhetto all'indomani del crollo del Muro di Berlino. Il PCI muta il proprio nome in **PDS (Partito democratico della sinistra)** e Occhetto ne conserva la segreteria, ma una minoranza guidata da Armando Cossutta si scinde dal neonato partito e dà vita a **Rifondazione Comunista**, che ha come segretario dapprima Sergio Garavini e poi, nel 1994, Fausto Bertinotti.

**Gli scandali di *Tangentopoli*.** Alle elezioni del 1992 i partiti di maggioranza, PSI e DC, perdono molti voti, mentre il PDS si conferma secondo partito italiano e la Lega riceve l'8,7% dei suffragi. La fine del pentapartito si avvicina: quando i principali partiti si accordano per eleggere il nuovo Presidente della Repubblica, il democristiano **Oscar Luigi Scalfaro**, questi affida il governo al socialista Giuliano Amato, che riesce a riunire quattro partiti: DC, PSI, PSDI e PLI.

Il governo Amato è poi travolto da una serie di inchieste giudiziarie, promosse dalla Procura di Milano guidata dal giudice Francesco Saverio Borrelli, dalle quali emerge uno scandaloso intreccio tra affari, corruzione e politica, la cd. *Tangentopoli*. La Procura di Milano crea un *pool* d'inchiesta denominata «**Mani pulite**», in cui spicca la tenacia del magistrato **Antonio Di Pietro**, divenuto un simbolo della lotta alla corruzione. Di lì a poco, dirigenti di partito, parlamentari, esponenti politici di primo piano sono raggiunti da avvisi di garanzia. In particolare, Bettino Craxi, segretario del PSI, raggiunto da avviso di garanzia e poi condannato in contumacia, decide di rifugiarsi in Tunisia per sfuggire al carcere. Le inchieste su *Tangentopoli* costano care ai socialisti e, soprattutto, alla Democrazia cristiana che, travolta dagli scandali e penalizzata dal calo dei consensi elettorali, si scioglie all'inizio del 1994. La maggior parte dei suoi esponenti confluisce nel nuovo **PPI (Partito popolare italiano)**, mentre una minoranza dà vita al **CCD (Centro cristiano democratico)**.

Anche il mondo economico-finanziario è colpito dall'inchiesta: Gabriele Cagliari, presidente dell'ENI, e Raul Gardini, presidente della Montedison, investiti dalle indagini giudiziarie, si tolgono la vita. Il processo al finanziere Sergio Cusani, collaboratore di Gardini, accerta che DC, PSI, PLI e PSDI hanno ricevuto tangenti miliardarie per la creazione del polo chimico Enimont.

**La ripresa del terrorismo e la nascita di *Forza Italia*.** Mentre i cittadini perdono fiducia nella classe politica, il governo Amato, dovendosi attenere al **Trattato di Maastricht** (con la firma del quale, il 7 febbraio 1992, era stata inaugurata una nuova fase del processo di integrazione europea attraverso l'istituzione dell'**Unione europea**), chiede grossi sacrifici per risanare le casse dello Stato, ma la situazione economica si aggrava ulteriormente: la lira perde valore sui mercati finanziari e l'Italia esce dallo SME.

Nel 1993 l'introduzione del sistema maggioritario, proposto da Mario Segni e sostenuto dal PDS, apportando una sostanziale ristrutturazione al sistema politico, pone fine al governo Amato. Questi è sostituito da Carlo Azeglio Ciampi, ex governatore della Banca d'Italia, che ripropone il quadripartito insieme al PDS, che si dissocia poi dalla proposta quando viene bocciata la richiesta di autorizzazione a procedere contro Craxi.

Il fenomeno più allarmante di questi anni è tuttavia costituito dalla ripresa degli **attentati terroristici**. Il 27 maggio 1993, infatti, un'autobomba esplode a Firenze, non lontano dalla Galleria degli Uffizi, provocando cinque morti. Il 27 luglio dello stesso anno, a Milano, l'esplosione di un ordigno in via Palestro uccide cinque persone, mentre altri attentati avvengono a Roma davanti al Vicariato, in piazza San Giovanni e di fronte alla chiesa di San Giorgio al Velabro, fortunatamente senza provocare alcun morto.

Nel frattempo la sinistra guadagna sempre più consensi. Nell'autunno del 1993, alle prime elezioni dirette dei sindaci, in molte città — fatta eccezione per Milano, dove è eletto il leghista Formentini — risultano vittoriosi per l'appunto i suoi candidati: Rutelli a Roma, Bassolino a Napoli, Castellani a Torino, Orlando a Palermo. È così che, per frenare l'ascesa delle sinistre e per tutelare i propri interessi personali, **Silvio Berlusconi**, proprietario della Fininvest (poi trasformatasi in Mediaset), nonché principale beneficiario della politica craxiana, scende in campo fondando un nuovo movimento, **Forza Italia**. Dopo mesi di propaganda politica attuata attraverso le sue reti televisive, alleatosi con **Alleanza Nazionale** (il movimento politico fondato da Gianfranco Fini nel 1994 con lo scioglimento del Movimento Sociale Italiano) e con la Lega Nord, vince le elezioni politiche del 1994 e riesce a formare un governo.

Mentre Achille Occhetto, dopo la sconfitta alle europee del giugno 1994, rassegna le dimissioni e viene sostituito da **Massimo D'Alema** nella carica di segretario del PDS, il governo Berlusconi emana il cd. decreto "salva-ladri" che favorisce gli arresti domiciliari nella fase cautelare per i crimini di corruzione. Tuttavia, dopo l'indignazione popolare e le proteste dei magistrati, il decreto viene ritirato; stessa sorte subisce la legge finanziaria, che prevede il blocco delle pensioni.

Investito da una serie di inchieste giudiziarie, perso il sostegno della Lega, Berlusconi infine si dimette. Viene formato allora un governo tecnico con a capo **Lamberto Dini** (1995), che può contare in parlamento sull'appoggio di PDS, PPI, Verdi e Lega. Il nuovo esecutivo approva la riforma delle pensioni, un importante provvedimento che pone fine al pensionamento anticipato, ma nel 1996, venuto meno l'appoggio della Lega, è costretto anch'esso a dimettersi.

**Il governo dell'*Ulivo* e il ritorno delle Brigate Rosse.** Dopo il tentativo di Antonio Maccanico di formare un governo, alle elezioni del 1996 vince la coalizione di centro-sinistra, l'**Ulivo**, guidata da **Romano Prodi**, che comprende PDS, PPI, Verdi, Rinnovamento Italiano e Rifondazione Comunista. Tra il 1997-98 il governo Prodi riesce a conseguire il suo obiettivo primario, vale a dire il rispetto dei parametri economici fissati dal Trattato di Maastricht. Si arena invece nel dibattito parlamentare il grande progetto di riforma della Costituzione affidato a un'apposita Commissione bicamerale.

Durante il 1998, si verifica, in seno a Rifondazione Comunista, una scissione tra «cossuttiani», disposti a votare la fiducia all'esecutivo, e «bertinottiani», contrari al voto. Il primo dei due schieramenti addirittura si separa dal partito, dando vita al nuovo Partito comunista italiano.

Il 21 marzo 1998 nasce a Sansepolcro, in provincia di Arezzo, **Italia dei Valori**, il movimento politico fondato da Antonio Di Pietro (noto ex-magistrato distintosi nell'inchiesta «Mani pulite») e all'ottobre dello stesso anno risale la formazione del governo presieduto da Massimo D'Alema, primo esponente dell'ex PCI a diventare Presidente del Consiglio, mentre il 13 maggio 1999 **Carlo Azeglio Ciampi** viene eletto nuovo Presidente della Repubblica.

Nel dicembre 1999 si verifica un'ulteriore crisi di governo che viene risolta affidando l'incarico di formare un nuovo esecutivo a Massimo D'Alema: nasce così il D'Alema-bis. Nell'aprile 2000, alle elezioni regionali il centro-destra vince, conquistando la maggior parte delle regioni. Dopo qualche giorno il governo si dimette. Giuliano Amato riceve l'incarico di formare il nuovo governo e di portare a compimento la legislatura.

Intanto, si assiste al ritorno del terrorismo di matrice brigatista, tanto da far parlare di **Nuove BR**. I terroristi colpiranno sia nel 1999 che nel 2002, uccidendo **Massimo d'Antona** prima e **Marco Biagi** poi, colpevoli di avere elaborato riforme del lavoro ritenute troppo vicine agli interessi del capitalismo.

**La vittoria della _Casa delle libertà_.** Alle elezioni politiche del 13 maggio 2001 la coalizione di centro-destra, denominata **Casa delle Libertà**, costituita da Forza Italia, Alleanza Nazionale, Lega Nord e UDC, sconfigge il centro-sinistra raggruppato sotto il simbolo dell'Ulivo e guidato da Francesco Rutelli, ex sindaco di Roma.

Il 10 giugno 2001 Silvio Berlusconi forma il suo governo (il secondo dopo quello del 1994).

A partire dal 1° gennaio 2002 cominciano a circolare materialmente anche in Italia le monete e le banconote in **euro**, la nuova valuta comunitaria che sostituisce la lira.

L'anno successivo, invece, il nostro paese paga un doloroso tributo di sangue a seguito della missione militare inviata in Iraq nel contesto della cosiddetta «seconda guerra del Golfo», scatenata contro la dittatura di Saddam Hussein da una coalizione armata internazionale capeggiata dagli Stati Uniti, desiderosi di vendetta dopo gli attentati alle _Twin Towers_ dell'11 settembre 2001: il 12 novembre 2003, infatti, un camion-cisterna imbottito di esplosivo viene fatto saltare in aria all'ingresso della base militare italiana di **Nassirya**, provocando 28 morti (19 italiani e 9 iracheni). L'eccidio spacca letteralmente in due l'opinione pubblica nazionale sull'opportunità di continuare a partecipare alle operazioni in Iraq, anche se bisognerà attendere fino al 2 dicembre 2006 per vedere finalmente completato il totale ritiro dei contingenti italiani da quel paese.

**Il Pontificato di Benedetto XVI e di Francesco.** Il 2 aprile 2005 si verifica un evento che suscita grande emozione in tutto il mondo, è la **morte di Giovanni Paolo II**, al quale succede, sul trono pontificio, il cardinale tedesco Joseph Alois Ratzinger, eletto papa il 19 aprile col nome di **Benedetto XVI**. Tuttavia **Benedetto XVI**, con un gesto che non ha precedenti nella storia moderna, a partire dal 28 febbraio 2013 **rinuncia** *al ministero petrino*, rendendo vacante la sede vaticana.

Il 19 marzo 2013, dopo un breve conclave (solo 5 scrutini), è stato eletto al soglio di Pietro il *cardinale Jorge Mario Bergoglio*, arcivescovo di Buenos Aires, che ha assunto il nome di **Francesco**.

Le linee guida pontificato di papa Francesco sono ravvisabili in una lunga intervista rilasciata alla *«Civiltà cattolica»*, la rivista dei Gesuiti, l'ordine religioso dal quale proviene. In questa intervista il papa parla delle riforme della Chiesa e dell'atteggiamento di dialogo che occorre aprire con tutti, compresi i divorziati risposati, gli omosessuali, donne che hanno abortito etc.

Anzitutto il papa invoca una Chiesa «povera» e «per i poveri», invocazione che è diventata quasi la sua carta d'identità ed è avvalorata dalla semplicità alla quale ha improntato la sua vita quotidiana.

Frequenti sono state già dall'inizio del suo pontificato le invettive non solo contro i potentati della finanza mondiale, ma anche contro le ambizioni di carriera e la brama di ricchezza — se non addirittura la corruzione — presenti anche in campo ecclesiastico.

Immediatamente è emersa la sua volontà di **riformare la curia romana**, il cui funzionamento (a dir poco ferraginoso e scarsamente leale) ha angustiato gli ultimi anni di pontificato di Benedetto XVI.

**L'Unione al governo.** Il 9-10 aprile 2006 gli italiani tornano di nuovo alle urne per le elezioni politiche, il cui esito sancisce una minima prevalenza de **L'Unione**, la coalizione di centro-sinistra guidata da Romano Prodi. Nelle stesse settimane scade il settennato di Ciampi e viene eletto Presidente della Repubblica **Giorgio Napolitano**, primo esponente del vecchio PCI a ricoprire la carica di Capo dello Stato.

Nel febbraio 2007 si apre una crisi di governo. La mozione di sostegno alla politica estera dell'esecutivo presentata da Massimo D'Alema non raggiunge la maggioranza al Senato, sicché la strategia internazionale del vicepremier — critica nei confronti della presenza dei soldati italiani in Iraq, ma favorevole alla permanenza dell'operazione militare in Afghanistan sostenuta dall'ONU — risulta sostanzialmente bocciata. Il 21 febbraio Prodi sale al Quirinale per rassegnare le dimissioni, respinte, però, dal Presidente Napolitano, che rimanda il governo al parlamento per il rinnovo della fiducia, confermata il 28 febbraio in Senato e il 2 marzo alla Camera.

**La nascita del Partito Democratico e l'affermazione elettorale del *Popolo della Libertà*.** Il 14 ottobre 2007 nasce il **Partito Democratico** (**PD**), denominazione assunta dal nuovo schieramento politico di centro-sinistra di cui diventa segretario nazionale **Walter Veltroni**, già sindaco di Roma al momento dell'elezione, poi sostituito nella carica di segretario del PD da Dario Franceschini (21 febbraio 2009), Pierluigi Bersani (25 ottobre 2009), Matteo Renzi (15 dicembre 2013). Primo presidente del PD è Romano Prodi (l'ideatore dell'Ulivo), il quale detiene la carica fino al 16 aprile 2008, quando poi dà le dimissioni. Sorto con l'obiettivo di proseguire sulla stessa strada già tracciata dall'Ulivo, il PD si basa soprattutto sulla fusione dei due maggiori partiti di centro-sinistra: i Democratici di Sinistra (DS) e la Margherita (DL).

In occasione delle elezioni politiche del 2008 il primo partito italiano per numero di suffragi risulta essere il **Popolo della Libertà** (**PdL**), lo schieramento di centro-destra, presieduto da Silvio Berlusconi, costituito ufficialmente il 28 febbraio 2008 in conseguenza della fusione tra Forza Italia, il partito fondato nel 1994 dallo stesso Berlusconi, e Alleanza Nazionale, il partito della destra italiana, più altre formazioni minori, così da creare una coalizione che nella XVI legislatura forma un gruppo parlamentare unico. Per le votazioni del 2008 il PdL si allea sia con la Lega Nord, i cui candidati si presentano nel Centro-Nord, sia con il Movimento per l'Autonomia, che invece presenta le proprie liste solo nel Centro-Sud.

Il 30 ottobre 2008, la **Sardegna** diventa la prima regione in Europa a ricevere solamente il segnale del **digitale terrestre**, effettuando così il primo *switch-off* del segnale analogico in Italia.

Nell'aprile 2009 viene approvato un D.L. di sicurezza che prevede nuove norme sul reato di stupro e introduce il reato di *stalking*, ma soprattutto diventa legge il **federalismo fiscale**, il quale, previsto dall'art. 119 della Costituzione e sancito dall'approvazione della legge 42/2009, traduce in atto la dottrina economico-politica tesa ad instaurare una proporzionalità diretta fra le imposte riscosse in una determinata area territoriale del paese e le imposte effettivamente utilizzate dall'area stessa. Il 6 aprile è anche la data del terribile **terremoto** (6,2 gradi della scala Richter) che fa tremare la **provincia dell'Aquila**, causando oltre 300 vittime, quasi 1.500 feriti e circa 65.000 sfollati.

Tra il 21 e il 22 giugno, in corrispondenza con i ballottaggi amministrativi, si svolgono i cosiddetti **referendum abrogativi sulla legge elettorale**, distinti in tre quesiti sulla legge 21 dicembre 2005, n. 270, i quali prevedono la modifica della legge elettorale tramite l'abolizione di una parte del testo. Alla fine, però, dopo aver addirittura raggiunto il record negativo di votanti, vengono dichiarati nulli.

*Stalking*: termine inglese usato per indicare un insieme di comportamenti molesti e continui, i quali possono essere costituiti sia da ininterrotti appostamenti nei pressi del domicilio o degli ambienti solitamente frequentati dalla vittima, con eventuali intrusioni nella sua vita privata allo scopo di stabilire un contatto personale per mezzo di pedinamenti o telefonate oscene e indesiderate, sia dall'invio di lettere, biglietti, e-mail, sms etc. non richiesti, fino a degenerare, in alcuni casi, in vere e proprie aggressioni fisiche, comunque inducendo paura, ansia e malessere psicologico o fisico nella vittima.
In Italia le condotte tipiche dello *stalking* sono punite dal reato di «*atti persecutori*» (art. 612-bis c.p.), introdotto con il D.L. 23 febbraio 2009, n. 11 (cd. *decreto Maroni*), convertito in legge 23 aprile 2009, n. 38.

Nel luglio successivo, dopo che il Governo ha già emanato un nuovo provvedimento sulla sicurezza che introduce, fra le altre norme, il reato di clandestinità e la possibilità di istituire ronde di guardie civili, l'Italia ospita il **vertice G8 a L'Aquila** (8-10 luglio), in Abruzzo, nel corso del quale i massimi esponenti di governo delle maggiori potenze eco-

16. L'età contemporanea

nomiche mondiali hanno modo di visitare anche gli scenari locali che appena pochi mesi prima erano stati devastati da uno spaventoso sisma.

Il 17 settembre l'Italia è funestata dalla notizia della **morte di 6 paracadutisti del 186º Reggimento della Folgore** in un attentato a Kabul, che provoca anche 10 vittime fra i civili e oltre 50 feriti.

Il 7 ottobre 2009 con sent. 262 della Corte costituzionale viene dichiarata l'illegittimità costituzionale della L. 124/2008 (cd. **Lodo Alfano**) che prevedeva la sospensione del processo penale nei confronti delle alte cariche dello Stato (*Presidente della Repubblica, Presidente del Consiglio, Presidente della Camera* e *Presidente del Senato*).

Analogamente, con sent. 23/2011 la Corte costituzionale ha proceduto a dichiarare l'incostituzionalità della L. 50/2010 (cd. **legittimo impedimento**), in base alla quale per il Presidente del Consiglio e per i Ministri costituiva legittimo impedimento a comparire nelle udienze dei procedimenti penali, come imputati, in caso di concomitante esercizio di una o più delle attribuzioni loro attribuite da leggi o regolamenti. Inoltre, con *referendum del 12-13 giugno 2011*, il popolo si è espresso in senso favorevole all'abrogazione della L. 51/2010 e quindi alla cancellazione delle norme giudicate *ad personam*, rappresentando una modalità latente di dilatare i tempi processuali e creare i presupposti legali per far dichiarare la prescrizione dei procedimenti a carico del Premier.

**La fine del Governo Berlusconi e l'ascesa di Matteo Renzi.** Il Governo Berlusconi IV, anche per evitare che si abbattesse su di esso il «voto di sfiducia», rassegna le dimissioni il 12 novembre 2011 e con la complicità dell'opposizione colpita spesso da contrasti interni, favorisce la nascita di un governo tecnico guidato da Mario Monti (16 novembre 2011) e affidato a Ministri dotati di competenze specialistiche.

Tale forma di «governo atipico», in passato già sperimentato con Dini, ha suscitato forti critiche:

— sia perché non rappresentava il popolo, essendo l'espressione di un compromesso fra le varie forze politiche che non volevano assumersi la responsabilità di scelte economiche impopolari;

— sia perché rappresentava un Governo «indicato» dall'Unione europea che ne ha di fatto dettato anche l'agenda programmatica, imponendo una serie di pesanti misure economiche per il risanamento delle finanze statali sacrificando ancora una volta i cittadini già duramente colpiti non solo dalla difficile condizione economica ma anche da un sistema tributario fra i più alti del mondo.

Con le elezioni del febbraio 2013, la situazione non è migliorata. Il risultato ottenuto dopo la significativa affermazione del Movimento cinque stelle di Grillo ha cancellato i numeri del sistema bipolare e reso ancor più caotico il panorama politico che non facilmente potrà risolversi, tenuto conto che solo dopo 2 mesi dalle elezioni l'Italia è riuscita a vedere la nascita di un Governo «*consociativo* di *larghe intese*» presieduto da Enrico Letta che ha affiancato i due maggiori partiti senza alcuna affinità né pragmatica, né politica, né ideologica. Tuttavia, dopo che la direzione del PD, a larghissima maggioranza, ha chiesto un cambio dell'esecutivo, Enrico Letta ha rassegnato le dimissioni e il 22 febbraio 2014 gli è succeduto Matteo Renzi.

## 9) L'Unione europea

**I trattati.** Con il raggiungimento dell'originario obiettivo dell'unione doganale e l'ampliamento della Comunità ad altri paesi europei (Grecia, Spagna e Portogallo) si rende necessaria, a partire dalla prima metà degli anni Ottanta, una completa revisione dei trattati istitutivi delle Comunità europee.

Al termine della conferenza del giugno 1985 viene adottato l'***Atto unico europeo***, entrato in vigore il 1° luglio 1987, è la realizzazione, entro il 31 dicembre 1992, del mercato unico, cioè di uno spazio senza frontiere esterne, nel quale sia assicurata la libera circolazione di merci, persone, servizi e capitali.

Con la firma del ***Trattato di Maastricht*** (7 febbraio 1992) è istituita l'**Unione europea (UE)**, una nuova entità sovranazionale fondata su tre pilastri. Il primo di questi è rappresentato dalle tre Comunità già esistenti (CEE, CECA ed EURATOM), alle quali è affidato il compito di condurre alla completa realizzazione dell'unione economica e monetaria; il secondo riguarda la politica estera e di sicurezza comu-

16. L'età contemporanea

ne (PESC) per difendere i valori comuni, gli interessi e l'indipendenza dell'Unione; il terzo contempla la cooperazione giudiziaria e di polizia in materia penale.

Con l'entrata in vigore del ***Trattato sull'Unione europea*** (1° novembre 1993), la CEE assume una nuova denominazione: **CE (Comunità europea)**.

La seconda grande novità del Trattato di Maastricht è quella di aver stabilito le tappe per il passaggio dall'unione economica a quella monetaria, con la conseguente adozione di una moneta unica (l'euro), entrata in vigore il 1° gennaio 2002 e oggi presente in 18 Stati dell'UE.

Il 16 e 17 giugno 1997, con il ***Trattato di Amsterdam*** viene integrata nella normativa UE anche gli ***Accordi di Schengen*** (così detti perché firmati il 14 giugno 1985 a Schengen, cittadina del Lussemburgo) mediante i quali si mirava all'abolizione progressiva dei controlli sulle persone alle frontiere comuni e all'introduzione della libera circolazione dei cittadini degli Stati firmatari.

Nel febbraio 2001 viene poi approvato il ***Trattato di Nizza***, che nasce dalla necessità di modificare la struttura istituzionale comunitaria per poter includere nuovi Stati. Dal 1° maggio 2004, infatti, diventano membri della UE: Polonia, Ungheria, Repubblica ceca, Slovenia, Estonia, Cipro, Repubblica slovacca, Lituania, Lettonia e Malta. Il 1° gennaio 207 hanno aderito Romania e Bulgaria. Il 1° luglio 2013 con l'ingresso della Croazia gli Stati diventano 28.

Al vertice di Nizza è legata anche l'approvazione della ***Carta dei diritti fondamentali dell'Unione europea***, un documento che raccoglie in un unico testo i diritti civili, economici, politici e sociali dei cittadini europei. I 54 articoli che la compongono elencano sei categorie di valori: dignità, libertà, uguaglianza, solidarietà, cittadinanza, giustizia. La *Carta* costituisce la seconda parte della ***Costituzione europea***, la cui stesura era stata affidata a un organismo denominato «Convenzione», formato da rappresentanti dei parlamenti e dei governi nazionali, della Commissione europea e del Parlamento europeo. Approvato ufficialmente il 18 giugno 2004, il testo costituzionale inglobava tutti i precedenti trattati, compresa la *Carta dei diritti*. Affinché la Costituzione entrasse in vigore, però, era necessario che tutti gli Stati, entro il

1° novembre del 2006, ne ratificassero il testo. Tuttavia, in Francia e in Olanda, nei referendum svoltisi rispettivamente il 29 maggio e il 1° giugno 2005, i cittadini hanno votato «no» alla Costituzione europea, rendendo evidente, nei fatti, quanto la gente comune fosse lontana dagli obiettivi e dai propositi elaborati nei salotti politici.

Dopo il fallimento del tentativo di creare una **Costituzione europea** (firmata a Roma il 29 ottobre 2004), il *Consiglio europeo* del 21-23 giugno 2007 decise di convocare una nuova *conferenza intergovernativa* che riprendesse il processo di riforma avviato senza successo dalla precedente Conferenza.

È così che, il 13 dicembre 2007 è stato firmato il **Trattato di Lisbona** (ratificato dall'Italia con L. 2 agosto 2008, n. 130), i cui elementi di differenziazione rispetto al testo della Convenzione del 2004 si traducono in un ridimensionamento degli ambiziosi obiettivi federalistici da quest'ultimo perseguiti.

Con la riforma introdotta dal Trattato di Lisbona, entrato in vigore il 1° dicembre 2009, viene a cadere la distinzione tra Comunità europea e Unione europea e si fa riferimento ad un unico ente: l'**Unione europea**.

La stessa infatti come recita l'art. 1, par. 3 TUE **sostituisce e succede alla Comunità europea e le viene attribuita personalità giuridica unica**.

Alla strutturazione unitaria di un unico soggetto giuridico, tuttavia, non corrisponde l'impianto testuale disegnato a Lisbona dove i trattati continuano a essere due, integrati e modificati: il **Trattato sull'Unione europea** e il **Trattato sul funzionamento dell'Unione europea** sostitutivo del Trattato CE.

## 10) La contesa dell'Ulster

Nel 1922 l'Irlanda del Sud (attuale Eire) ottiene lo statuto di Stato libero e nel 1949 l'indipendenza di fatto, ma le sei contee dell'Irlanda del Nord (Ulster) vengono escluse dalla nuova repubblica irlandese e ancora oggi fanno parte del Regno Unito. L'Eire ha continuato a rivendicare l'annessione delle sei contee del Nord, sebbene siano abitate in

16. L'età contemporanea

maggioranza da protestanti inglesi e scozzesi. Questa situazione ha portato a una sorta di guerra civile che ha visto da un lato i sostenitori dell'unione con il Regno Unito (*unionisti*), appoggiati dal governo di Londra, dall'altro gli indipendentisti del partito **Sinn Fein**, a sua volta considerato il braccio politico dell'**IRA** (***Irish Republican Army***, «Esercito repubblicano irlandese»), l'organizzazione paramilitare dei nazionalisti irlandesi che, costituitasi all'inizio del 1919, ha condotto la propria lotta con una lunga serie di attentati terroristici nell'Ulster e in Inghilterra. Uno degli episodi più tragici accade in Irlanda del Nord il 30 gennaio 1972, quando 13 civili irlandesi vengono uccisi dall'esercito inglese durante una sommossa a Londonderry. L'episodio è conosciuto come **Bloody Sunday** («domenica di sangue»).

Negli ultimi anni l'organizzazione nazionalistica irlandese ha tuttavia mostrato una più concreta propensione a intavolare trattative bilaterali utili per far cessare definitivamente gli attentati e le azioni di sabotaggio nell'Ulster e nel territorio britannico. Il 10 aprile del 1998, in particolare, è stato firmato uno storico accordo per favorire il riavvicinamento tra i componenti della comunità protestante e i membri di quella cattolica, noto come **Accordo di Belfast** (o **Accordo del Venerdì Santo**). Con questa intesa, che ha comunque salvaguardato il principio della sovranità britannica sull'Ulster, gli unionisti protestanti hanno accettato di riconoscere l'identità dei nazionalisti cattolici, i quali, a loro volta, si sono detti d'accordo sul fatto che qualunque mutamento negli equilibri politici dell'Ulster dovrà essere sancito dal consenso popolare. In calce all'accordo è stata inoltre prevista la creazione di un nuovo organismo esecutivo, il Consiglio Nord-Sud, incaricato soprattutto di conciliare gli interessi delle due Irlande.

## 11) Il mondo dopo l'11 settembre 2001: minaccia terroristica e «guerre-preventive

**L'attacco alle *Twin Towers*.** L'11 settembre 2001 gruppi di terroristi kamikaze dirottano due aerei civili carichi di passeggeri e li portano a schiantarsi contro le *Twin Towers* del *World Trade Center* di New York, provocando la morte di migliaia di persone. Un terzo aereo dirottato si dirige ad Arlington (Virginia), a poca distanza da Washington, per colpire il Pentagono, sede del Ministero della difesa statunitense, causando numerosi morti. A seguito di questi avvenimenti, **George Bush** (43° presidente degli Stati Uniti) decide di intraprendere la cosiddetta «lunga crociata» contro il terrorismo internazionale.

**La guerra in Afghanistan.** La responsabilità degli attentati viene attribuita al miliardario saudita **Muhammad Osama bin Laden**, capo dell'organizzazione terroristica *Al Qaeda* («La base»). Il 7 ottobre 2001 gli USA e la Gran Bretagna, sotto l'egida dell'ONU e con il beneplacito di una vasta coalizione mondiale (comprendente anche l'Italia), bombardano l'Afghanistan, accusato di aver fornito rifugio a bin Laden.

Il paese, stremato dall'invasione delle truppe sovietiche (iniziata nel 1979), e dalla guerra civile scatenatasi fra le varie fazioni di *mujaheddin* («combattenti della guerra santa») subito dopo il ritiro dell'Armata Rossa, è governato, fin dal 1996, dal regime fondamentalista dei **talebani** (letteralmente: «studenti del Corano»), la cui politica consiste in una rigida applicazione della legge coranica (divieto di lavoro e di istruzione per le donne; proibizione di musica, televisione, cinema e alcool per tutti i cittadini; ricorso a pene primitive come la lapidazione e l'amputazione degli arti per chi commette reati etc.). Dopo l'intervento statunitense e la successiva caduta del regime talebano, le fazioni afghane si riuniscono a Bonn (5 dicembre 2001) sotto l'egida delle Nazioni Unite e danno vita a un governo di transizione, guidato dal capo *pashtun* **Hamid Karzai**. Il 7 dicembre 2004 lo stesso Karzai diventa il primo presidente dell'Afghanistan scelto sulla base di libere elezioni, per poi essere riconfermato in questa carica il 20 agosto 2009, dopo aver vinto, seppure tra presunti brogli, le nuove elezioni presidenziali.

Attualmente l'Afghanistan rimane un paese diviso, instabile, preda del terrorismo e della guerriglia talebana, malgrado il continuo presidio di forze militari straniere. Intanto bin Laden dopo una lunga latitanza, il 2 maggio 2011 viene ucciso in un conflitto a fuoco in Pakistan da un commando statunitense.

**La «guerra preventiva» contro l'Iraq.** Subito dopo gli attentati alle *Twin Towers*, il presidente degli Stati Uniti G.W. Bush individua fra i responsabili del terrorismo internazionale, oltre a Osama bin Laden e all'organizzazione da lui capeggiata, anche il dittatore iracheno **Saddam Hussein**, accusato di possedere armi chimiche e batteriologiche. Le pressioni degli Stati Uniti e della Gran Bretagna per un intervento militare in Iraq si fanno particolarmente insistenti nell'estate 2002, creando una profonda spaccatura politica nella comunità internazionale. Tuttavia, nonostante l'opposizione di alcuni Stati a un conflitto deciso fuori dell'ambito delle Nazioni Unite, Stati Uniuti e Gran Bretagna ribadiscono la propria posizione con appositi rapporti dei servizi segreti americani ed inglesi contenenti le prove (poi rivelatesi false). Si arriva così al 18 marzo 2003, data in cui Bush invia inutilmente un ultimatum a Saddam per chiederne l'esilio entro le 48 ore successive, scadute le quali le forze angloamericane iniziano a bombardare l'Iraq, dando inizio alla **seconda guerra del Golfo** (20 marzo).

Il regime crolla in meno di un mese, del dittatore si perdono le tracce (verrà catturato il 14 dicembre a Tikrit), ma il dopoguerra appare subito difficile da gestire, soprattutto perché la popolazione irachena, sfiancata da anni di embargo, mal sopporta la presenza dei «liberatori» e il loro progetto di amministrare direttamente il paese con l'aiuto di collaboratori locali. Pertanto anche le truppe dei paesi occidentali inviate in Iraq per contribuire alla difficile opera di pacificazione diventano bersaglio di attentati.

Intanto nel luglio 2003 si insedia il **Consiglio di governo provvisorio** (organismo nominato dagli americani), formato da venticinque membri in rappresentanza delle diverse comunità religiose ed etniche, con il compito di condurre il popolo iracheno a libere elezioni nel giro di un paio d'anni.

Nel frattempo negli Stati Uniti e in Gran Bretagna infuriano le polemiche sui falsi dossier preparati dai rispettivi servizi segreti che denunciavano un traffico di ossido di uranio, materiale necessario alla fabbricazione di armi nucleari, tra Niger e Iraq: una delle maggiori fonti di prova della colpevolezza di Saddam Hussein sarebbe stata costruita a tavolino per giustificare la guerra. In questo contesto maturerà poi, nel Regno Unito, l'uscita di scena di Tony Blair, che il 27 giugno 2007 viene sostituito, nella carica di Primo Ministro, da **Gordon Brown**, già capo del Partito laburista (come in precedenza lo era stato lo stesso Blair).

**Gli attentati del 2004-2005.** Nel marzo 2004, a pochi giorni dalle elezioni politiche in Spagna, dieci bombe esplodono simultaneamente a bordo di tre convogli diretti alla stazione di Madrid, provocando complessivamente quasi duecento morti. Il governo di **José María Aznar**, che aveva fatto della Spagna uno dei principali alleati di Bush nella guerra contro l'Iraq, tenta di addossare la responsabilità degli attentati all'ETA (l'organizzazione terroristica che agisce come braccio armato del movimento separatista basco), ma di fronte alle imponenti manifestazioni che chiedono di conoscere la verità sulle stragi, Aznar, prima di andare alle urne, è costretto a svelare le prove della colpevolezza di *Al Qaeda*. Con un repentino ribaltamento dei pronostici, le elezioni decretano la sconfitta di Aznar e la vittoria dei socialisti guidati da **José Luis Rodríguez Zapatero**, il quale, nelle vesti di nuovo premier, dispone come suo primo provvedimento il ritiro delle truppe spagnole dall'Iraq (il secondo mandato di Zapatero comincia poi il 9 marzo 2008 e si conclude con le elezioni anticipate svolte il 20 novembre 2011 che hanno visto la vittoria di **Mariano Rajoy**).

Nell'estate del 2005 altri attentati colpiscono prima **Londra** e poi la località turistica egiziana di **Sharm El Sheik**, provocando, in entrambi i casi, numerose vittime. Per l'intera comunità umana è ormai chiaro che, dopo l'11 settembre 2001, il mondo non è più lo stesso, costretto a fare i conti con la perdurante e diffusa minaccia del terrorismo internazionale di matrice islamica.

**Il nuovo Iraq del dopo-Saddam.** Il 15 dicembre 2005, in un clima di violenza e instabilità, gli iracheni si recano alle urne per eleggere i membri dell'Assemblea nazionale permanente. I risultati elettorali, ufficializzati il 10 febbraio 2006, decretano la vittoria delle forze sciite (raccolte nella *Coalizione irachena unificata*) su quelle sunnite, ribaltando completamente la struttura dominante del vecchio Iraq di Saddam, dove la minoranza sunnita (18% della popolazione) esercitava il predominio sulla maggioranza sciita (corrispondente al 60% degli iracheni), con la restante parte della popolazione composta essenzialmente da curdi, spesso sottoposti a sanguinose repressioni. Dopo diversi mesi di trattative, il 20 maggio 2006 viene raggiunto un accordo tra le varie forze politiche per la formazione del nuovo governo: lo sciita **Jawad al-Maliki** è nominato primo ministro, mentre la carica di presidente viene attribuita al curdo **Jalal Talabani**. Il tentativo di porre fine agli antagonismi attraverso un processo di normalizzazione politica non ha prodotto alcun risultato positivo. Dopo la vittoria alle urne, sciiti e curdi hanno persino inasprito il conflitto, introducendo nella nuova Costituzione misure contrarie agli interessi sunniti. Gli scontri fratricidi tra le varie milizie sono purtroppo all'ordine del giorno ed è in questo scenario che il 2 dicembre 2006 viene completato il totale ritiro dei contingenti italiani dall'Iraq. Ventotto giorni più tardi **Saddam Hussein**, processato dal TSI, il Tribunale Speciale Iracheno, viene **giustiziato a Baghdad**.

## 12) L'Iran del presidente Ahmadinejad

In Iran, alla scadenza del mandato di Rafsanjani, la carica di presidente della Repubblica passa prima a **Mohammad Khatami** (1997-2005), poi a **Mahmud Ahmadinejad**, il quale, insediatosi il 3 agosto 2005, si fa notare sia per i suoi proclami antisionisti, ma soprattutto per la volontà di rafforzare i piani di sviluppo nucleare dell'Iran, destando forti preoccupazioni presso tutti gli osservatori internazionali. L'aver tenuto segreti per troppo tempo i piani concernenti l'arricchimento dell'uranio e la mancata disponibilità a sottoscrivere il protocollo aggiuntivo al *Trattato di non proliferazione nucleare* (TNP) accrescono i sospetti che si sono diffusi nel mondo occidentale al punto da prefigurare «*uno scontro militare con l'Iran*».

Tuttavia, le elezioni presidenziali del 13 giugno 2009 riconfermano Ahmadinejad nella sua carica, nonostante la correttezza delle operazioni di voto sia duramente contestata da parte delle opposizioni.

Da ultimo, con le elezioni svolte nel 2013, è risultato vincitore **Hassan Rouhani** il cui mandato come Presidente dell'Iran è ufficialmente cominciato il 28 maggio 2013.

## 13) Le manifestazioni contro il regime militare in Birmania

La **Birmania**, che dal 18 giugno 1989 assume ufficialmente la denominazione di **Myanmar**, è un'ex colonia britannica indipendente dal 1947 che ha sempre conosciuto la dura oppressione di regimi militari. Risale al 1990 lo svolgimento di libere elezioni per l'Assemblea costituente, in occasione delle quali si registra la schiacciante vittoria della *Lega nazionale per la democrazia* (NLD), la qual cosa provoca un nuovo golpe delle Forze Armate che mettono fuori legge tutti i partiti, sospendono l'Assemblea e imprigionano la leader della NLD, **Aung San Suu Kyi**, Premio Nobel per la pace nel 1991.

Secondo *Amnesty International*, il regime birmano non ha alcuna considerazione dei diritti umani, non tollera alcuna opposizione politica al governo militare e non ha mai creato un ordinamento giudiziario indipendente: l'episodio più cruento si verifica l'8 agosto 1988, giorno in cui i militari sparano sui rivoltosi in quella che è poi passata alla storia come «*Rivolta 8888*».

Un'altra violenta repressione ha luogo nel 2007, quando i militari infieriscono contro i dimostranti pacifici che manifestano contro la perdurante crisi politica, economica e sociale del paese. Il Consiglio delle Nazioni Unite per i Diritti umani stigmatizza ufficialmente, con un'apposita mozione di condanna, il comportamento delle forze dell'ordine birmane, accusate di «*pestaggi, uccisioni, detenzioni arbitrarie e scomparse forzose*».

Il 10 maggio 2008 la giunta militare indice un referendum per sottoporre all'approvazione popolare un progetto costituzionale in base a cui un quarto dei seggi parlamentari è riservato ai generali che governano il paese, i quali si attribuiscono, tra l'altro, il potere di dichiarare lo stato d'emergenza. Si stabilisce inoltre che i cittadini sposati con stranieri non possano ricoprire alcun incarico politico, un espediente per escludere dalle elezioni previste nel 2010 la leader dell'opposizione democratica Aung San Suu Kyi, vedova di un professore britannico dell'Università di Oxford. Per assicurarsi il sì al referendum gli esponenti del regime ricorrono a minacce, intimidazioni e brogli. Il violento ciclone che si abbatte sul paese asiatico nei giorni del voto non muta il loro comportamento. Nonostante le decine di migliaia di morti e a un numero incalcolabile di persone rimaste senza casa, cibo e assistenza sanitaria, i generali lanciano un appello affinché la popolazione partecipi in massa al referendum costituzionale ostacolando, nel contempo, l'ingresso nel paese dei soccorritori e degli aiuti internazionali.

Le elezioni del novembre 2010 vedono, così, l'affermazione dell'Union Solidarity and Development Party, il partito che ha vinto con una «*maggioranza autodichiarata*» dell'80%. Con le elezioni del 1° aprile 2012 si sono tenute nuove elezioni per il rinnovamento di una parte del Parlamento, e hanno visto il trionfo della NDL di San Sun Kyi.

## 14) Il riavvicinamento fra le due Coree

Nell'ottobre 2007 si svolge a Pyongyang, nella Corea del Nord, uno incontro fra i massimi rappresentanti delle due Coree (il secondo in 59 anni), il leader del Nord, **Kim Jongil** (cui succede nel dicembre 2011 alla sua morte Kim Jang-un), e il presidente del Sud, **Roh Moohyun** (cui succede **Lee Myung-Sak**, eletto nel 2008), al termine del quale viene proclamata una «*zona speciale di pace*» lungo la costa occidentale della penisola coreana, nonché l'istituzione di un servizio di trasporto merci su rotaia lungo la linea transfrontaliera. Tale accordo sostituisce l'armistizio che nel 1953 pose termine alla guerra di Corea che si concluse con la divisione della penisola omonima lungo il 38° parallelo, dopo aver fatto oltre due milioni e mezzo di morti a seguito di combattimenti che videro pure la partecipazione di «volontari cinesi» a sostegno dei nordcoreani e di forze americane (in rappresentanza dell'ONU) a supporto dei sudcoreani.

**Il disarmo nucleare della Corea del Nord.** In occasione del vertice di Pyongyang viene inoltre diffuso un annuncio ufficiale secondo cui la Corea del Nord accetta di smantellare (sotto il coordinamento e con il finanziamento degli Stati Uniti) le proprie installazioni nucleari entro il 31 dicembre 2007. In particolare, il governo nordcoreano accetta di chiudere il reattore nucleare di Yongbyon (l'unico capace di produrre il plutonio indispensabile per costruire armi atomiche), mentre gli altri Stati firmatari acconsentono a riprendere le forniture di petrolio alla Corea del Nord, che intanto dovrebbe anche essere cancellata dalla lista dei paesi complici del terrorismo internazionale (i cosiddetti «Stati canaglia») stilata dagli USA.

Tuttavia, il 4 aprile 2009 la Corea del Nord lancia un missile a lunga gittata spacciandolo per un satellite, provoncando la dura condanna della Comunità internazionale. Tale reazione ha determinato l'espulsione degli ispettori ONU dal Paese e la ripresa ufficiale del programma nucleare. Il 29 marzo 2013 la Nord Corea ha annunciato lo stato di guerra contro la Corea del Sud, mentre il 3 aprile dello stesso anno ha annunciato un attacco nucleare contro gli USA.

## 15) La Presidenza Obama

**Barack Obama**, già senatore dell'Illinois, dopo aver intrapreso un'intensa sfida con la ex *first lady* Hillary Clinton alle elezioni primarie del Partito democratico, è stato eletto presidente degli Stati Uniti il 4 novembre 2008, battendo alle urne il candidato repubblicano John McCain. Si tratta del 44° presidente statunitense e del primo uomo afroamericano a ricoprire tale ruolo istituzionale. La vittoria di Obama è stata salutata dall'opinione pubblica di tutto il mondo come il segno di un cambiamento radicale, dopo la presidenza Bush, nella politica americana, più sensibile, tra l'altro, ai problemi delle minoranze etniche e con una linea meno aggressiva e dispendiosa nei confronti dell'Iraq dal momento che negli ultimi anni le energie economiche del paese sono state largamente impiegate nel finanziamento del conflitto.

La fiducia in Obama e la speranza di un cambiamento sono cresciute nei mesi precedenti alle elezioni presidenziali, quando una grave crisi creditizia e ipotecaria si è abbattuta sull'economia americana a causa delle forti speculazioni nel settore immobiliare. Nel settembre 2008 la situazione è ulteriormente peggiorata con il fallimento e la bancarotta di banche e società attive nel campo della finanza immobiliare, tra cui la *Lehman Brothers* che ha portato al conseguente aumento della disoccupazione. Barack Obama riceve nel 2009 il Premio Nobel per la pace per gli sforzi volti a rafforzare la diplomazia internazionale. Il 6 novembre 2012 è rieletto Presidente degli Stati Uniti, sconfiggendo il repubblicano Mitt Ramney.

16. L'età contemporanea

## 16) La Cina, nuova potenza mondiale

Dopo decenni di isolamento politico, economico e culturale, la Cina ha mostrato di avere le doti per essere leader nel panorama mondiale: un vastissimo mercato interno e le facilitazioni concesse agli investimenti stranieri hanno fatto decollare il prodotto interno lordo. Più contrastanti, invece, i dati relativi al reddito pro capite, data la coesistenza di aree a sviluppo assai diverso all'interno del paese, che nel corso del 2008 ha ospitato anche i **XXIX Giochi olimpici**, svoltisi a Pechino dall'8 al 24 agosto.

La Cina è ormai la meta preferita delle più grandi multinazionali planetarie, che vi impiantano grossi stabilimenti secondo il principio della *delocalizzazione*, consistente nel trasferimento di segmenti produttivi in paesi che offrono condizioni vantaggiose come manodopera a basso costo, incentivi fiscali, ridotto costo dell'energia e delle materie prime, norme antinquinamento poco severe e stabilità politica. A favorire la produzione si aggiunge il deprezzamento della moneta nazionale (lo *yuan*) nei confronti del dollaro.

L'autentica alluvione di prodotti cinesi sui mercati occidentali sta mettendo in serio pericolo interi comparti produttivi dei paesi importatori. Alcuni ambienti politici e imprenditoriali chiedono a tal proposito l'applicazione di dazi doganali per proteggere le proprie merci da quelle cinesi; si tratta però di iniziative destinate a trovare difficilmente applicazione, poiché l'orientamento dell'economia globalizzata è quello di sostenere un liberismo senza più freni e regole di tipo nazionale, cosicché il capitale si dirige là dove incontra le migliori condizioni per prosperare.

Vi sono poi diverse problematiche di politica estera da non sottovalutare. La prima riguarda il **Tibet**, la regione dell'Asia centrale, chiamata anche «*Tetto del mondo*» (per via di un'altitudine media di 4.900 m), occupata dalle Guardie Rosse nel 1949, la quale è vittima, ormai da decenni, di una forte politica di negazione delle proprie specificità culturali e religiose, al punto che le autorità di Pechino non hanno esitato a promuovere in quell'area un massiccio trasferimento di persone di etnia cinese, per sovrastare numericamente la popolazione locale. Fra gli episodi più recenti, ha destato enorme scalpore in tutto il mondo quanto avvenuto il 14 marzo 2008 a **Lhasa**, dove l'esercito cinese ha represso nel sangue un corteo di monaci buddisti che manifestavano nel giorno del 49° anniversario dell'occupazione militare cinese del Tibet.

Altrettanto spinosa la questione di **Taiwan**, l'isola che Pechino considera parte integrante del proprio territorio nazionale. Taiwan è tuttora un paese non riconosciuto quasi da nessuno e privo di seggio all'ONU. Fermo restando che il governo taiwanese non è disposto ad accettare alcuna proposta diplomatica cinese che possa limitarne la libertà, dopo l'emanazione della **legge cinese antisecessione del 2006** gli analisti militari si sono divisi in due gruppi di pensiero: alcuni sostengono che Taiwan corra seriamente il rischio di essere occupata dalla Repubblica popolare cinese, mentre altri ritengono che ciò non sia possibile per via della tradizionale protezione degli USA.

Ciò non fa altro che accrescere il rischio di una concorrenza con gli USA non solo economica, ma anche militare. Del resto la Cina è oggi l'unico Stato al mondo a non dover consultare Washington su nessuna questione internazionale, anzi spesso è accusata di avere relazioni privilegiate con paesi nemici degli Stati Uniti, come la Corea del Nord, l'Iran e il Sudan. Alcuni ritengono che entro una ventina d'anni il colosso asiatico potrebbe competere con gli americani nella produzione di armi nucleari, mentre ancora più vicino si prospetta il sorpasso in campo economico: in altre parole, sussiste la concreta possibilità che la Cina arrivi a riprendere quel **ruolo anti-USA che era stato svolto dall'URSS dal dopoguerra al 1989.**

## 17) La Primavera araba

Gli avvenimenti noti come «**Primavera araba**» fanno riferimento a una serie di movimenti di protesta che hanno interessato il Medio Oriente e il Nordafrica. Le proteste sono state generate dalla natura autoritaria di molti regimi, restrizioni alle libertà dei cittadini, diffuse violazioni dei diritti umani, corruzione e, in taluni Stati, da condizioni economiche di povertà diffusa, e hanno trovato nelle moderne tecnologie (*Internet*, *social network* etc.) importanti strumenti di propagazione, uniti ad espedienti più tradizionali come le riunioni all'interno di

16. L'età contemporanea

moschee, bazar o abitazioni private per organizzare la lotta civile.

Le agitazioni sono iniziate il 18 dicembre 2010 in **Tunisia**, dove la cosiddetta «**rivoluzione dei gelsomini**» ha costretto alla fuga, il 14 gennaio 2011, il Presidente Ben 'Ali, dopo ben 25 anni di regime autoritario. Ciò ha provocato un **effetto domino** che ha progressivamente travolto, con intensità diversa, Yemen, Egitto, Bahrein, Algeria, Giordania, Gibuti, Libia e Siria, estendendosi recentemente anche alla Turchia (Paese non arabo ma, al pari degli altri, di fede musulmana); moti più contenuti si sono registrati in Sudan, Somalia, Iraq, Marocco, Mauritania, Arabia Saudita, Oman e Kuwait.

Oltre alla Tunisia, i Paesi in cui la Primavera araba ha prodotto conseguenze di maggior rilievo, portando al rovesciamento dei regimi preesistenti, sono stati:

— l'**Egitto**, con le dimissioni prima del Presidente Hosni Mubarak l'11 febbraio 2011 (successivamente processato e condannato all'ergastolo il 2 giugno 2012), poi del neo Presidente Muhammad Mursi (a seguito di un colpo di Stato militare che lo ha destituito il 3 luglio 2013);

— la **Libia**, con la cattura e l'esecuzione del *leader* Muammar Gheddafi il 20 ottobre 2011, dove la guerra civile è stata supportata dalla comunità internazionale con l'invio di truppe NATO;

— lo **Yemen**, dove il Presidente 'Ali Abdullah Saleh, accettando il compromesso politico proposto dal Consiglio di cooperazione del Golfo, ha trasferito i propri poteri al Vicepresidente in carica il 27 febbraio 2012.

Negli altri Paesi si è tentato di far fronte al malcontento popolare: da un lato, avviando riforme politico-istituzionali, come avvenuto in Marocco, Giordania e, più limitatamente, Oman, dall'altro, ricomponendo la pace sociale attraverso un potenziamento della funzione redistributiva dello Stato e un aumento della spesa pubblica (è il caso dei Paesi del Golfo e dell'Algeria).

Rivolte particolarmente violente si sono avute in **Siria**, dove le iniziali manifestazioni di protesta contro il regime del Presidente Bashar al-Assad sono sfociate in una vera e propria guerra civile nel 2012, tuttora in corso, e in **Bahrein**, dove la maggioranza musulmano-sciita della popolazione accusa la monarchia sannita al potere di discriminazioni religiose.

## Test di verifica

**1. Chi diventa, nel 1994, *presidente del Sudafrica*?**

- ❑ **a)** Frederik De Klerk.
- ❑ **b)** Thabo Mbeki.
- ❑ **c)** Nelson Mandela.
- ❑ **d)** Willem Botha.
- ❑ **e)** Malcom X.

**2. Chi *succede a Boris Eltsin* alla guida della Federazione russa nel marzo 2000?**

- ❑ **a)** Vladimir Zhirinovskij.
- ❑ **b)** Ghennadi Ziuganov.
- ❑ **c)** Viktor Černomyrdin.
- ❑ **d)** Vladimir Putin.
- ❑ **e)** Sergej Stepashin.

**3. In che anno è entrato in vigore il Trattato di Lisbona, che procede a una riforma dei trattati dell'Unione europea?**

- ❑ **a)** 1992.
- ❑ **b)** 2007.
- ❑ **c)** 2008.
- ❑ **d)** 2009.
- ❑ **e)** 2004.

**4. Quando e da chi la Palestina è stata riconosciuta come entità statale?**

- ❑ **a)** da Israele nel 2011.
- ❑ **b)** dagli Stati Uniti nel 2010.
- ❑ **c)** dall'ONU nel 2012.
- ❑ **d)** dall'Unione europea nel 2008.
- ❑ **e)** dal Canada nel 2012.

**5. In quale Stato è iniziato il fenomeno della cd. Primavera Araba?**

- ❏ **a)** Tunisia.
- ❏ **b)** Libia.
- ❏ **c)** Egitto.
- ❏ **d)** Yemen.
- ❏ **e)** Bahrein.

## Soluzioni e commenti

1. Risposta: **d)**. **Nelson Mandela**, leader storico dell'*African national congress*.
2. Risposta: **d)**. **Vladimir Putin**, indicato da Eltsin stesso come suo successore.
3. Risposta: **d)**. Il Trattato di Lisbona è stato firmato il 13 dicembre 2007 ed è entrato in vigore il **1° dicembre 2009**.
4. Risposta: **c)**. Il riconoscimento è avvenuto da parte del **Consiglio di sicurezza delle Nazioni Unite nel 2012**, con 138 voti favorevoli, 41 astenuti e 9 contrari (fra cui Stati Uniti, Israele e Canada).
5. Risposta: **a)**. Il malcontento popolare che ha dato vita alla Primavera Araba sono iniziate il 18 dicembre 2010 in **Tunisia** con la Rivoluzione dei Gelsomini.

# Indice

## 5. L'unità d'Italia

## 6. Dal 1848 alla Comune di Parigi

## 7. Capitalismo, socialismo e cattolicesimo liberale

Indice

Indice

## 15. Dagli anni Sessanta agli anni Ottanta del Novecento

## 16. L'età contemporanea

Indice